बच्चे मशीन नहीं हैं

अनबाउंड स्क्रिप्ट

बच्चे मशीन नहीं हैं

प्रथम संस्करण : जनवरी, 2025

ISBN : 978-81-976645-6-4

प्रकाशक : अनबाउंड स्क्रिप्ट
2/41, अंसारी रोड, दरियागंज, दिल्ली -110002
वेबसाईट : www.unboundscript.com
ई-मेल : books@unboundscript.com
फोन : 011-35807601

BACHCHE MASHEEN NAHIN HAIN
by Alok Kumar Mishra

मूल्य : ₹ 399/-

मुद्रक : विकास कंप्यूटर एंड प्रिंटर्स
गाज़ियाबाद, उ. प्र.

बच्चे मशीन नहीं हैं

आलोक कुमार मिश्रा

अनबाउंड स्क्रिप्ट

विषय सूची

खंड - I
कक्षा के भीतर

- कक्षा के समांतर पाठ 13
- सामाजिक विज्ञान की एक कक्षा और संविधान 17
- इतिहास पढ़ना और पढ़ाना 22
- बच्चे कैसे पढ़ें धर्मनिरपेक्षता का पाठ 25
- कक्षा में क्या करें शिक्षक 34
- सामाजिक विज्ञान की कक्षा में अपेक्षित तौर-तरीके 38

खंड -II
स्कूलों की दुनिया

- उदासी और असुरक्षा का दायरा 45
- काश यही जुनून हर स्कूल में दिखाई दे 50
- शिक्षक दिवस पर सभी विद्यार्थियों के नाम एक शिक्षक का पत्र 55
- दिल्ली के सरकारी स्कूलों में बदलाव की बयार 59
- सीखने के पैमाने 64
- सरकारी स्कूलों की वापसी 68
- हमें चाहिए धर्मनिरपेक्ष स्कूल 72

खंड - III
बच्चे कब और कैसे सीखते हैं?

- टूटे पूर्वग्रहों का घेरा 79
- बच्चों से भी सीखें 84
- बच्चे मशीन नहीं हैं 87
- बच्चे कोरे काग़ज़ नहीं 91

खंड -IV
समाज और शिक्षा

- औरत होने के मायने 97
- नो डिटेंशन पॉलिसी की विदाई 101
- डॉटर्स डे पर बेटियों के नाम खत 105
- संवेदनाओं का अकाल 108
- बच्चे और राजनीति 111
- आरक्षण, विविधता, प्रतिनिधित्व और सम्मान 114
- संस्कृतियों के घेरे में बचपन 117
- मानवीय शिक्षा की ज़रूरत 122
- मंतव्यों के पीछे 125

खंड - V
नीतियों और किताबों में ताक झांक

- स्कूली भाषा में जेंडर समावेशन 131
- स्कूली पाठ्यचर्या में अनुपस्थित थर्ड जेंडर पहचान 140
- दिल्ली के सरकारी स्कूलों में लागू 'मिशन बुनियाद' की गणित सामग्री 145
- ऑनलाइन कक्षा और पाठ्यक्रम कटौती 159
- शिक्षा नीति-2020: पूर्वग्रह और अंतर्विरोध 167
- कैमरे की निगरानी में शिक्षा 175

खंड - VI
शिक्षा के मायने

- सहजता का मार्ग 183
- शिक्षा का अर्थ 186
- भाषा की जकड़बंदी 191
- शिक्षक दिवस पर एक शिक्षक के विचार 195
- केरल का सशक्त शिक्षा मॉडल 201
- सुधरे भाषाई परिवेश 213

भूमिका

एक शिक्षक पढ़ने-पढ़ाने के अलावा सोचता भी है। इस सोचने में उसके कार्यक्षेत्र की छोटी-बड़ी सभी इकाइयाँ जैसे- विद्यार्थी, कक्षा, स्कूल, पाठ्यचर्या, नीतिगत दस्तावेज़ यहाँ तक कि सम्पूर्ण व्यवस्था भी शामिल होती है। वह निरंतर इन सबके बीच अपनी सार्थक भूमिका की तलाश भी करता रहता है। प्रस्तुत लेखों में मेरे द्वारा एक शिक्षक के रूप में लिखे गए वे मनोभाव हैं जो समय-समय पर किसी घटना, मुद्दे या विमर्श में रमते हुए पैदा हुए और काग़ज़ पर उतर गए। इनमें कुछ लेख वैचारिकी से जुड़े हैं तो कुछ शोध-कार्यों और उनके निष्कर्ष से। कुछ को समय विशेष के संस्मरण के रूप में तो कुछ को दिनचर्या की डायरी के तौर लिखा गया है।

ज़रूरी नहीं है कि जिन मुद्दों पर लिखते हुए मैंने उस समय जो महसूस किया उसे आज भी उसी रूप में देखता-समझता होऊँ। समय और परिस्थितियों में बदलाव के साथ-साथ समझ और विचार में भी परिवर्तन होता ही है। लेखों को पढ़ते हुए कहीं-कहीं आप ये महसूस कर सकते है। समय अनुरूप बदलाव जीवंतता को बनाए रखता है।

मैंने दिल्ली के सरकारी स्कूलों में सन 2009 से 2019 तक सामाजिक विज्ञान विषय का शिक्षण किया है और उसके बाद पीजीटी के रूप में राजनीति विज्ञान विषय से जुड़ गया। इसी दौरान अप्रैल 2016 से जुलाई 2021 तक मेंटर शिक्षक की भूमिका का निर्वाह करते हुए सीखने-सिखाने का अवसर भी मिला। हाल ही में मुझे एससीईआरटी, दिल्ली में राजनीति विज्ञान के असिस्टेंट प्रोफेसर पद पर नियुक्ति प्राप्त हुई। एक शिक्षक की भूमिका को जीते हुए मैं शिक्षा संस्थानों को अपने घर और विद्यार्थियों को परिवार का हिस्सा मानता रहा हूँ। हमारे जीवन के हर हिस्से में अपने घर-परिवार का गहरा असर तो होता ही है। पुस्तक पढ़ते हुए शायद आप इसे महसूस भी कर पाएँ। इन लेखों को लिखते समय मैंने खुद को हमेशा संवाद की स्थिति में रखने की कोशिश की है। संवाद कभी खुद से, कभी विद्यार्थियों से और कभी साथी शिक्षकों से। खुद से संवाद करते हुए भी मैं कभी अकेला नहीं रहा। इसमें मेरी पृष्ठभूमि, विरासत, अनुभव, पढ़े-समझे गए शिक्षाशास्त्री, किताबों से मिली समझ सब शामिल रहे। इन लेखों से जुड़ी एक कॉमन बात मैं स्पष्ट रूप से स्वीकार कर सकता हूँ और वह है कि इन्हें लिखते समय मेरा एकमात्र मंतव्य और उद्देश्य सार्वजनिक शिक्षा की मज़बूती के द्वारा विद्यार्थियों का हित और कल्याण ही रहा है।

मैं कॉमन स्कूली व्यवस्था का हामी हूँ। ऐसी व्यवस्था बने जहाँ बिना भेदभाव समान रूप से हर पृष्ठभूमि से जुड़े बच्चों को मुफ़्त और गुणवत्तापूर्ण शिक्षा के अवसर प्राप्त हों, यही मेरा सपना है। वैसे यह मेरा अकेले का सपना नहीं है। इस सपने की जड़ आज़ादी की लड़ाई के दिनों में ढूँढी जा सकती है, जब हमारे राष्ट्र के नायक-नायिकाओं ने भावी भारत की परिकल्पना की थी और इसे संविधान के आदर्शों और आकांक्षाओं में भी अभिव्यक्त किया। हमारी शिक्षा नीतियों में भी समय-समय पर इसे दर्ज किया जाता रहा है। आज भी समता-स्वतंत्रता-बंधुत्व और न्याय की लड़ाई लड़ रहे लाखों लोकतंत्र समर्थकों के हृदय में यह धड़कन बन धड़कता है। ऐसी शिक्षा ही हमारे विद्यार्थियों को साझी नागरिकता, साझी राष्ट्रीयता और साझी मानवता

का वारिस बना सकती है। इसी में हमारे लोकतंत्र की मज़बूती के बीज पनप सकते हैं। मेरी इसी कामना से गुँथे और सने लेख इस किताब में शामिल हैं।

पिछले कुछ दशकों के दौरान इस द्वैध को मज़बूती मिलती रही है कि अमीरों के लिए सुविधा सम्पन्न चमकदार निजी स्कूल होंगे और गरीबों को बदहाल सरकारी शिक्षा व्यवस्था हासिल होगी। इस द्वैध ने हमारे साझे सपनों, संकल्पों और आदर्शों को भारी क्षति पहुँचाई है। विविध पृष्ठभूमि से आए विद्यार्थी जब एक ही स्कूल और एक ही कक्षा में साथ बैठकर पढ़ते हैं, तब विभिन्न परिस्थितियों और जीवनस्थितियों के प्रति संवेदनशील बनते हैं। इन कक्षाओं में जैसी समानुभूतिपूर्ण समझ विकसित होगी वह एकरंगी कक्षाओं में कहाँ सम्भव है। ऐसा तभी होगा जब हमारे सरकारी स्कूल अपनी गुणवत्ता से सभी को आकर्षित कर पाएँगे। इसीलिए इन लेखों में सबके लिए सहज-सरल रूप से उपलब्ध बेहतरीन सरकारी स्कूलों की पक्षधरता को व्यक्त करने की बार-बार कोशिश की गई है। आज दिल्ली जैसे राज्य में सरकारी स्कूलों के होते सशक्तीकरण पर इसलिए भी बात किए जाने की ज़रूरत है। जब मजबूत सार्वजनिक शिक्षा व्यवस्था ही रास्ता है तो क्यों न इस पर बात की जाए और काम किया जाए?

बच्चों से किए गए संवाद या उनकी कही गई बातें और व्यवहार कुछ लेखों की रचना प्रक्रिया का आधार बने हैं। एक शिक्षक हमेशा अपने विद्यार्थियों से सीखता ही रहता है। मैंने भी विद्यार्थियों से बहुत कुछ सीखा है। अपनी आदत और रुचि की वजह से मैं कक्षा-शिक्षण और विद्यार्थियों के साथ जुड़ने से मिले अनुभवों को कविता, डायरी, संस्मरण, आलेख आदि के रूप में लिखता रहा हूँ। इसी प्रक्रिया में उपजी मेरी कविताओं का एक संग्रह *मैं सीखता हूँ बच्चों से जीवन की भाषा* प्रकाशित हो चुका है। समय-समय पर लिखे कुछ लेख भी कई पत्र-पत्रिकाओं *जैसे जनसत्ता, निवाण टाइम्स, द हिंट, शिक्षा विमर्श, अनौपचारिका, दिल्ली शिक्षा* आदि में आते रहे हैं। इससे लिखने का हौसला भी बढ़ता रहा है। उनमें से कुछ लेखों का समावेश इस पुस्तक में भी किया गया है।

मैं यह दावा तो नहीं कर सकता कि मेरी लिखी बातें हर शिक्षक या पाठक के लिए उपयोगी होंगी या पसंद आएँगी ही, हाँ इससे स्कूलों की विशाल दुनिया का कोई न कोई सिरा ज़रूर पकड़ में आएगा और संवाद व विमर्श की धारा में कुछ न कुछ जुड़ेगा। स्कूल ही वो जगह है जहाँ हमारी नई पीढ़ी का भविष्य आकार लेता है। उसके बारे में जानना, बातें करना, उसमें दखल देना सभी का हक है, एक शिक्षक का तो सबसे ज़्यादा है। मेरे लिखे से आपकी असहमति भी हो सकती है, आखिर एक समय विशेष में अपने ही लिखे या कहे गए से हमारी खुद की भी असहमति हो जाती है और विचारों में बदलाव आ जाता है। असहमतियों और भिन्न दृष्टिकोणों का मैं स्वागत करता हूँ। इनसे भी सीखने के अवसर पैदा होते हैं। किताब पढ़कर आप अपने विचारों, आलोचनाओं, सहमतियों-असहमतियों से अवगत कराएँगे तो अच्छा लगेगा और सीखने को भी मिलेगा। मुझे उम्मीद है कि पुस्तक को आप सबका प्यार ज़रूर मिलेगा।

आलोक कुमार मिश्रा

खंड - I

कक्षा के भीतर

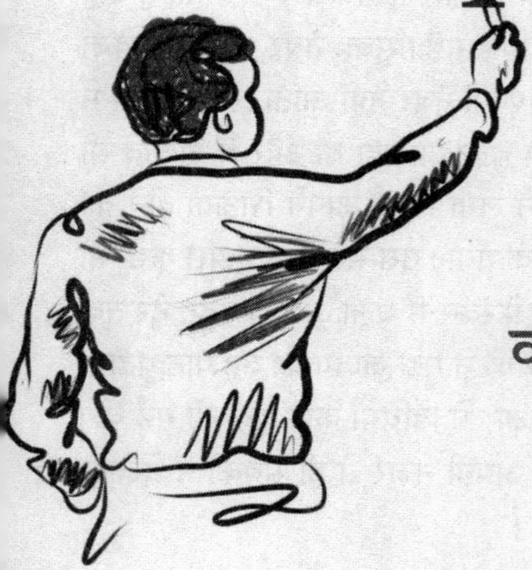

1

कक्षा के समांतर पाठ

शिक्षकीय पेशे के शुरुआती दिन थे। एक बार क्लास में कॉपी चेक कर रहा था। बच्चे बारी-बारी अपनी कॉपी के साथ आते और मेरे सामने रख देते। मैं उसे जाँचता और जहाँ जैसी कमी या अच्छाई होती उसे रेखांकित कर उस पर बात करता। इसी क्रम में एक बच्चा अपनी कॉपी लेकर आया। कॉपी तो उसकी ठीक-ठाक थी लेकिन वह खुद साफ़-सुथरा नहीं लग रहा था और उससे एक अजीब सी गंध आ रही थी। मैंने उससे कहा- बेटा स्कूल रोज़ नहाकर और साफ़-सुथरे होकर ही आना चाहिए। ऐसा कहते हुए संभवतः मैं थोड़ा सख्त हो गया था और शायद मेरी आवाज़ भी अगली पंक्ति में बैठे बच्चों तक पहुँच गई थी क्योंकि वे हँसने लगे थे।

वह बच्चा इस बात पर कुछ न बोला। बस नज़रें झुकाकर खड़ा रहा और कॉपी चेक हो जाने के बाद अपनी जगह पर जाकर बैठ गया। पीरियड खत्म

होने के बाद जब मैं क्लास से निकलकर जाने लगा तब वही लड़का मेरे पीछे-पीछे सीढ़ियों पर आ गया। वह मुझसे कहने लगा कि- 'सर, चाहता तो मैं भी हूँ नहा-धोकर स्कूल आना, पर जहाँ हमारा परिवार किराए पर रहता है वहाँ दस-बारह परिवारों के बीच एक ही बाथरूम है। सुबह नंबर आना मुश्किल होता है। कई बार तो शौच जाने के लिए भी नंबर नहीं आता। फिर स्कूल में ही जाना पड़ता है।' वह ये बातें कहता चला जा रहा था और मैं अजीब सी शर्म में धँसता जा रहा था। ऐसा लगने लगा कि मैं अपने शिक्षक होने की भूमिका को आज सही से निभाने में चूक गया। उस समय तो मुझसे कुछ भी कहते सूझा ही नहीं। बस हाथ सिर पर फेरकर मैं चला आया। बहुत देर तक मुझमें कुछ मथता रहा। उस दिन एक बच्चे ने मुझे जीवन का वह पाठ पढ़ाया था जिसे पढ़ाने में मेरे शिक्षक और शिक्षा की डिग्रियाँ कुछ चूक सी गईं थीं। ये पाठ था- जजमेंटल न होना, सिर्फ़ अपनी नज़र से ही सबको न देखना, परिस्थितियों के प्रति संवेदनशील होना।

अगले दिन क्लास में जाकर मैंने जो काम सबसे पहले किया वो था बच्चे को बुलाकर सॉरी बोलना। मैंने उससे कहा कि 'बेटा आप स्कूल से जाकर शाम को नहाने की कोशिश कीजिए। सुबह नहाकर आना कोई ज़रूरी तो नहीं।' इसके बाद मैंने स्कूल में बच्चों को नहाकर आने का प्रवचन देना छोड़ दिया। मुझे पता चल गया था कि साफ-सफाई की समझ में भी कई बार क्लास एँगल घुसा होता है। सुविधाओं से वंचित रहने की पीड़ा को अमूमन वो लोग नहीं समझ पाते जिसने उन स्थितियों को न जिया हो।

अक्सर हमें हमेशा लगता है कि स्कूल में बच्चे ही सीखने आते हैं। पर बहुत से ऐसे वाकये और संदर्भ निर्मित होते हैं जब हम बड़े और शिक्षक भी नया सीखते हैं। ये नया बहुत रूपों में हो सकता है। संवेदना से लेकर शब्द-भंडार के विस्तार तक। ऊपर कहे गये वाकये के अलावा भी मैंने इसे कई बार महसूस किया है। जैसे एक बार नौवीं कक्षा में हो रहे शिक्षक-अभिभावक मीटिंग यानी पीटीएम के दौरान भी मुझे कुछ मूल्यवान अनुभव प्राप्त हुए।

मैं मीटिंग में आ रहे अभिभावकों से मिल रहा था और उस एक दिन ही मेरे साथ दो घटनाएँ हुईं। पहली ये कि, एक बुज़ुर्ग सी दिख रहीं महिला जब एक विद्यार्थी के साथ सामने की डेस्क पर आ कर बैठीं तो अनायास ही मेरे मुँह से ये वाक्य निकल गया कि, 'क्या आप अविनाश (बदला हुआ नाम) की दादी हैं?' वह महिला असहज और थोड़ा नाराज़ होते हुए बोलीं- 'नहीं मैं इसकी माँ हूँ।'

आगे की बातचीत में मैंने सामान्य होने की तो बहुत कोशिश की, पर हो नहीं पा रहा था। दरअसल मैं शर्मिंदगी महसूस कर रहा था। यूँ किसी की उम्र या शारीरिक प्रस्तुति से छवि या धारणा बना लेने की हद का मुझे अंदाज़ा हो चुका था। हालाँकि ये मैंने जानबूझकर नहीं कहा था। पर बात तो कही ही जा चुकी थी। मैंने आगे से इस तरह के स्टेटमेंट दिए जाने से किनारा बनाए रखने का दृढ़ निश्चय कर लिया। फिर किसी पीटीएम में ऐसी दिक्कत नहीं आई।

उसी पीटीएम में एक और वाकया हुआ। उस साल छमाही परीक्षा में इसी कक्षा के एक विषय का परिणाम बहुत खराब रहा था। मैंने उस विषय के अध्यापक को भी अपनी कक्षा में बिठा रखा था जिससे कि वह अभिभावकों से ज़रूरी बातचीत कर सकें। हमारे सरकारी स्कूलों में पीटीएम में अधिकांशतः बच्चों की माँएँ ही आती हैं क्योंकि ज़्यादातर पुरुष दिन में बाहर काम के लिए चले जाते हैं। मैंने आई हुई एक महिला से हो रही बातचीत में पूछा कि 'आप लोग क्या काम करते हैं?'

महिला ने बड़ी सहजता लेकिन गर्व से एक छोटे वाक्य में उत्तर दिया- 'अपना धंधा करती हूँ।' उनकी बात सुनकर बगल में बैठे वो विषय अध्यापक परेशान से हो उठे। बल्कि परेशानी से भी ज़्यादा कोई दूसरा ही भाव आ रहा था उनके चेहरे पर। हँसना चाहते हुए हँस नहीं पा रहे थे न कुछ कह या टोक ही पा रहे थे, बस आँखें और कंधे घुमाने के बजाय। मैंने उस समय उन्हें उपेक्षित ही किया। ये पूछने पर कि 'कौन सा धंधा करती हैं?', महिला ने बताया कि, 'पति से अलग होने के बाद चूड़ियाँ और मेकअप के सामान

बेचकर गुजारा चलता है।' मैंने उनकी मेहनत के लिए उन्हें सराहा। उनके और बाकी अभिभावकों के जाने के बाद पास बैठे वह शिक्षक 'धंधा' शब्द पर अपनी असहजता और समझ का मुज़ाहिरा करने लगे। वह बोले, 'कैसी बेशर्म महिला है, धंधा शब्द का कितना धड़ल्ले से प्रयोग करती है। जबकि ये शब्द तो देह-व्यापार के लिए कहा जाता है।' मैंने उन्हें टोका कि अमूमन 'काम-धंधा' एक युग्म शब्द के रूप में किताबों ही नहीं बोलने में भी प्रयोग होता है। जिस्मफ़रोशी से इसका क्या संबंध ? यह तो छोटे-मोटे काम या बिजनेस के लिए ही प्रयोग किया जाता है।' तो भी उन्होंने कहा, 'हमारे यहाँ तो भाई ऐसा ही समझा जाता है।' हालाँकि बातचीत के बाद वह ये ज़रूर मान गये कि आज इस शब्द के दूसरे आयाम भी उन्हें पता चले। उन्हें अफ़सोस भी हुआ उस समय ऐसा सोचने पर। समाज में कई बार कुछ शब्दों को लेकर कुछ रूढ़ व ग़लत अर्थ भी चिपक जाते हैं। पर उनका उचित संदर्भ में प्रयोग करना भी हमारी ही जिम्मेदारी है। बहरहाल वह सहमत हो चुके थे। इस तरह स्कूल और उसकी कक्षाओं में शिक्षक भी लगातार सीखते हैं।

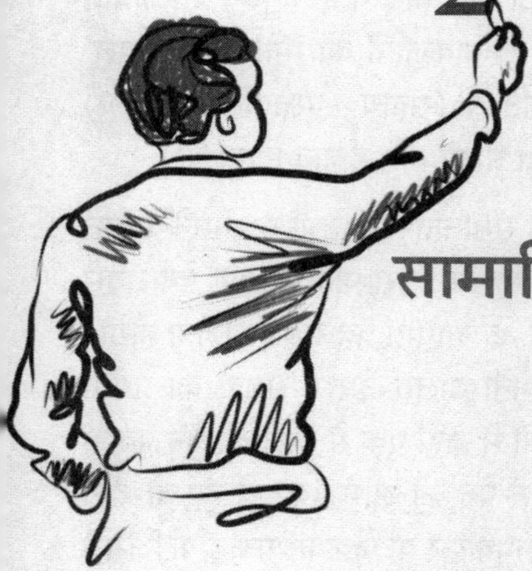

2

सामाजिक विज्ञान की एक कक्षा और संविधान

आज जब बाल केन्द्रित निर्माणवादी शिक्षणशास्त्र की चर्चा व स्वीकार्यता अकादमिक जगत में मजबूत होती जा रही है तब इसे व्यक्त करने वाले वास्तविक उदाहरण भी हमारे स्कूलों को बहुतायत में प्रस्तुत करना चाहिए। ऐसे शिक्षण अधिगम और ज्ञान निर्माण प्रक्रियाएँ जहाँ शिक्षक संदर्भ या माहौल को निर्मित करता है और स्वयं को मात्र फेसिलिटेटर की भूमिका तक सीमित करते हुए बच्चों को ही सक्रिय रूप से भागीदारी पूर्ण अनुभव सृजित करने का अवसर देता है ज्ञान के निर्माणवादी सिद्धांत (कंस्ट्रक्टिव थ्योरी) का मूल है। इसी समझ के आधार पर मैने एक बार अपने स्कूल के कक्षा 8 में सामाजिक विज्ञान विषय के अंतर्गत 'संविधान की समझ' पाठ का शिक्षण किया और बाद में हर सत्र में इसी तरीके को अपनाने लगा।

पाठ योजना में निर्धारित किये गये उद्देश्य 'नियम कानूनों की ज़रूरत और प्रासंगिकता को अनुभव करते हुए समझ बना पाने' को ध्यान में रखते हुए मैंने पहले एक छोटी-सी एक्टीविटी और बाद में एक मुख्य एक्टीविटी करवाई। वैसे कक्षा में कराए गए इन क्रियाकलापों को मैंने 'वी द पीपल' समूह के साथ हुई कार्यशाला और 'प्रगति-5' (सहायक पुस्तकों की शृंखला) को लिखने के क्रम में आपसी चर्चा द्वारा सीखा और ईजाद किया था।

मैंने बच्चों को बराबर संख्या में दो समानांतर पंक्तियों में आमने-सामने खड़ा किया और एक-एक पेन देकर कहा कि जिस पंक्ति में यह पेन सबसे पहले आगे से पीछे और पीछे से आगे आ जाएगा वह समूह विजेता होगा। प्रतियोगिता शुरू होते ही बच्चों ने अपनी अलग-अलग समझ का प्रयोग विजेता बनने के लिए किया। एक पंक्ति में जहाँ एक से दूसरे को पेन पकड़ा कर आगे किया गया वहीं दूसरे समूह ने पेन को आगे पकड़ाते हुए दो-तीन बच्चों को बीच में छोड़कर अगले तक लपककर या फेंककर पकड़ाया जिससे काम जल्दी हो। हुआ भी यही। पर परिणाम आने पर पीछे रह गये समूह ने दूसरे समूह पर बेईमानी का आरोप लगाया। एक अंपायर के तौर पर मैंने निर्णय सुनाया कि ऐसा करने या न करने को कहाँ मना किया गया था। पर हारा हुआ समूह संतुष्ट नहीं था, वे चीटिंग के आरोप पर अड़े हुए थे।

बीच का रास्ता निकालते हुए मैंने दुबारा खेल कराने का निर्णय लिया। पर इस बार नियम पहले ही स्पष्ट कर दिया गया कि आगे से पीछे और पीछे से आगे तक हर बच्चे के दाएँ हाथ से होकर ही पेन को बढ़ाया जाएगा। सभी इस पर सहमत थे। नियमानुसार खेल प्रतियोगिता संपन्न हुई। संयोगवश फिर वही समूह विजेता हुआ पर इस बार पीछे रह गये समूह ने कोई आपत्ति न करके इसे सहज रूप से स्वीकार किया।

इस क्रियाकलाप पर बातचीत शुरू की गई और बच्चों से इसको लेकर उनके अनुभवों को साझा करने को कहा गया। खेल में मज़ा आने की बात सभी ने की। पहली और दूसरी बार के खेल में अंतर पर (जिसे जानबूझकर

ही मैंने रखा था) बातचीत में बच्चों ने खुद ही कहा कि पहले में नियम स्पष्ट न होने से भ्रम और तनाव पैदा हुआ जबकि दूसरी बार ऐसा न होकर पूरी सहजता रही। पीछे रह गई टीम के सदस्यों से जब मैंने पूछा कि उन्होंने पहली बार की तरह दूसरी बार के परिणाम का विरोध क्यों नहीं किया तो उनमें से ही कुछ बच्चों ने इसके पीछे स्पष्ट नियम होने, उनके पालन किए जाने और सबसे बढ़कर उन नियमों पर सबकी सहमति होने जैसे कई प्रासंगिक उत्तर स्वयं ही दिए। इस तरह पूरी कक्षा खेल-खेल में ही नियम कानूनों की उपयोगिता व ज़रूरत को अनुभव करते हुए व्यक्त कर पाई। सबसे बढ़कर नियमों के पीछे 'सहमति' और 'सामान्य हित' के आधार को बच्चों द्वारा ढूँढ पाना मेरे लिए भी चौंकाने वाला एवं उत्साहवर्धक रहा। क्रियाकलाप को समेटते हुए मैंने भी अपने व्यक्तव्य में इन आयामों पर ज़ोर देते हुए कुछ रोज़मर्रा के जीवन से जुड़े उदाहरण (जैसे सड़क यातायात के नियम व पालन) दिए और बच्चों की प्रंशसा की। 45 मिनट की कक्षा का यह 20 मिनट का हिस्सा काफी रोचक व उत्पादक रहा। अब बारी थी अगले 25 मिनटों के रचनात्मक नियोजन व उपयोग की।

पहले पड़ाव को सफलतापूर्वक पार करते हुए मुझे अब अपने दूसरे उद्देश्य 'संविधान के अर्थ व समझ' को विकसित करने की ओर बढ़ना था। पाठ के इस हिस्से के लिए भी मेरे पास एक एक्टीविटी की योजना थी। मैंने उन्हें 10-10 के पाँच समूहों में विभाजित करके आँखे बंदकर निर्देशों को सुनने और उसी अनुसार फील करने को कहा। इस एक्टीविटी को मैंने 'कल्पना की यात्रा' का नाम दिया। बच्चे उत्साहित होकर जैसा मैंने कहा वैसा करने लगे। मैंने 'यात्रा वर्णन' कहानी के रूप में अपनी बात कहनी शुरू की-

'आज हम सब लोग अपने-अपने परिवारों, मित्रों के साथ बड़े से जहाज में समुद्री यात्रा पर जा रहे हैं। छुट्टियों में इस मज़ेदार यात्रा का हमें बहुत दिनों से इंतज़ार था। जहाज में सुख सुविधाओं की पूरी व्यवस्था है, संगीत बज रहा है। कोई नृत्य कर रहा है, कोई ठंडे पेय का मज़ा ले रहा है तो कोई बातचीत में

मशगूल है। तभी काले बादल छा जाते हैं और तेज़ तूफान-बारिश आ जाती है। हमारा जहाज डूबने लगता है, हम सब डरे हुए हैं। बस एक बात अच्छी है कि हम सबको तैरना आता है। जान बचाने के लिए सब समुद्र में कूद जाते हैं। हममें से सभी तैरकर पास के एक निर्जन द्वीप पर पहुँचते हैं। अब हमारे पास कुछ नहीं है। न सामान, न वापस जाने का साधन, न संपर्क का जरिया। लगता है अब हमें अपना जीवन यहीं शुरू करना होगा।'

बच्चों को आँख खोलने और अपने-अपने समूह में बताए गए बिंदुओं पर पाँच-सात मिनट चर्चा करने और फिर बारी-बारी समूह के आधार पर प्रस्तुति देने को कहा गया। चर्चा के बिंदु यह दिए गए-

- द्वीप पर उनका समूह सबसे पहले क्या करेगा?
- अपने आगे के सामूहिक जीवन को चलाने के लिए वे कौन-से नियम बनाएँगे और क्यों? (कम से कम तीन नियम लिखें)
- इन नियमों का पालन सुनिश्चित करने के लिए क्या उपाय सुझाएँगे?
- बच्चे काफी तन्मयता से अपने काम में जुट गए। बीच-बीच में मैं भी शामिल होता रहा। अब बारी थी प्रस्तुति की।

बारी-बारी से हर समूह ने 3 से 5 मिनट में अपनी बात रखी। उनकी बातों में कई बातें एक जैसी थीं। जैसे- सबसे पहले भोजन पानी का जुगाड़, जंगली जानवरों से सुरक्षा, रहने की व्यवस्था जैसे तात्कालिक उपाय आदि। इसमें भी बच्चों ने अपने अंतरविषयक ज्ञान का भरपूर उपयोग किया। जैसे कुछ ने वहाँ खारा पानी होगा इसलिए बारिश के पानी को रोकने के लिए गड्ढे या नारियल के खोल का प्रयोग करने की बात कही। कुछ ने जानवरों से सुरक्षा के लिए पत्थरों को रगड़कर आग जलाने तो कुछ ने बारी-बारी से जगने सोने की बात की। कुछ ने भूख मिटाने के लिए फलों को कम माला में चखकर देखने और जहरीला होने या न होने का पहले पता लगाने के लिए सोचा। काफी मज़ेदार चर्चा होती जा रही थी। प्रस्तुतिकरण में यह बात स्पष्ट थी कि चर्चा के लिए दिया गया दूसरा और तीसरा बिंदु बच्चों के लिए

कठिन साबित हो रहा था। क्योंकि इस पर कम ही बच्चों ने अपनी बात रखी। हालाँकि कुछ बच्चों ने चर्चा से निकलकर आए काफी रोचक व गूढ़ नियमों को सामने रखा। जैसे एक समूह ने अपने बीच से कुछ लोगों को चुनकर समाज के नियम बनाने का अधिकार उन्हें देने की बात कही। उनकी यह बात संविधान सभा की संकल्पना से मिलती जुलती थी। इस संदर्भ का आगे की चर्चा में मैंने इसी परिप्रेक्ष्य में प्रयोग किया। कुछ ने सुरक्षा हेतु एक साथ ही आने जाने के नियम बनाए तो कुछ ने काम के बँटवारे जैसे मुद्दे पर फोकस किया। कुछ ने समानता और अधिकार जैसी बातों को भी सामने रखा पर बहुत बिखरे और सीमित रूप में। एक समूह ने काम न करने वाले को अकेले रहने या एक दो दिन भोजन न देने जैसी सजा के प्रावधान की बात की। बोर्ड पर मुख्य बातों को मैं लिखता जा रहा था। इन सभी बातों और चर्चा के बीच बच्चे जहाँ काफी कुछ आपस में सीख रहे थे वहीं आगे की बातचीत का आधार भी तैयार कर रहे थे।

अगले और अंतिम पाँच मिनट में मैंने उनकी बातों को आधार बनाकर ही संविधान के अर्थ और ज़रूरत को स्पष्ट किया। जैसे एक नई जगह पर उन लोगों द्वारा सामूहिक जीवन के लिए नियम बनाने के काम को मैंने संविधान सभा के रूप में व्यक्त किया वहीं एक समूह द्वारा इस काम के लिए लोगों को चुनने की बात को बड़ी जनसंख्या वाले वर्तमान व वास्तविक देशों में सीमित संख्या में संविधान सभा के सदस्यों को चुने जाने की ज़रूरत से जोड़ा। जिन नियमों को उन लोगों द्वारा लिखा गया और सब पर लागू किया गया वह संविधान की तरह था जो विश्व के लगभग सभी देशों में अपनी ज़रूरत और आकांक्षा के अनुरूप अलग-अलग होता है।

मेरी समझ से अब हम एक कक्षा के रूप में 'भारतीय संविधान और उसकी विशेषताओं' पर अगली बार बात करने और समझ बनाने के लिए पूरी तरह तैयार हो चुके थे। और उसमें आज की कक्षा के अनुभव बहुत काम आने वाले थे। आपको क्या लगता है?

3

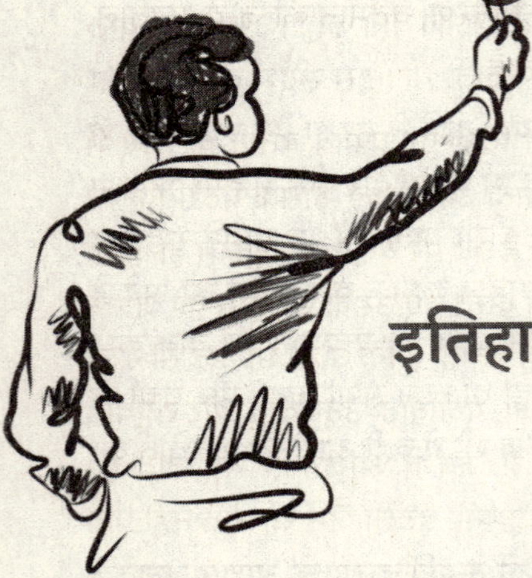

इतिहास पढ़ना और पढ़ाना

कुछ लोग कहते हैं कि इतिहास पढ़ना और पढ़ाना बहुत नीरस काम है। पर मुझे ऐसा नहीं लगता। इस संदर्भ में मैं अपनी बात एक शिक्षक के रूप में मिले अनुभवों को प्रस्तुत करते हुए रखना चाहूँ तो बहुत सी बातें याद आती हैं। आपसी बातचीत में सामाजिक विज्ञान के शिक्षक दसवीं कक्षा में इतिहास विषय के अंतर्गत 'यूरोप में राष्ट्रवाद' नामक अध्याय को अमूमन एक कठिन पाठ मानते हैं। उनके अनुसार इसमें फ्रांस, ब्रिटेन, इटली, जर्मनी आदि यूरोपीय देशों के बारे में बहुत से तथ्य हैं जो बच्चों ही नहीं हम शिक्षकों को भी काफी नीरस लगते हैं। लेकिन मेरे विचार से ऐसा इसलिए होता है क्योंकि हम इतिहास को दिनों, घटनाओं, नामों आदि का क्रमवार विवरण मानकर पढ़ाते हुए उन्हें याद कर लेने या करा देने की समझ के साथ काम कर रहे होते हैं। यदि इसकी जगह हम ऐतिहासिक प्रक्रियाओं में मानसिक

रूप से एँगेज होकर तत्कालीन परिस्थितियों का जीवंत अनुभव कर पाएँ और वर्तमान के बनने में उसके महत्त्व को इंगित कर पाएँ तो बात बन सकती है। इन सबके लिए सबसे पहले ज़रूरी है विद्यार्थियों के मन में अधिगम के लिए उत्सुकता जगाना। कुछ मज़ेदार कथन, विवरण, वर्तमान की जाँच-पड़ताल, गतिविधि आदि इसमें उपयोगी हो सकते हैं।

जब फ्रांस की क्रांति और उसका विश्व पर प्रभाव बताने के लिए मैं विद्यार्थियों के समक्ष उस समय के रूढ़िवादी आस्ट्रियाई शासक मैटरनिक का कथन दुहराता हूँ कि 'जब फ्रांस छींकता है तब पूरे यूरोप को जुकाम हो जाता है' तो बच्चे फ्रांस के महत्त्व को रेखांकित करते हुए उसके इतिहास को जानने की उत्सुकता से भर जाते हैं। जब मैं उन्हें बताता हूँ कि अभी सौ-डेढ़ सौ साल पहले दुनिया का नक्शा बिल्कुल अलग था, पूंजीवाद-उदारवाद और राष्ट्रवाद के घालमेल से बहुत कुछ बदल गया है, तब वे आश्चर्य से भर जाते हैं। सत्रहवीं-अठारहवीं सदी के नक्शे में वे जर्मनी, इटली जैसे राष्ट्र ढूँढे नहीं पाते हैं। वे हँस पड़ते हैं जब सुनते हैं कि इटली के एकीकरण के बाद भी वहाँ के बहुत से आम लोगों को ये मालूम नहीं था कि इटली है क्या? उस समय एक पत्रकार ने जब एक आम नागरिक से पूछा कि 'इटली क्या है?' तब उसने बहुत सोचते हुए कहा कि 'ये हमारे राजा की रानी का नाम है।' दरअसल रानी 'ला-टालिया' को ही उसने 'इटालिया' समझा। ये सब संदर्भ सुनते ही बच्चों की आँखों से इतिहास का दरवाज़ा खोल उसमें घुस जाने और उसके अनदेखे-अंजाने कोनों की पड़ताल करने की लालसा झाँकने लगती है।

ब्रिटिश शासन के विस्तार और प्रभाव के लिए जब उन्हें इस कथन पर सोचने को कहता हूँ कि, 'ब्रिटिश लोग गर्व से क्यों कहते थे कि उनके राज्य में कभी सूरज भी नहीं डूबता?' तब वे तरह-तरह के कयास लगाते हुए खुद ही भूगोल में पढ़े गए दिन-रात की संकल्पना से जुड़कर सही उत्तर की ओर बढ़ने लगते हैं। मारियान और जर्मेनिया के चित्र उन्हें भारत माता की संकल्पना और चित्र को समझने के तार्किक पक्ष की ओर ले जाते हैं। वे राष्ट्रों के

महिला रूपकों के जन्म की कथा और उसमें निरंतर आए बदलावों को किसी परिकथा की तरह ही सुनते हैं और वर्तमान में सुनिश्चित सी हो गई छवियों में अपनी कल्पना के रंग भरने शुरू कर देते हैं। जैसे, एक बार मेरी कक्षा में एक राजस्थानी बच्चे ने उत्साहित होते हुए कहा था कि, 'मैं भारत माता की एक नई तस्वीर बनाऊँगा। उसमें भारत माता राजस्थानी कपड़े में होगी और ऊँट पर बैठी होगी।' दरअसल बच्चा समझ चुका था कि राष्ट्र का मानवीय रूपक हमारी ही इच्छाओं का एक सहज निरूपण है।

आज़ादी की लड़ाई में शामिल आदिवासियों के अकथ संघर्ष को सुनकर वो दाँतों तले उँगली दबा लेते हैं और उनके संबंध में बनी उनकी सारी छवियाँ उलट-पलट जाती हैं। दांडी यात्रा पर बढ़ते गाँधी और महाड़ सत्याग्रह पर डटे अंबेडकर मेरी कक्षा को गतिमान बना देते हैं। औपनिवेशिक और जातीय भेदभाव की परिस्थितियों में, पानी और नमक जैसी बेहद मूलभूल ज़रूरतों पर लगे कठोर नियंत्रण की कल्पना करने का अवसर देते ही बच्चों की समझ में राष्ट्रीय आँदोलनों की सार्थकता सिद्ध होनी शुरू हो जाती है। विद्यार्थी इन राष्ट्र नायकों के कायल हो जाते हैं जब वे इनके प्रतीकात्मक ही नहीं जीवनगत संदर्भ से जुड़कर आंदोलन खड़ा कर देने की क्षमता से परिचित होते हैं। बच्चों को बहुत अच्छा लगता है ये जानकर कि इतिहास सिर्फ़ राजा-रानियों की जीवनी, युद्धों का यशगान या अत्याचारों का मार्मिक आख्यान नहीं है, बल्कि इसमें आम लोगों, किसानों, मजदूरों, साधारण स्त्री-पुरुषों और बच्चों की सबसे महत्त्वपूर्ण भूमिका है। उन्हें खेलों, परिधानों, खान-पान की आदतों आदि की अतीत यात्रा लुभाती है। बस उसका प्रस्तुतिकरण इस तरह का हो जिसमें उनके सोचने, रिफ्लेक्ट करने, विचार साझा करने, असहमत होने की बराबर गुंजाइश रहे।

अब बताओ, इतिहास नीरस है क्या? बिल्कुल नहीं। बस उसके साथ गोता लगाना होता है, मोती हाथ आता ही है। तो चलें क्या, अपनी इतिहास की कक्षा में?

4

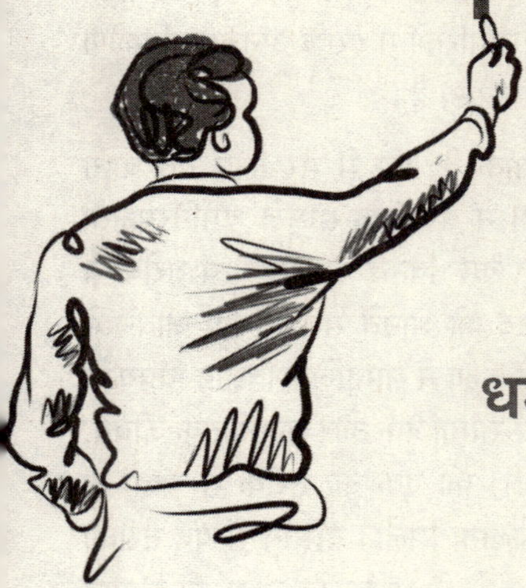

बच्चे कैसे पढ़ें धर्मनिरपेक्षता का पाठ

शिक्षा के लक्ष्यों में एक महत्त्वपूर्ण लक्ष्य यह है कि हम जिन आदर्शों व आकांक्षाओं के हिसाब से अपने समाज और देश को बनाना चाहते हैं उसके अनुरूप अपने नागरिकों को अभिप्रेरित व प्रशिक्षित किया जाए। एक लोकतांत्रिक राष्ट्र राज्य के तौर पर न्याय, स्वतंत्रता, समता एवं बंधुता आधारित समाज का निर्माण ही अपेक्षित आदर्श होता है। इसी रणनीति के तहत हमारे संविधान में 'धर्मनिरपेक्षता' के मूल्य को काफी अहमियत दी गई है। वास्तव में इसे बहुधार्मिक विविधता से युक्त समाज के न्यायपूर्ण प्रबंधन और लोकतंत्रीकरण के लिए आधारभूत मूल्य के रूप में पहचाना गया है। अकादमिक जगत में धर्मनिरपेक्षता को राज्य और धर्म के आपसी अलगाव

के रूप में देखे जाने का चलन है। पर सामाजिक जीवन में और लोगों के आपसी व्यवहार में भी धर्मनिरपेक्षता का बहुत महत्त्व है। वास्तव में यह एक आधुनिक दृष्टिकोण होने के साथ-साथ हमारे देश के मूलभूत समावेशी चरित्र और संविधान का हिस्सा भी है। अपने नागरिकों में इसके अनुरूप दृष्टिकोण का निर्माण करना शिक्षा का एक अहम उद्देश्य है।

सामाजिक विज्ञान विषय के शिक्षक के रूप में मेरे लिए यह बहुत ज़रूरी मुद्दा रहा है कि मैं अपनी कक्षा में बच्चों के सम्मुख धर्मनिरपेक्षता की संकल्पना को किस तरह से प्रस्तुत करूँ कि वे अनुभवजन्य तरीके व व्यवहारिक उदाहरणों द्वारा इसके महत्त्व को जानते-समझते हुए जीवन में उतार पाएँ। कुछ वर्ष पहले मुझे आठवीं कक्षा में सामाजिक विज्ञान विषय के पाठ 'धर्मनिरपेक्षता की समझ' (पुस्तक- सामाजिक और राजनीतिक जीवन, पाठ- 2, पृष्ठ- 18-27, एनसीईआरटी) को एक नए तरीके से बच्चों के सम्मुख रखने और समझ बनाने में सफलता मिली। वास्तव में यह तरीका मैंने राजनीतिक दर्शन के क्षेत्र में 1971 ई. में आई जान राल्स की किताब 'ए थ्योरी ऑफ जस्टिस' में वर्णित किए गए 'अज्ञानता के पर्दे' की कल्पना से प्रभावित होकर ईज़ाद किया था। इस कल्पना में यह शामिल था कि व्यक्ति अपनी मूल अवस्था में (ऐसी स्थिति में जब उसे अपने पृष्ठभूमि या पहचान का पता न हो यानी अज्ञानता के पर्दे में हो, बस उसे अपने हित को समझ पाने का विवेक हो) अपने आगामी जीवन के लिए निर्णय ले तो वह न्यायपूर्ण होगा जो न्यूनतम स्थिति में भी अधिकतम लाभ को बनाए रखने के तर्क से प्रेरित होगा। ऐसा आगामी जीवन की अनिश्चितता के कारण होगा क्योंकि मूल स्थिति में छाए अज्ञानता के पर्दे के हटने के बाद हो सकता है कि उनमें से कुछ लोग (जो कोई भी हो सकते हैं) न्यूनतम परिस्थितियों में हों। ऐसी संभावना में वे अपने लिए अधिकतम लाभ की व्यवस्था के निर्माण हेतु निर्णय लेते हैं। इस तरीके को मैंने 'जादू की कल्पना के खेल' नाम की गतिविधि में परिवर्तित किया। एक बार जब सामाजिक विज्ञान के शिक्षकों के साथ चर्चा में इसे मैंने साझा किया था तो इसे खूब पसंद किया गया। इसके साथ ही इस गतिविधि

को सामाजिक विज्ञान विषय की सहायक पुस्तिका प्रगति-5 में भी शामिल किया गया। पर बच्चों के साथ कक्षा में इसकी उपयोगिता का परीक्षण होना बाकी था। जल्द ही इसका भी मौका मिला।

इस पाठ के लिए मैंने दो पाठ उद्देश्य निर्धारित किया। पहला, बच्चों को धर्मनिरपेक्षता की अवधारणा से परिचित कराते हुए इसकी आवश्यकता व महत्त्व का अनुभव कराना। दूसरा, भारत के संविधान में वर्णित धर्मनिरपेक्षता के स्वरूप से अवगत कराते हुए वास्तविक उदाहरणों से समझ बनाना। पहले उद्देश्य धर्मनिरपेक्षता की संकल्पना तक पहुँचने के क्रम में बच्चों की सक्रिय संलग्नता को ध्यान में रखते हुए 'जादू का खेल' शुरू किया। कक्षा में यह कहते ही कि आज जादू का खेल खेलेंगे एक उत्साह, उमंग और जोश का माहौल बन गया। सही मौका देखकर मैंने खेल के नियम भी सबके सामने रख दिए जिसे सबने ध्यान से सुना। मैंने उन्हें बताया कि कक्षा में अगले पाँच मिनट तक उन लोगों को कल्पना करना है कि मेरे द्वारा किए गए जादू के कारण वे अपने बारे में या अपनी पहचान के बारे में सब कुछ भूल गए हैं। बस उनमें सोचने समझने और अपने हित-अहित को पहचानने की क्षमता बची है। बोर्ड पर लिखे गए चार देशों की सूची में से उन्हें अपने लिए यह निर्णय लेना है कि पूरी ज़िंदगी वे किस देश में रहना चाहते हैं। जादू खत्म होने के बाद जब उन्हें अपने बारे में सब कुछ याद आ जाएगा तब भी उन्हें आगे उसी देश में रहना होगा जिसको उन्होंने इन पाँच मिनटों में चुना है। बोर्ड पर चार देशों के बारे में अलग-अलग यह लिखा गया-

देश 'क' - यहाँ कई धर्मों के लोग रहते हैं, पर सिर्फ हिन्दू धर्म को ही सरकार महत्त्व देती है। उन्हें ही सरकार द्वारा सभी सुविधाएँ प्रदान की जाती हैं, अन्य किसी को नहीं।

देश 'ख' - यहाँ केवल मुस्लिम धर्म को राष्ट्र का धर्म माना जाता है और सम्मान मिलता है। अन्य धर्म के मानने वालों को वोट डालने या अपने धर्म के पालन की आज़ादी नहीं है।

देश 'ग' - इस देश में सभी को अपने-अपने धर्म के पालन की आज़ादी है। लेकिन कुछ धर्मों के अंदर महिलाओं को पुरुषों के मुकाबले कमतर माना जाता है और उनकी इस मान्यता में सरकार दखल नहीं देती।

देश 'घ' - यह एक ऐसा देश है जिसमें सभी धर्मों को बराबर अधिकार और अवसर प्राप्त है। सरकार सभी से दूरी बनाए रखते हुए सबके लिए एक जैसे कानून बनाती है। धर्म के अंदर जाति या लिंग के आधार पर होने वाले भेदभाव पर रोक है।

कक्षा की धार्मिक विविधता को देखते हुए ज़रूरत के अनुसार देश 'क' और 'ख' की तरह अन्य बहुसंख्यक धर्म के पक्ष वाले काल्पनिक देशों की सूची भी दी जा सकती है। जादू वाली समय सीमा में ही विद्यार्थियों को अपने लिए फैसला लेने को कहा गया। जादू खत्म होने के बाद उन्हें निम्न प्रश्नों पर अपने अपने उत्तर के संदर्भ में विचार करने और कक्षा के साथ साझा करने को कहा गया-

- आपने अपने रहने के लिए किस देश को चुना और इसके पीछे क्या कारण रहे?
- यदि आपने देश 'क' या 'ख' को अपने लिए चुना और जादू खत्म होने के बाद आप उस धर्म के न निकले जिसे वहाँ सम्मान मिलता है तो आपको कैसा लगेगा?
- जादू खत्म होने के बाद अगर यह पता चले कि आप महिला हैं और आपने अपने लिए देश 'ग' चुना था तो क्या होगा?
- देश 'घ' के बारे में आपकी क्या राय है?

एक अजीबोगरीब आवाज़ (अगडम बगडम) के साथ मैंने जादू किया। अब सब सोचने और लिखने के काम में जुट गए। एक बात तो स्पष्ट रूप से उभरकर सामने आई कि दी गई परिस्थिति में बच्चे तार्किक निर्णय लेने में पूरी तरह से सक्षम होते हैं। जादू का समय खत्म होने के बाद उन्होंने चर्चा

में बढ़ चढ़कर हिस्सा लेते हुए अपनी बात रखी। पचास बच्चों की कक्षा में तीन चार बच्चों को छोड़कर लगभग सभी ने अपने लिए देश 'घ' का चुनाव किया था। इस चुनाव का कारण पूछने पर कुछ ने इसके पीछे जादू खत्म होने के बाद कोई भी पहचान या धर्म का निकलने पर फायदे में रहने का व्यवहारिक कारण गिनाया। वहीं कुछ ने इस फैसले का नैतिक आधार देते हुए कहा कि देश 'घ' ही लोकतांत्रिक देश होगा क्योंकि यहाँ सबको समानता और अवसर प्राप्त है जो कि अच्छी बात है। जिन तीन-चार बच्चों ने देश 'घ' के अलावा अन्य देशों का चयन अपने लिए किया था उनसे बात करने पर पता चला कि दी गई परिस्थिति को वे ठीक ढंग से समझ नहीं पाए थे। यद्यपि इनकी वजह से स्वयं इन्हें और अन्य बच्चों को भी अन्य आयामों से सोचने का अवसर मिला। जैसे एक बच्चे ने देश 'ग' का चुनाव किया था किंतु उसने अपने पहचान की कल्पना 'अज्ञानता के पर्दे' या 'जादू के समय' में भी एक लड़के/पुरुष के रूप में की थी। जब उसे याद दिलाया गया कि उसे तो यह पता ही नहीं था, साथ ही यह कल्पना करने को कहा गया कि जादू खत्म होने के बाद यदि वह लड़की निकलता तो कैसा अनुभव होता, तो उसने तुरंत सुधार करते हुए देश 'घ' में जाने की इच्छा जाहिर की। जब मैंने याद दिलाया कि नियमानुसार अब फैसला बदल नहीं सकते तो पूरी कक्षा हँसी से गूँज गई। किसी ने कहा कि अगर सोच समझ कर फैसला करते तो सारी उम्र भेदभाव न झेलते। ऐसे ही जिस बच्ची ने देश 'क' का चुनाव किया था जब उससे इसका कारण पूछा गया तो उसने बताया कि उसे हिन्दू धर्म अच्छा लगता है इसीलिए इसे चुना। जब मैंने उससे कहा कि यदि वह बाद में हिन्दू न निकले तो क्या उसे बुरा नहीं लगेगा जब भेदभाव होगा। पूरे विश्वास से वह बोली 'नहीं, चूँकि मुझे यह धर्म पसंद है तो मैं हिन्दू धर्म अपना लूंगी और फिर मेरे साथ भेदभाव नहीं होगा।' अब मेरे सामने चुनौती थी कि उस बच्ची को कैसे मैं वांछित और तार्किक चुनाव की ओर प्रेरित करूँ। मैंने उससे कहा 'ठीक है कि आपके साथ यहाँ भेदभाव नहीं होगा और आपको सुविधा व सम्मान मिलेगा, पर क्या दूसरों के साथ भेदभाव होना ठीक है? क्या ऐसा होते देखकर आपको ठीक

लगेगा?' बच्ची ने कुछ देर चुप रहने के बाद ना में सिर हिलाया। मैंने जब उससे पूछा कि देश 'घ' के बारे में उसकी क्या राय है? तो उसने कहा कि यही देश सबके लिए सही है पर मैं तो अब यहाँ नहीं आ सकती, फैसला लेने का समय तो चला गया। कक्षा में फिर हँसी गूँज उठी। जब मैंने कहा कि कोई बात नहीं हम सब अपने देश 'घ' में तुम्हें लेने को तैयार हैं तो सबके साथ वे तीन-चार बच्चे भी हँस पड़े। पीरियड की समाप्ति का समय होते देख मैंने उनसे कहा कि आजकल पूरी दुनिया के लोकतांत्रिक देशों में नागरिकों के अधिकार और समानता को काफी महत्त्व दिया जाता है। वास्तव में लोकतंत्र का अर्थ भी यही है। धार्मिक विविधताओं के संदर्भ में सभी धर्मों को समान मानते हुए धार्मिक आज़ादी के अवसर देना भी इसी का हिस्सा है। इसके लिए राज्य और धर्म का अलगाव कर दिया जाता है जिसे धर्मनिरपेक्षता की नीति कहा जाता है। इसके अंतर्गत राज्य सभी धर्मों से दूरी बनाए रखते हुए किसी का भी पक्ष नहीं लेता न ही किसी को महत्त्व देता है। अब बच्चों को मैंने अगले दिन कक्षा में आने से पहले एक छोटी-सी खोज-बीन करके आने का काम दिया। इसमें उन्हें तीन ऐसे देशों की सूची बनाने को कहा गया जहाँ के शांतिपूर्ण, जीवन जीने के लिए उपयुक्त और बेहतरीन वातावरण के कारण जाना चाहेंगे तथा तीन ऐसे देश जहाँ के अशांत, हिंसायुक्त और जीवन जीने के लिए असुरक्षित माहौल के कारण जाना पसंद नहीं करेंगे। इन दोनों तरह के देशों में सरकार और धर्म के आपसी संबंध बारे में पता करने को भी कहा गया साथ ही कक्षा में चल रहे पाठ 'धर्मनिरपेक्षता की समझ' को अगले दिन पढ़कर आने का आग्रह किया।

अगली दिन सभी कक्षा में चल रहे पाठ को लेकर उत्सुक और उत्साहित दिख रहे थे। कुछ बच्चों ने आते ही सवाल दागने शुरू कर दिए। एक ने कहा कि 'ये तो समझ आ गया कि देश 'घ' जो सबसे अच्छा देश है वो धर्मनिरपेक्ष है पर ये राज्य और धर्म के अलगाव का मामला समझ में नहीं आया कि ऐसा ज़रूरी क्यों है?' दो तीन बच्चों ने उसके सुर में सुर मिलाया। इसके लिए पाठ योजना के दूसरे उद्देश्य को ध्यान में रखते हुए मैंने उन्हें दो बातें बताई। पहली

यह कि किसी भी देश में एक धर्म के लोग बहुसंख्यक होते हैं। यदि बहुमत वाले धर्म के लोग सत्ता में आ जाएँ तो दूसरे धर्मों के प्रति भेदभाव कर सकते हैं। राज्य और धर्म के अलगाव के रूप में धर्मनिरपेक्षता इसी बहुमत की निरंकुशता एवं ज़ोर जबरदस्ती से बचाती है। दूसरे, यह कि सभी को अपने धर्म को मानने या न मानने, उसका पालन करने, धर्म बदलने और उसकी अलग व नयी व्याख्या करने का अधिकार होना चाहिए। धर्मनिरपेक्षता यह सहूलियत प्रदान करती है। बच्चों को कुछ व्यवहारिक उदाहरण भी दिए गए। जैसे मैंने उनसे पूछा कि आपके पसंदीदा खेल जो स्कूल में खेलते हैं या खेलना चाहते हैं वह कौन से हैं? मेरी पचास बच्चों की इस कक्षा में मात्र तेरह लड़के और बाकी लड़कियाँ हैं। लगभग सभी लड़कियों ने खो-खो को स्कूल में खेलने के लिए पसंदीदा खेल बताया। लड़कों ने क्रिकेट और फुटबॉल का नाम लिया, लेकिन यह आरोप भी लगाया कि 'गेम की मैडम हमेशा वही खेल खिलाती हैं जिसे ज़्यादातर बच्चे खेलना चाहते हैं और लड़कियाँ ज़्यादा होने के कारण हर बार खो-खो का ही खेल होता है।' बहुसंख्या के इस दबदबे से निपटने में धर्मनिरपेक्षता की रणनीति को कारगर बताते हुए मैंने उन्हें बताया कि धर्मनिरपेक्ष राज्य में निम्न बातों का ख्याल रखा जाता है-

- कोई एक धार्मिक समुदाय दूसरे समुदाय को न दबाए।
- कुछ लोग अपने ही धर्म के अन्य सदस्यों को न दबाएँ।
- राज्य न तो किसी खास धर्म को थोपे न ही लोगों की धार्मिक स्वतंत्रता को छीने।

मैंने बच्चों से पूछा कि अगर ऐसा न हो तो क्या होगा? कुछ बच्चों ने ऐसा न होने पर भेदभाव होने, कुछ ने लड़ाई झगड़ा होने तो कुछ ने बुरा लगने की बात कही। कुछ बच्चों ने इसे लोकतंत्र और देश के खिलाफ मानते हुए गहरी समझ दिखाई। अब मैंने बच्चों से पूछा कि सब राज्य और सरकार द्वारा किया कैसे जाता होगा, तो उन्होंने कहा कि एक जैसे कानून बनाकर। इसे स्वीकार

करते हुए मैंने उनके सामने भारतीय राज्य द्वारा धर्मनिरपेक्षता के संदर्भ में किये जाने वाले तीन तरह के कामों को सामने रखा। जो हैं-

- खुद को धर्म और उसके मामले से दूर रखना।
- कुछ धर्मों की विशेष जीवन शैली को देखते हुए उनके मामले में अहस्तक्षेप की नीति पर चलना। जैसे सिखों को हेल्मेट पहनने से छूट देना।
- धर्म के अंदर वर्चस्व या भेदभाव रोकने के लिए कानून बनाकर हस्तक्षेप करना। जैसे छूआछूत के खिलाफ कानून बनाना।

बच्चों ने स्वयं ही कई प्रासंगिक उदाहरण देते हुए इन बिंदुओं को स्पष्ट किया जैसे इस समय चल रहे तीन तलाक के मुद्दे को उठाते हुए एक बच्चे ने इसमें सरकार के हस्तक्षेप को उचित बताया। कक्षा के समय और पाठ को समाप्ति की ओर बढ़ते देखकर मैंने उनका ध्यान एक दिन पहले दिए गये खोजबीन संबधी काम की ओर खींचा। जिसमें उन्हें दिए गए मापदंडों के आधार पर तीन-तीन देशों की सूची बनानी थी। उनमें से ज़्यादातर ने सूची बनाई थी। सबमें जो बात लगभग सामान्य थी वह थी अमेरिका और पश्चिमी यूरोपीय देशों का नाम अच्छे व पसंदीदा देशों की सूची में रखना, वहीं ग़रीबी और आतंकवाद से जूझ रहे अफ्रीका व पश्चिम एशिया के देशों का नाम नापसंद देश की सूची में होना। जब मैंने इसके पीछे के कारणों पर गौर किया तो पाया कि चूँकि मैंने उन्हें पाठ 'धर्मनिरपेक्षता की समझ' को पढ़कर आने को भी कहा था और इस पाठ में जर्मनी, फ्रांस और अमेरिका का उदाहरण धर्मनिरपेक्षता के अलग-अलग आयामों व संदर्भों को समझाने के लिए दिया गया है, इसलिए लगभग सभी ने इन्हें पसंदीदा देश माना। लेकिन यह पूछने पर कि गैर पसंदीदा सूची में देशों को शामिल करने में उन लोगों ने किन बातों को ध्यान में रखा तो उत्तर में विविधता दिखाई दी। किसी ने गरीबी, किसी ने आतंकवाद, खून-खराबा तो किसी ने लोगों के बीच किए जाने वाले भेदभाव को बताया, जिसका पता उन्हें समाचार पत्रों, न्यूज़ चैनलों

या फिर माता-पिता से बातचीत करके चला था। इसी बातचीत में कुछ बच्चों ने अमेरिका और पश्चिमी देशों को पसंदीदा बताने के पीछे भी इन्हीं स्रोतों से मिली सकारात्मक सूचनाओं का नाम लिया। कुछ बच्चों ने ही सरकार और धर्म के आपसी संबंधों को सूची बनाने में महत्त्व दिया था। जैसे एक बच्चे ने जिसने सऊदी अरब को गैर पसंदीदा देशों की सूची में रखा था, कहा कि 'मेरे पड़ोस के अंकल सऊदी अरब में रहते थे, उन्होंने बताया कि वहाँ की सरकार औरतों और गैर मुसलमानों को ज़्यादा अधिकार नहीं देती, सरकार मुस्लिम धर्म को ही महत्त्व देती है।' एक दूसरे बच्चे ने बताया कि 'मेरी दीदी कक्षा दस में पढ़ती है और उसकी किताब में लिखा है कि श्रीलंका में सरकार तमिलों के साथ भेदभाव करती है और बौद्धों को ज़्यादा अधिकार देती है, जो कि ग़लत है। इसी वजह से वहाँ काफी लड़ाई झगड़े का माहौल भी रहता है।' बच्चे इस चर्चा से यह समझ बनाने में भी सफल होते दिख रहे थे कि यदि सरकार धर्म के आधार पर भेदभाव न करते हुए सभी को महत्त्व देती है तो वहाँ ज़्यादा अच्छा, शांतिपूर्ण और विकास के अनुकूल माहौल होगा। ऐसा न होने पर अशांति, हिंसा व तनाव का माहौल होगा। सूची में शामिल देशों के उदाहरण इसकी तस्दीक़ कर रहे थे। सभी धर्मों को महत्त्व देने की बात में जब मैंने 'धर्मों के अंदर फैले भेदभावपूर्ण व्यवहार' पर उनका ध्यान खींचा तो लगभग सभी ने ऐसे मामलों में सरकार के दखल देने और कानून बनाने का समर्थन किया। अब मैं उन्हें धर्मनिरपेक्षता के महत्त्व और मूल्य को अनुभव करते हुए देख पा रहा था। सभी इसी मुद्दे पर गुफ़्तगू कर रहे थे। घंटी बजते ही मैं उन्हें इसी हालत में छोड़कर दूसरी कक्षा में चला गया।

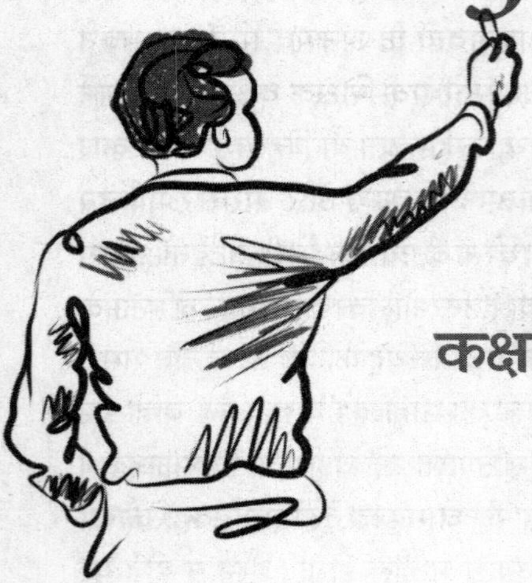

5

कक्षा में क्या करें शिक्षक

किसी कक्षा में एक शिक्षक क्या करे और क्या न करे इस विषय पर काफी कुछ कहा और लिखा जा चुका है। कई बार तो इन मुद्दों पर सीख देने वालों में वे लोग भी शामिल होते हैं जिनका इस क्षेत्र से कोई लेना-देना ही नहीं होता या फिर बहुत कम जानकारी होती है। स्कूलों में होने वाले निरीक्षणों का तो जैसे यह अनिवार्य और प्रिय मुद्दा हो। कोई शिक्षक थोड़ी भी अनचाही स्थिति में मिला नहीं कि शिक्षा अधिकारी उस पर पूरे रौब से टूट पड़ते हैं। उसे दी जाने वाली सीख अक्सर इस बात पर होती है कि वे जो कर रहे थे वह ग़लत है, पर सही तरीका क्या है और कैसे किया जा सकता है इस मसले पर ज़्यादातर कुछ नहीं कहा जाता। मेरी समझ से यह विषय इतना सरल भी नहीं है न ही इसे इतने हल्के में लिया जाना चाहिये बल्कि शिक्षाविदों, शिक्षकों व बच्चों के दायरे में आने वाले इस महत्त्वपूर्ण विषय

पर इससे प्रभावित होने वाले लोगों द्वारा गहन विचार विमर्श करके सहमति बनाई जानी चाहिए। इसे सरल मैं इसलिए नहीं मान रहा क्योंकि इसमें बाल मनोविज्ञान से लेकर शैक्षिक सिद्धांतों, दर्शन व व्यवहारिक ज्ञान का समावेश भी होता है। एक शिक्षक के रूप में अपने वर्षों के अनुभव से मैं इस संबंध में जो कुछ समझ बना पाया हूँ उसके अनुसार एक शिक्षक कक्षा में जो कार्य व्यवहार करता है उसे तीन श्रेणियों में रखा जा सकता है। पहला है कक्षा कक्ष प्रबंधन, दूसरा नियोजन के अनुरूप पाठ कार्यान्वयन और तीसरा आकलन व्यवहार। इन तीनों कार्यों में परस्पर निर्भरता है और कई बार तो इन्हें अलग करके देखा भी नहीं जा सकता। अब प्रश्न उठता है कि इन कामों को शिक्षक द्वारा किस तरह किया जाए जो अधिगम प्रक्रिया को बेहतर बनाए? मेरी समझ से इन कार्यों की सफलता के लिए शिक्षक को कुछ अन्य बातों की जानकारी होना भी ज़रूरी है। जैसे शिक्षणशास्त्रीय अथवा पेडागाजिकल कौशल, नवीन शैक्षिक सिद्धांतों व समझ की जानकारी, लोकतांत्रिक शिक्षण-अधिगम के तौर-तरीके आदि।

कक्षा शिक्षण से जुड़े इन विभिन्न आयामों पर अब कुछ विस्तार से समझने का प्रयास करते हैं। यद्यपि इन सब बिंदुओं पर परस्पर मत भिन्नता हो सकती है क्योंकि यह स्कूली जीवन से संबंधित बहुत ही गतिशील और विविध समझ से जुड़ा मामला है। कक्षा-कक्ष प्रबन्धन या क्लास रूम मैनेजमेंट में बहुत-सी बातें शामिल की जाती हैं। इसमें कक्षा में बच्चों के बैठने का तरीका जो आपसी अंतःक्रिया को बढ़ावा दे, शिक्षक की हर बच्चे तक पहुँच, संसाधनों के भरपूर प्रयोग की परिस्थितियाँ, समूह में कार्य कर पाने व स्वयं को अभिव्यक्त कर पाने के अवसरों आदि को शामिल किया जाता है। वैसे तो अमूमन हमारे स्कूलों में कक्षा का सिटिंग अरेंजमेंट पूर्व निर्धारित होता है और इस मामले में शिक्षक के हाथ में ज़्यादा कुछ होता नहीं, फिर भी उपलब्ध परिस्थितियों में शिक्षक द्वारा इस दिशा में किए जाने वाले प्रयास बहुत मायने रखते हैं। हर बच्चे तक पहुँच बनाना और इसके लिए कक्षा में पीछे तक आना जाना बहुत ज़रूरी है। इससे बच्चों के साथ जुड़ाव बढ़ने के साथ-साथ उनकी

अधिगम प्रक्रिया में भागीदारी के स्तर और विशिष्ट ज़रूरत को समझने में आसानी होती है। विद्यार्थी भी सजग रहते हैं। एक शिक्षक को अपनी कक्षा में अपेक्षित व्यवहारों से संबंधित न केवल नियम बनाने चाहिए बल्कि सत्र के प्रारंभ में ही उसे कुछ दिन प्राथमिकता के साथ दुहराते हुए बच्चों के मानस और व्यवहार में स्थापित करना चाहिये। इससे आने वाले दिनों में अक्सर कक्षा में हो जाने वाली अव्यवस्था से निपटने के साथ-साथ उचित माहौल का निर्माण करने में भी मदद मिलती है। बस ऐसा करते हुए लोकतांत्रिक मूल्यों के अनुरूप परस्पर आदर भाव और समान भागीदारी की बात को ध्यान में रखा जाना चाहिए।

नियोजन के अनुरूप पाठ के क्रियान्वयन के अगले चरण की सफलता बहुत हद तक पाठ योजना की सटीकता पर निर्भर है। इसमें विषयवस्तु स्पष्टता, रुचिकर गतिविधियों का समावेश, पूर्व अनुभवों से जुड़ाव, छात्रों को स्वयं करके सीखने के अवसर जैसे पक्ष होने चाहिए। कक्षा में विद्यार्थियों के अधिगम स्तर के अनुरूप और उनके अनुभवों को समाहित करते हुए पाठ्यवस्तु का सजीव चित्रण अथवा प्रदर्शन किया जाना बहुत ज़रूरी है। ऐसा करते हुए बच्चों को अपने-अपने अनुसार रिफ्लेक्शन या विचार करने का अवसर भी मिलना चाहिए जिससे वे चल रही प्रक्रिया से जुड़ सकें और शिक्षक भी उसमें ज़रूरी मदद कर सकें। उन्हें समूह में और व्यक्तिगत रूप से भी आपसी अंतःक्रिया करने का अवसर देना बहुत ज़रूरी है। इससे वे सहभागी बनने, सामंजस्य बिठाने, सबको साथ लेकर चल पाने की क्षमता का विकास करते हुए स्वयं को निखार सकते हैं।

कक्षाई प्रक्रिया में ही आकलन का पक्ष भी पिरोया हुआ होना चाहिए जो कि बहुत महत्त्वपूर्ण है। आकलन सिर्फ इसका नहीं कि बच्चे क्या जान या सीख पाए बल्कि इसलिए भी कि वे सीखने की ओर प्रेरित हो सकें। इसके लिए बच्चों को अभिव्यक्ति के वृहत, समान और सम्मान पूर्ण अवसर दिए जाने चाहिए। बाल केन्द्रित शिक्षा और सीखने की प्रक्रिया में छात्रों को

शामिल करने के नज़रिये से भी कक्षा में बच्चों को अभिव्यक्ति के अवसर देना बहुत ज़रूरी है। इससे शिक्षक को यह समझने में मदद मिलती है कि बच्चे चल रही शिक्षण अधिगम प्रक्रिया से कनेक्ट हो पा रहे हैं या नहीं। यदि हाँ तो अच्छा है और नहीं तो और प्रयास किये जाने या शिक्षण के तौर-तरीकों में बदलाव की आवश्यकता समझ में आएगी। बच्चे स्वयं को कई तरीकों से भागीदारी द्वारा अभिव्यक्त कर सकते हैं जैसे- पूछे गए प्रश्नों का उत्तर देकर, प्रश्न पूछकर, चल रही बात से संबंधित अपने अनुभव सुनाकर, प्रासंगिक उदाहरण देकर, कन्टेन्ट से जुड़े अन्य आयामों को उभारकर आदि। कुल मिलाकर ये बातें कक्षा के माहौल को भी अभिव्यक्त करती हैं।

कक्षा में चलने वाली इन तीन मुख्य गतिविधियों की गुणवत्ता पूर्ण सफलता के लिए एक शिक्षक को कक्षा में शिक्षण से पहले भी बहुत-सी तैयारी और प्रयास करने होते हैं। जैसे नित नये ज्ञान व कौशल को सीखते रहना, प्रशिक्षण कार्यशालाओं में सक्रिय भागीदार बनना, पाठ नियोजन करना और अपनी सीमाओं को समझते हुए स्वयं में अपेक्षित बदलाव लाने के प्रयास करना आदि। इसीलिये शिक्षक के पेशे की तुलना अन्य कामों से नहीं की जा सकती। आखिर यह वस्तुओं या सेवाओं के उत्पादन का नहीं बल्कि जीवन निर्माण का क्षेत्र है।

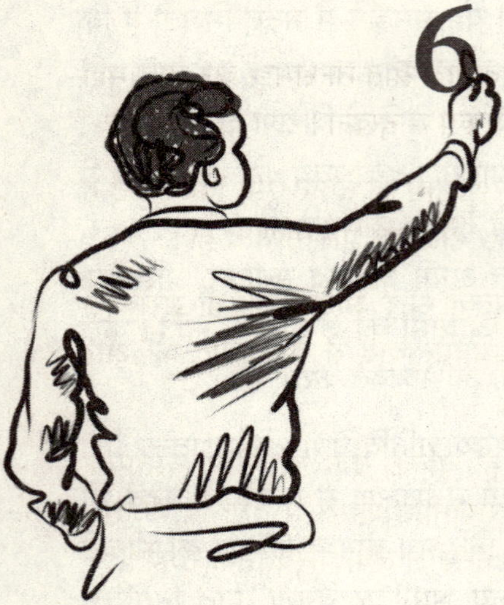

6 सामाजिक विज्ञान की कक्षा में अपेक्षित तौर-तरीके

सामाजिक विज्ञान एक विषय के रूप में समाज के विभिन्न स्वरूपों, आयामों, व्यवहारों व सरोकारों को समाहित करता है। इस विषय का अध्ययन क्षेत्र दिन-प्रतिदिन की मानवीय समस्याओं, व्यक्तिगत व सामूहिक प्रयासों, संघर्षों, उपलब्धियों आदि को सामाजिक संदर्भ में जानना समझना है। क्योंकि इसमें सामाजिक संदर्भ बहुत महत्त्वपूर्ण हैं अतः कक्षा कक्ष की शिक्षण- अधिगम प्रक्रिया का भी यह अभिन्न हिस्सा होना चाहिए। विभिन्न पृष्ठभूमियों से आए बच्चों व शिक्षकों की इस अनुशासन के ज्ञान निर्माण और संचरण में महत्त्वपूर्ण भागीदारी होनी ही चाहिए। पूर्व निर्धारित पाठ्यचर्या और पाठ्यक्रम इसमें एक आधार या प्रस्थान बिंदु हो सकती हैं, इसको निर्धारित व सीमित करने वाली शक्ति नहीं। बल्कि इन्हें आगे की जाँच पड़ताल का अवसर प्रदान करने वाली सामग्री के रूप में देखा जाना चाहिए। राष्ट्रीय पाठ्यचर्या की रूपरेखा, 2005 के आधार पत्रक 'सामाजिक

विज्ञान शिक्षण' में इस विषय के अंतर्गत कुछ ज्ञानमीमाँसीय परिवर्तन सुझाए गए हैं-

1- पाठ्य पुस्तकों को सूचनाओं का एकमात्र स्रोत ना समझ कर उन्हें मुद्दों को समझने के एक विशेष तरीके के रूप में देखना।

2- भूतकाल की 'मुख्यधारा' का विवरण मात्र ना देकर ऐसा विवरण देना जिसमें अधिक से अधिक समूह और क्षेत्रों का प्रतिनिधित्व हो।

3- विकास संबंधी मुद्दों के अलावा मूल्यों और आदर्शों संबंधी सरोकारों से भी संबद्ध किया जाए यानी उपयोगितावाद से समतावाद की ओर रुझान।

4- पाठ्य पुस्तकों को बंद बॉक्स नहीं बल्कि एक गतिशील दस्तावेज बनाना। जैसे नागरिक शास्त्र का राजनीति शास्त्र में बदलाव, जिसमें नागरिक संवेदनशील, जिज्ञासु, विचारशील तथा परिवर्तनकारी हो।

5- सामाजिक विज्ञान में पितृसत्तात्मक ढांचे को तोड़कर स्त्री परिपेक्ष्य को स्थापित करने की ज़रूरत।

दस्तावेज द्वारा सुझाए गए ये ज्ञानमीमाँसीय परिवर्तन वास्तव में इस विषय को अधिक जीवंत, समयानुकूल, समावेशी व लोकतांत्रिक बनाने का प्रयास है। इन आकांक्षाओं के साथ इस दस्तावेज में कंस्ट्रक्टिव या रचनात्मक दृष्टिकोण भी व्यक्त किया गया है जो ज्ञान के पूर्व निश्चित व पूर्व निर्धारित आयोजन के बजाय विभिन्न संदर्भों में उसके निर्माण पर बल देता है। ज्ञान निर्माण की कक्षा प्रक्रिया में शिक्षक सहित बच्चे भी समान व सक्रिय भागीदार होते हैं। अपने-अपने अनुभव व समझ के साथ सम्मानित हिस्सेदार के रूप में बच्चों द्वारा ज्ञान निर्माण व समझ विकसित करना परंपरागत रूप से प्रचलित व्यवहारवादी तौर तरीकों से एकदम भिन्न समझ व प्रक्रिया है। इस परंपरागत तरीके में कक्षा प्रक्रिया में शिक्षक व पुस्तकें ही ज्ञान का अंतिम और प्रमाणित स्रोत मानी जाती हैं। कक्षा का संचालन शिक्षक केंद्रित व निर्देशित तौर तरीकों से होता है। बच्चे निष्क्रिय रूप से ग्राह्यकर्ता होते हैं जिन्हें पूर्व निर्धारित ज्ञान तक पहुँचना होता है। प्रसिद्ध शिक्षाशास्त्री पाओलो फ्रेरे ने अपनी पुस्तक

'उम्मीदों का शिक्षा शास्त्र' के प्राक्कथन पृष्ठ पर ही इसके मजबूत प्रचलन को इंगित करते हुए कहा है कि 'चारों तरफ से हमें एक व्यवहारवादी विमर्श ने घेर रखा है, वास्तविकता को बदलना नहीं उसके अनुरूप ढलना ही जिसका मूल मंत्र है।' पर इस समझ पर पिछले कुछ वर्षों से सवाल उठाए गए हैं। अब कक्षा में बच्चों को ज्ञान के निष्क्रिय ग्राह्यकर्ता के रूप में ना देखकर एक ज़रूरी हिस्सेदार के रूप में स्वीकारा जाता है।

एनसीएफ 2005 के पैरा 2.4, 5 में कहा गया है कि 'कक्षा में शिक्षक व विद्यार्थी की अंतःक्रिया विवेचनात्मक होती है क्योंकि उसमें यह परिभाषित करने की ताकत होती है कि किसका ज्ञान स्कूल संबंधी ज्ञान का हिस्सा बनेगा और किसकी आवाज़ उसे आकार देगी। शिक्षार्थी केवल ऐसे छोटे बच्चे नहीं होते जिनके लिए वयस्कों को कुछ हल ढूँढने होते हैं। वे अपनी परिस्थिति व ज़रूरतों के सूक्ष्म पर्यवेक्षक होते हैं तथा उन्हें अपनी शिक्षा व भावी अवसरों से संबंधित समस्याओं के हल की प्रक्रिया तथा विमर्श में भाग लेना चाहिए, बच्चों में यह चेतना होनी चाहिए। अतः बच्चों में चेतना होनी चाहिए कि उनके अनुभव व उनकी अनुभूतियाँ भी महत्त्वपूर्ण हैं। उन्हें अपनी मानसिक योग्यता को विकसित करने के लिए प्रोत्साहित किया जाना चाहिए ताकि वे स्वतंत्र रूप से तर्क व विचार कर सकें और असहमत होने का साहस रखें। बच्चे जो स्कूल से बाहर सीखते हैं जैसे- उनकी क्षमताएँ, सीखने का सामर्थ्य और ज्ञान जिसे वे स्कूल लेकर आते हैं वह भी अधिगम की समृद्धि में बहुत महत्त्वपूर्ण है। यह उन बच्चों के लिए और भी महत्त्वपूर्ण है जो वंचित पृष्ठभूमि से आते हैं, ख़ासकर लड़कियों के लिए क्योंकि उनकी दुनिया और उनकी वास्तविकताएँ स्कूली ज्ञान में बहुत कम दिखलाई पड़ती हैं।' दस्तावेज में व्यक्त की गई यह अभिलाषा कक्षा कक्ष वातावरण में किस तरह और कितनी मात्रा में अपनाई जा रही है यह जानना महत्त्वपूर्ण है।

सामाजिक विज्ञान को लेकर बहुत सारी ऐसी धारणाएँ भी रही हैं जो इस विषय को लेकर बहुत से भ्रम पैदा करती हैं। प्रचलित दृष्टिकोणों के अनुसार इसे एक अनुपयोगी विषय के रूप में देखने का चलन रहा है। प्रायः छात्रों और अभिभावकों के दिमाग़ में यह बात बैठा दी जाती है कि विज्ञान के विषय

सामाजिक विज्ञान से बेहतर हैं और प्रतिभाशाली विद्यार्थियों को विज्ञान विषय से ही आगे की पढ़ाई करनी चाहिए। पर इस भ्रम को सामाजिक विज्ञान के बारे में उसकी सही और वास्तविक स्थिति से परिचय करा कर ही तोड़ा जा सकता है। आज की दुनिया में जब अंतर निर्भरता बढ़ती ही जा रही है इस जटिलता को समझने के लिए सामाजिक विज्ञान सामाजिक, सांस्कृतिक और विश्लेषणात्मक कौशल प्रदान करने का कार्य कर सकता है। एक प्रचलित धारणा यह भी है कि सामाजिक विज्ञान में बहुत बड़ी मात्रा में सूचनाओं का आदान प्रदान किया जाता है और यह मात्र कंठस्थ किए गए तथ्यों को याद करके परीक्षा पास करने में ही काम आता है। इसमें बहुत सारी भूतकाल की अनावश्यक जानकारियाँ और गैर ज़रूरी बातें शामिल होती हैं। सामाजिक विज्ञान के शिक्षकों और इसकी पाठ्यचर्या को अपने कलेवर में सूचनाओं के अत्यधिक भार को कम करके अपनी परीक्षा केंद्रित छवि से बाहर निकल कर जीवन उपयोगी, आवश्यक अंतर्वस्तु को स्वयं में समाहित करना होगा। कुछ लोग यह भी मानते हैं कि सामाजिक विज्ञान रोज़गार परक विषय नहीं है इसीलिए यह व्यर्थ है। यह महत्त्वपूर्ण है कि सामाजिक विज्ञान का महत्त्व आज की दुनिया में बढ़ता ही जा रहा है। सामाजिक वास्तविकता को समझने और उनका प्रयोग करने जैसे विषयों में ही नहीं बल्कि विश्लेषणात्मक और रचनात्मक मस्तिष्क की नींव तैयार करने में भी इसकी बहुत महत्त्वपूर्ण भूमिका है। यह एक शिक्षक और पाठ्यचर्या नियोजन करने वाले का प्रमुख कर्तव्य होना चाहिए कि पाठ्य पुस्तकों में आवश्यक और प्रासंगिक सूचनाओं व मुद्दों को ही शामिल किया जाए तथा विषय वस्तु का भार कम किया जाए। इसके स्थान पर अवधारणाओं और सामाजिक राजनीतिक यथार्थ के विश्लेषण की योग्यता के विकास पर ज़ोर दिया जाना चाहिए। एक अच्छी कक्षा और सामाजिक विज्ञान शिक्षण की यह भी पहचान होनी चाहिए कि विविधता और स्थानीय विषय इसमें महत्त्वपूर्ण रूप से समाहित हो। प्रायः इस विषय को गैर वैज्ञानिक विषय के रूप में देखने और विज्ञान विषयों से कमतर मानने की प्रवृत्ति रही है। किंतु यह विषय भी वैज्ञानिक दृढ़ता को लिए हुए है। प्राकृतिक और भौतिक विज्ञान की तरह ही इसमें वैज्ञानिक जाँच पड़ताल आवश्यक है। हाँ यह बात अलग है कि इसमें प्राकृतिक और भौतिक विज्ञान

से अलग तौर तरीके अपनाए जाते हैं। सामाजिक विज्ञान की कक्षाओं में मूल्य संबंधी सरोकार बहुत महत्त्वपूर्ण है केवल विकासात्मक मुद्दों के साथ साथ स्वतंत्रता, विश्वास, परस्पर सम्मान, विविधता जैसे मानवीय मूल्य बच्चों में स्थापित किए जाने चाहिए। जिससे उनमें एक उपयोगी आलोचनात्मक और रचनात्मक दृष्टिकोण का विकास हो। वह उन सामाजिक बाधाओं से मुक्ति पा सकें जो इन मूल्यों को हानि पहुँचाते हैं। कक्षा कक्ष में ऐसे वातावरण की स्थापना एक शिक्षक का प्रमुख ध्येय होना चाहिए। सामाजिक विज्ञान विषय बहुत सारे विषयों को स्वयं में समाहित किए हुए हैं जैसे इतिहास, भूगोल, राजनीति शास्त्र, अर्थशास्त्र आदि। इन विषयों को अलग-अलग तौर पर देखे जाने की प्रवृत्ति रही है जबकि इन के बीच बहुत सारे अंतर्संबंध हैं। एक अच्छी कक्षा में इन अंतर्संबंधों को दर्शाने के लिए इन विषयों की सीमाओं को खोल कर रखे जाने और सावधानी पूर्वक चर्चा किए जाने की आवश्यकता होती है। सामाजिक विज्ञान विषय एक रुचिकर विषय है पर तब जब कक्षा में इसे सहयोगी और समावेशी तरीकों से लागू किया जाए। यह उम्मीदें आधार पत्रक 'सामाजिक विज्ञान शिक्षण' में व्यक्त की गई हैं।

दस्तावेजी अपेक्षाओं और रचनात्मक व निर्माणात्मक दृष्टिकोण के अनुरूप विद्यार्थियों को सामाजिक विज्ञान के शिक्षण के दौरान कुछ नवीन शिक्षण उपागमो को अपनाने की आवश्यकता है। पाठ्य वस्तु पर चर्चा के दौरान यह महत्त्वपूर्ण है कि बच्चों में जाँच पड़ताल की प्रवृत्ति को प्रोत्साहित किया जाए। ग्राह्य भाषा में सरलीकृत तरीके से बच्चों को सीखने के अवसर दिए जाने चाहिए। एक लोकतांत्रिक संस्कृति जिसमें बच्चे पूर्ण भागीदार हो इसे संभव बना सकती है। अवधारणाओं को समुदाय के सजीव अनुभव के उदाहरण देकर ही बेहतर ढंग से समझा जाना चाहिए। वह भी बच्चे की सामाजिक और सांस्कृतिक परिवेश के अनुसार। कक्षा में पठन सामग्री जैसे पाठ्यपुस्तक केवल एक आधार बिंदु है यह बात बच्चों को भी समझाए जाने की ज़रूरत है जिससे कि वह अपने अनुभव से उससे भी आगे बढ़ सकें। पर यह देखे जाने की ज़रूरत है कि वास्तविक रूप से हमारे विद्यालयों की सामाजिक विज्ञान कक्षाएँ इन आदर्शों व व्यवहारों की कितना अपनाती हैं।

खंड -II

स्कूलों की दुनिया

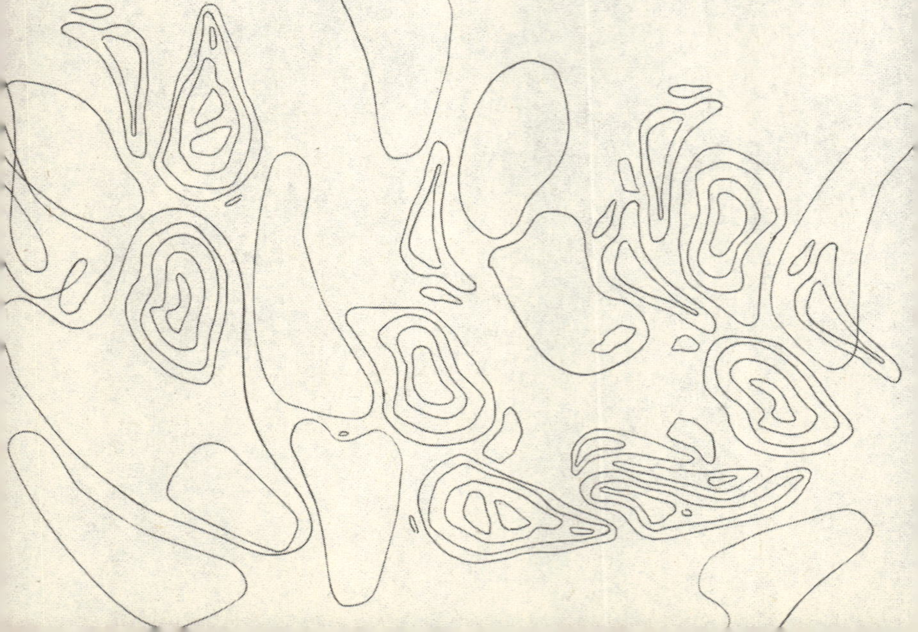

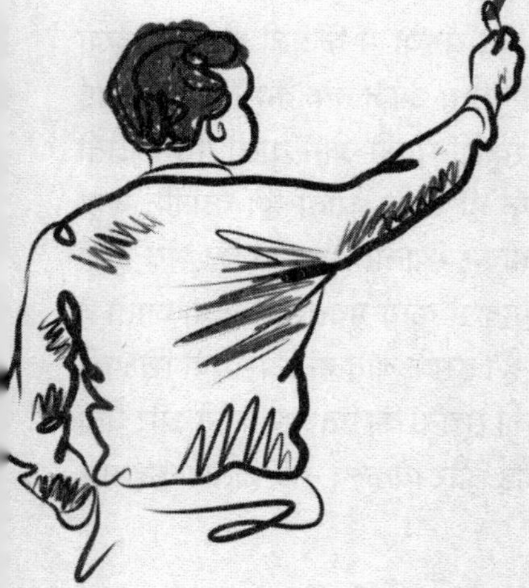

7

उदासी और असुरक्षा का दायरा

कुछ वर्ष पहले मैं मेंटर टीचर के तौर पर अपने एक मेंटी स्कूल के दौरे पर पहुँचा तो देखा कि लगभग दस शिक्षिकाएँ स्कूल के मेन गेट से निकलते हुए ठहर-सी गईं, स्कूल को निहारते हुए मानो विदाई का अंतिम अभिवादन दे रहीं हों। उनके मायूस चेहरों को देखकर मैंने स्कूटर से बिना उतरे ही रुक कर पूछ लिया कि छुट्टी होने से इतना पहले स्कूल से बाहर वो लोग कहाँ जा रही हैं? उनमें से एक ने मानो हिम्मत बटोरते हुए रुंधे गले से कहा... हम तो हमेशा के लिए यहाँ से बाहर जा रहे हैं सर। मैंने चौंक कर पूछा- क्यों? दूसरी शिक्षिका बोल पड़ी... सर पीएफसी का खेल और क्या। अब मैं सारी बात समझ चुका था। दरअसल प्रत्येक वर्ष अप्रैल-मई के इन्हीं दिनों में प्रशासनिक इकाई पोस्ट फिक्सेशन सेल (पीएफसी) द्वारा पिछले सत्र में रहे विद्यार्थियों की संख्या के आधार पर स्कूल में शिक्षकीय पदों की संख्या तय की जाती है।

आज के समय में जब सरकारी स्कूलों की खराब होती दशा व छवि और निजी स्कूलों की बढ़ती बनावटी चकाचौंध के कारण अधिकतर अभिभावक अपने बच्चों को सरकारी स्कूलों से निकालकर निजी स्कूलों की शरण में भेज रहे हैं तब सरकारी शिक्षकों की ज़रूरी पद संख्या में कटौती होते हुए देखा जा सकता है। हालाँकि इसमें भी पूरी नियुक्ति आज तक कभी नहीं हो पाई है। पीएफसी द्वारा अधिकतर सरकारी स्कूलों में की जाने वाली पद कटौती अस्थायी-अतिथि शिक्षकों के लिए शोक ही लेकर आती है। क्योंकि जहाँ स्थाई शिक्षकों को इससे मात्र सरप्लस होकर स्थानांतरित होने का भय होता है वहीं अतिथि शिक्षकों को तत्काल प्रभाव से कार्य मुक्त कर दिया जाता है और वे बेरोज़गार की श्रेणी में आ जाते हैं। इसके बाद इन अस्थायी शिक्षकों के पास सिवाय दूसरे स्कूलों में बढ़े पदों की सूचना का इंतजार करने और वहाँ चयनित होने के लिए प्रयास करने के कोई और विकल्प नहीं होता। कई बार तो निराशा ही हाथ लगती है।

दिल्ली सरकार द्वारा विद्यालयी शिक्षा में सुधार के लिए चलाए गए कई कार्यक्रमों में एक मेन्टरशिप प्रोग्राम है। इसमें सरकारी स्कूलों के शिक्षकों में से मेन्टर टीचर के तौर पर चयनित लगभग दो सौ लोगों में एक मैं भी हूँ। प्रत्येक मेन्टर शिक्षक को पाँच-छः स्कूल की जिम्मेदारी दी गई है जहाँ उन्हें कक्षा अवलोकन, शिक्षकों से शिक्षण शास्त्रीय बातचीत, चर्चा व फीडबैक, समय-समय पर प्रशिक्षण देने जैसे कई अकादमिक कार्य करने होते हैं। अपनी इन्हीं जिम्मेदारियों के तहत पिछले दो-तीन दिन मैं जिस भी स्कूल में गया वहाँ शिक्षकों व शिक्षिकाओं के बीच पीएफसी के फरमान से उत्पन्न परिस्थिति पर बातचीत करते और चिंतित होते हुए पाया।

उसी बातचीत के दौरान एक शिक्षिका ने मन की व्यथा को दार्शनिक अंदाज में उकेरते हुए कहा. . . सर वैसे तो हमें गेस्ट टीचर कहा जाता है, पर क्या गेस्ट को ऐसे ही बिना मौका दिए जब मन करे निकाला जाता है? मैंने दुखी होते हुए सहमति में सिर हिलाया और सांत्वना देते हुए ऐसे स्कूलों का

पता करने को कहा जहाँ पद बढ़े हों। वहाँ चयन के लिए प्रयास करते रहने की सलाह व शुभकामनायें भी दीं।

उन शिक्षिकाओं से बात करते हुए मेरी नज़र गणित की उस शिक्षिका पर भी गई जिनके साथ मैंने कई बार कक्षाई शिक्षण पर लंबी बातचीत की थी। उनके द्वारा बच्चों के साथ किये जाने वाले संवाद ,स्नेह और जुड़ाव मेरी आँखों के सामने चलचित्र की भांति तैरने लगे। एक बार गणित की कक्षा में आकृति या शेप की संकल्पना को समझाते हुए उन्होंने अपने बैग से पाँच बिस्कुट के पैकेट निकाले और रैपर फाड़ कर बच्चों में एक-एक बिस्कुट बाँट दिया। इनमे से कुछ आयत तो कुछ वर्ग आकृति में थे। बात पूरी होने तक उन्होंने बिस्कुट ना खाने की हिदायत दी। बच्चों के मुख पर बढ़ती जा रही जिज्ञासा को आसानी से पढ़ा जा सकता था। वैसे जिज्ञासा पैदा कर देना किसी भी शिक्षक के लिए प्रारंभिक एवम् महत्त्वपूर्ण उपलब्धि होती है। इसके बाद उन्होंने बड़े ही प्रभावशाली ढंग से बिस्कुटों की इन दो आकृतियों के आधार पर वर्ग और आयत की संकल्पना को अनुभवजन्य तरीके से स्पष्ट किया। कक्षा उपरांत फीडबैक देने के क्रम में जब मैंने उनसे कहा कि इस तरह तो आपका ज़्यादा खर्च हो जाता होगा तो उन्होंने झट जवाब दिया . . .सर इतना तो चलता है। इससे बच्चों की रुचि बढ़ती है और मुझे भी अच्छा लगता है। मैं अपने आप पर शर्मिंदा भी हुआ। मेरे मन में उनके अस्थायी नौकरी और कम वेतन के कारण जो बेहूदा प्रश्न और संशय पैदा हुए थे वो उनकी व्यवसायिक प्रतिबद्धता एवम् बच्चों से जुड़ाव को देखते हुए काफूर हो गए। मैंने कभी भी स्वयं या किसी अन्य स्थाई शिक्षक को जिनका वेतन अपेक्षाकृत अच्छा है, बच्चों के प्रति इतना समर्पित नहीं देखा। मेरे यह विचार उनके साथ हुए कई अवसरों पर हुई बातचीत और अवलोकन-फीडबैक पर आधारित हैं। मैं स्वयं गणित विषय का कमज़ोर छात्र रहा हूँ, उन्होंने मेरी इससे संबंधित असहजता को भी काफी हद तक दूर किया। खैर. . यह सब सोचते हुए मैं अपनी तथा उन शिक्षिकाओं की असहायता व असहजता को लिए स्कूल के अंदर आ गया। वे शिक्षिकाएँ भी दूसरी तरफ अगले जीवन संघर्ष की ओर चल पड़ीं।

हमारे सरकारी स्कूल जो पहले से ही शिक्षकों की कमी से जूझ रहे हैं, उसकी कुछ हद तक भरपाई अतिथि व संविदा आधारित अस्थायी शिक्षकों द्वारा की जाती है। बदले में इन्हें मिलता है समान काम के बदले कम वेतन, दोयम दर्जे का व्यवहार, अल्प सुविधाएँ,भयंकर जॉब असुरक्षा और उदासी। सरकारी उदासीनता स्थाई भर्ती प्रक्रिया को शुरू करने और अंजाम तक पहुँचाने में वर्षों लगाती है। तब तक समस्या और विकराल रूप धारण कर लेती है। हजारों योग्य युवा इंतज़ार में ही अधिकतम उम्र सीमा लांघ जाते हैं। स्कूलों में इन शिक्षकों की अपरिहार्य और महत्त्वपूर्ण भूमिका होते हुए भी इन्हें प्रधानाचार्य, साथी स्थाई शिक्षकों और कभी-कभी बच्चों से भी दोयम दर्जे का व्यवहार प्राप्त होता है।

मैंने कक्षाओं के अवलोकन में बहुत से अतिथि शिक्षकों को भरपूर मेहनती, विषय का ज्ञाता, सक्रिय व शैक्षिक दक्षताओं से सराबोर पाया है। हमारी व्यवस्था इनकी क्षमताओं का दोहन करके ऐसे ही इन्हें एक दिन अंधेरे में छोड़ देती है। क्योंकि स्थाई तौर पर समावेशन के लिए बड़े पैमाने पर भर्ती प्रक्रिया शुरू करने की आवश्यकता है, जिस पर कमोबेश सभी सरकारें फिसड्डी साबित हुई हैं। लगता है शासन-प्रशासन स्वयं ही सरकारी शिक्षा व्यवस्था को पंगु बनाकर शिक्षा के निजीकरण को बढ़ावा देने के एजेंडे में लगा हुआ है।

इस घटना के बाद मेरे मन में और भी कई सवाल उठने शुरू हुए। जैसे- कार्य क्षेत्र में सुविधा, सुरक्षा, सुगमता और बिना उपयुक्त कारण निकाले जाने के भय से मुक्ति के लिए अधिकारों के रूप में जो उपलब्धियाँ उन्नीसवीं-बीसवीं सदी के हमारे पूर्वजों ने लंबे संघर्ष के बाद अर्जित की थीं वे कमज़ोर क्यों की जा रही हैं, उन्हें हम संजोकर क्यों नहीं रख पा रहे हैं? समान कार्य के लिए समान वेतन जैसे लोकतांत्रिक व संवैधानिक अधिकार आज टूटकर बिखर क्यों रहे हैं? मार्क्सवाद व समाजवाद की जन चेतना से उपजी हमारी विरासत कहाँ गायब हो गई है? अब हम इन मुद्दों पर उद्वेलित और संगठित

क्यों नहीं होते? हमारे युवाओं की फेसबुकिया व व्हाट्सअप सेनाएँ धर्म, जाति की जकड़न और नेता भक्ति से ऊपर उठकर इन ज़रूरी मुद्दों पर चर्चा एवम् संवाद क्यों नहीं करतीं? समाजवादी, लोकतांत्रिक, कल्याणकारी मूल्यों पर आधारित समाजों व सरकारों ने जिन मानवाधिकारों और मानवीय जीवन के आदर्शों को संविधान एवम् व्यवस्था संरचना में स्थान दिया था वही आज नव पूंजीवादी दबाव में इन्हें दफन करने में क्यों लगे हैं? और इससे भी बड़ा सवाल यह कि आमजन इस पर चुप्पी क्यों साधे हुए है, वे अपनी ही पीड़ा और संकट को पहचान क्यों नही पा रहे?

मेरे मानस में इनका कोई स्पष्ट जवाब नहीं है। क्या उन शिक्षिकाओं की उदासी, मायूसी और जॉब असुरक्षा ही हमें कोई रास्ता दिखा सकती है? अन्य क्षेत्रों सहित स्कूली सुधारों में जब तक इन्हें दूर करने का प्रबंध नहीं किया जाता तब तक शायद इसका भुगतान हमारी आने वाली पीढ़ियों तक को करना पड़े। आखिर उदासी और असुरक्षा का भी अपना दायरा तो होता ही है जो सैकड़ों जीवनों को प्रभावित करता है। एक उदास शिक्षक खुशहाल बचपन का सृजन कैसे और क्यों करेगा? आज बड़े फलक पर इन प्रश्नों का उत्तर ढूँढने की नितांत आवश्यकता है।

8

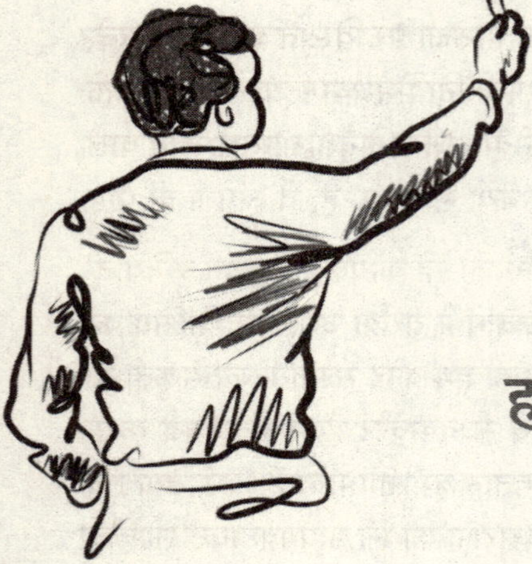

काश यही जुनून हर स्कूल में दिखाई दे

मैं अपने एक मेंटी स्कूल में चल रही ऐसी शैक्षिक प्रक्रियाओं और व्यवहारों को साझा करना चाहूँगा जिनसे मैं बहुत प्रभावित हुआ हूँ। एक मेंटर टीचर के तौर पर मैं दो वर्षों तक इस राजकीय उच्चतर माध्यमिक बाल विद्यालय में जाता रहा हूँ। यहाँ के शिक्षक एक अलग प्रकार की ऊर्जा व जुनून से लैस दिखाई देते हैं। इनमें टीम भावना और बच्चों की भलाई के प्रति समर्पण का जो भाव दिखाई देता है वह स्वयं इनके द्वारा तैयार किये गये स्कूली माहौल का परिणाम है। प्रधानाचार्य की तरफ से शिक्षकों को उपलब्ध कराई गई अकादमिक स्वायत्तता, कुछ शिक्षकों द्वारा आगे बढ़कर जिम्मेदारी उठाने की प्रवृत्ति और एक दूसरे को प्रोत्साहित व प्रेरित करने का भाव मेरी नज़र में इस स्कूल को अनूठा बनाता है। शिक्षकों के अलग-अलग समूह, दी गई जिम्मेदारी को निभाते हुए स्कूल की बेहतरी के विजन को ध्यान में

रखकर और सोच समझकर काम करते हुए दिखाई देते हैं। जैसे बच्चों के एडमीशन के काम में जुटे दो तीन शिक्षकों ने प्रवेश के समय ही बच्चों और अभिभावकों को शिक्षा के प्रति गंभीर बनाने और मेहनत करने का भाव जगाने के लिए उनसे बच्चे की पूर्व में प्राप्त शिक्षा पर विस्तृत बातचीत करने, उस आधार पर रिकार्ड बनाने और आगामी दिनों में ध्यान रखने योग्य बातों पर फोकस करने की रणनीति बनाई हुई है। उनके अनुसार इससे आने वाले दिनों में बहुत सहूलियत होगी।

इसी तरह दिल्ली के स्कूलों में चलाए जा रहे कार्यक्रम 'मिशन बुनियाद' के तहत भी यहाँ के शिक्षकों ने कई नवोन्मेषी तरीके और गतिविधियों को अपनाया हुआ है। इस कार्यक्रम में उन बच्चों पर फोकस करते हुए जो हिन्दी और गणित की बेसिक जानकारी में कमज़ोर हैं, उन्हें अपनी कक्षा के अनुरूप अधिगम स्तर तक पहुँचाने का लक्ष्य रखा गया है। इस स्कूल के शिक्षकों ने सामूहिक रूप से कई ऐसी शिक्षण अधिगम सहायक सामग्रियों का निर्माण किया है जो इस स्तर के विद्यार्थियों के लिए बहुत उपयोगी हैं। जैसे बारहखडी-मात्रा और संख्याओं के चार्ट, शब्द एवं संख्या कार्ड, मनोरंजक गतिविधियों का निर्माण, चित्र-नाम, मात्रा मिलाप बोर्ड, अनुमान के खेल आदि। इन सामग्रियों के भी बहुविध प्रयोगों पर चर्चा और कक्षाई उपयोग को यहाँ पर देखा जा सकता है।

ऐसी ही एक कक्षा के अवलोकन में मैंने शिक्षक द्वारा शब्द-कार्डों का बेहतरीन शैक्षिक उपयोग होते हुए देखा। पंक्तियों में बैठे बच्चों को शिक्षक ने महापुरुषों के नाम के आधार पर प्रत्येक पंक्ति को एक नाम दे दिया- जैसे गाँधी समूह, नेहरू समूह, सुभाष समूह, तिलक समूह और कलाम समूह। गतिविधि की शुरुआत में ही शिक्षक ने आवश्यक निर्देश दिए जिनमें प्रत्येक समूह द्वारा शब्द-मात्रा की ग़लतियों की संख्या को बोर्ड पर लिखा जाना, कम ग़लतियों वाले समूह का विजेता होना, गतिविधि के दौरान एक समूह की ग़लती पर दूसरे समूह द्वारा नज़र रखना आदि बातें शामिल थीं।

शिक्षक ने बारी-बारी से हर समूह के प्रत्येक बच्चे को छः-सात शब्द-कार्ड पकड़ाए और कही गई मात्रा के शब्द अलग छाँटने को कहा। छँटाई के बाद बचे शब्द-कार्ड उस बच्चे के पीछे बैठे अगले समूह के बच्चे के पास खिसका दिए गए जिससे कि वह क्रॉस चेक कर सके कि कहीं कोई उपयुक्त शब्द छँटाई में रह तो नहीं गया। अगर रह गया है तो वह ग़लती में गिना जाएगा। निर्धारित समय पूरा हो जाने पर समूह के बच्चों ने अपने-अपने छाँटे हुए शब्द पढ़कर सुनाये। सभी शब्द सही होने पर ताली बजाने और ग़लत शब्दों की संख्या को बोर्ड पर लिखे जाने का कार्य किया गया। यही प्रक्रिया हर समूह के साथ दोहराई गई। मज़े की बात यह रही कि तीन समूहों ने एक भी ग़लती नहीं की। दो समूह तीन-तीन ग़लती के साथ दूसरे स्थान पर रहे। शिक्षक ने गतिविधि का दायरा बढ़ाते हुए समान स्थान पर रहे समूहों को अगली कक्षा में अलग गतिविधि द्वारा पुनः प्रतिस्पर्धा कराने और स्पष्ट स्थान प्राप्त करने की बात कही। साथ ही सभी समूहों को अपने समूह के नाम से जुड़े महापुरुष पर जानकारी जुटाने के लिए खोजबीन या एक्सप्लोर करने को कहा।

कक्षा में की गई यह गतिविधि मुझे कई कारणों से रुचिकर एवं उपयोगी लगी। इसमें जहाँ समूहों के बीच प्रतिस्पर्धा के कारण आगे बढ़ने का प्रोत्साहन शामिल था वहीं समूह के अंदर आपसी सहयोग के अवसर भी थे। जैसे इसमें बच्चे अपने समूह में एक दूसरे को मात्रा पहचानने में मदद कर रहे थे और दूसरे समूह के मुकाबले अच्छे प्रदर्शन के लिए भी प्रयासरत थे। साथ ही शिक्षक उन बच्चों की पहचान में भी सक्षम हो पा रहा था जो निर्देशित मात्रा और शब्द को नहीं पहचान पाते हैं। इससे उन बच्चों की ज़रूरी सहायता के लिए उपयुक्त तौर-तरीकों पर सोचा जा सकता था। कक्षा के अंत में आगे भी समूहों के बीच प्रतिस्पर्धा को जारी रखने के निर्देश ने बच्चों के उत्साह व उमंग को बनाए रखने का कार्य किया। संबंधित महापुरुषों की जानकारी जुटाने का कार्य दिए जाने से गतिविधि का आयाम विस्तृत हो गया।

मिशन बुनियाद की यह कक्षाएँ ग्रीष्मकालीन अवकाश के दिनों में भी चलाई जा रही हैं। इसमें बच्चों की पढ़ाई सुबह साढ़े सात बजे से साढ़े दस बजे तक होती है। इस स्कूल के सभी शिक्षक इन दिनों कक्षा शिक्षण के बाद रोज़ाना एक जगह एकत्रित होते हैं। इसमें वे सभी लगभग एक घंटे उस दिन की गई गतिविधियों और शिक्षण-अधिगम के अनुभवों पर बातचीत और शेयरिंग करते हैं। इस तरह की एक चर्चा में मुझे भी भाग लेने का अवसर मिला। मीटिंग में एक शिक्षक ने इतने प्रयासों के बाद भी कुछ बच्चों के निम्न अधिगम स्तर पर चिंता जाहिर करते हुए इनके लिए अलग से कुछ प्रयास करने की सलाह दी। पर यह काम हो कैसे इस पर कई तरह के सुझाव सामने आए। किसी ने सुझाया कि प्रत्येक कक्षा में ऐसे बच्चों की पहचान करके इन्हें एक जगह बैठाकर इन्हीं के अनुरूप उपयोगी शैक्षिक तरीकों से पढ़ाया जाए। पर एक शिक्षक का कहना था कि कार्यक्रम के बीच में कुछ बच्चों को इस तरह से पहचान करके अलग करना उन्हें हतोत्साहित करेगा। इस पर सभी सहमत भी थे। अंततः एक शिक्षक के इस सुझाव को माना गया कि हर कक्षा के ऐसे बच्चों को जिनकी संख्या कक्षानुसार तीन से पाँच के लगभग ही है अलग-अलग शिक्षक एडाप्ट करें। इन्हें अलग से कुछ समय लगाकर और व्यक्तिगत रूप से ध्यान देकर अभिप्रेरित किया जाये। एक शिक्षक ने अपनी कक्षा में कराये जा रहे दस मिनट के योग अभ्यास के सकारात्मक प्रभाव के अनुभव को साझा किया। उन्हें अन्य कक्षाओं में भी अपनाने की अपील की गई। एक शिक्षक ने तो अपनी कक्षा में फन एक्टीविटी के तौर पर कराए गए फिल्मी गीतों की धुन के नृत्य स्टेप की बात बताई ही नहीं बल्कि करके भी दिखाया और बच्चों की खुशी और उत्साह का वर्णन किया। उनके इस प्रदर्शन ने सभी शिक्षकों को भी उत्साहित व रोमांचित कर दिया। पिछले दिन कराई गई एक्टीविटी के लिए, दो शिक्षकों का करतल ध्वनि से उत्साह वर्धन किया गया जिसे उन्होंने स्कूल के व्हाट्सअप ग्रुप में साझा किया था। हँसी-मज़ाक से भरे इस सत्र में मैंने भी अपने द्वारा किये गए कक्षा अवलोकन के अनुभवों पर बातचीत की। सकारात्मक फीडबैक के साथ-साथ मैंने कुछ माला और लेखन की गतिविधियाँ भी साझा कीं।

ऐसे उत्साह और जुनून से भरे स्कूल का किसी भी रूप में हिस्सा बनकर मैं स्वयं को गौरवान्वित महसूस करता हूँ। अगर हमारे सभी सरकारी स्कूल इसी ऊर्जा और भाव से काम करें तो वह दिन दूर नहीं जब दिल्ली के सभी सरकारी स्कूल गुणवत्ता के मानक पर विश्व के श्रेष्ठ स्कूलों को मात दे सकेंगे। काश यही जुनून हर स्कूल में दिखाई दे।

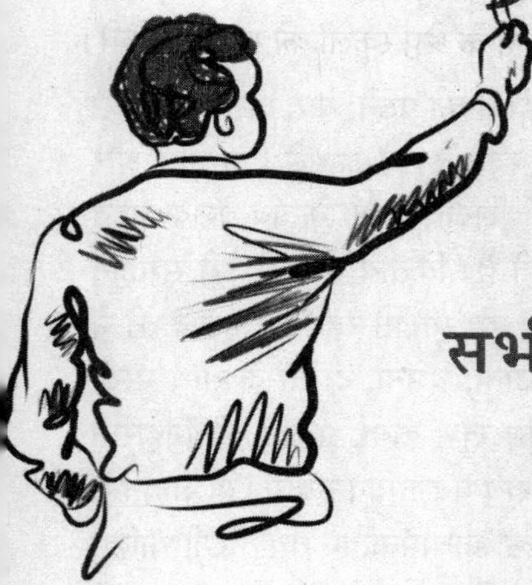

9

शिक्षक दिवस पर सभी विद्यार्थियों के नाम एक शिक्षक का पत्र

प्यारे विद्यार्थियो,

आज 5 सितंबर यानी शिक्षक दिवस है। इस अवसर पर तुम सबसे कुछ कहने का मन है। सोचता हूँ कहाँ से शुरू करूँ! तुम्हें लगता होगा कि क्लास में हम शिक्षक ही तुम्हें पढ़ाते-सिखाते हैं। पर यकीन मानो अनुभव में तुम सब से ज़्यादा होते हुए भी हम शिक्षक भी रोज़ कुछ नया सीखते हैं। तुम्हारी बातें, जीवन के अनुभव, चंचलता, कभी-कभी हैरान कर देने वाले काम और सबसे बढ़कर बहुत कुछ जानने की जिज्ञासा, यह सब बातें हम शिक्षकों को नया सीखते रहने को प्रेरित करती हैं। उम्र बढ़ने के साथ ये आदतें कुछ कम हो जाती हैं। पर तुम सबमें तो भरपूर होती हैं। वैसे सीखना अधिकतर मामलों में सामूहिक रूप से ही होता है और इस मामले में हम सब एक ही टीम हैं। क्लास के अंदर अपने दोस्तों और अध्यापकों के साथ सीखने, मज़े करने का

जो अनुभव होता है, वह ताउम्र याद रहता है। मुझे तो यह इतना याद रहा कि मैंने पूरी ज़िंदगी स्कूल में रहना ही चुना और शिक्षक बना। शिक्षकीय पेशे में होना हम शिक्षकों के लिए महज आठ घंटे की नौकरी नहीं बल्कि पूरा जीवन होता है।

शिक्षक अक्सर आप लोगों को विषयों को पढ़ने, याद करने, अभ्यास कार्य लिखने और दुहराने को कहते ही रहते हैं। मैं आपसे एक बात और कहना चाहता हूँ। हमारे जीवन में पढ़ाई-लिखाई और किताबें बेशक बहुत उपयोगी हैं। लेकिन ज़िंदगी किताब नहीं है। किताबें तो बस उसे समझने में मददगार होती हैं। कुछ भी करते हुए हम सीखते रहते हैं। इस करने में खेलना, महसूस करना, काम में हाथ बँटाना, घूमना, दोस्तों के साथ मस्ती करना, जानवरों और पक्षियों को देखकर खुश होना, प्रकृति को निहारना सभी कुछ शामिल है। इसीलिए यह सब खूब मन लगाकर करो। हाँ जीवन में अनुशासित होना भी ज़रूरी है। हमें अपनी प्राथमिकताएँ तय करनी चाहिए और सभी कामों में सामंजस्य बनाना चाहिए। अपने विषयों और दूसरी अच्छी किताबों को मन लगाकर पढ़ना बहुत ज़रूरी है।

प्यारे बच्चो, लिखना भी एक मज़ेदार गतिविधि है। अपने अनुभवों को कहानी, संस्मरण, कविता, चित्र आदि के रूप में दर्ज करने से हमारी रचनात्मकता तो बढ़ती ही है, हमारे स्वयं के सोचने-समझने के कई सिरे भी खुलते हैं। प्रकृति सबसे बड़ी शिक्षिका है। खिलते हुए फूल, उड़ती हुई चिड़िया, आसमान में तैरते हुए बादल, बहती हुई नदी सब कितने अच्छे लगते हैं, है ना! ऐसी बहुत सी बातों ने मनुष्यों को खोजने और अविष्कार करने को सदा प्रेरित किया है। जरा सोचो! उड़ती चिड़िया को देखकर ही तो इंसान के मन में उड़ने की इच्छा ने जन्म लिया होगा और वह हवाईजहाज बनाने को प्रेरित हुआ होगा। एक बात और। ग़लती, भूल, सुधार सब सीखने के हिस्से हैं। सफलताएँ हमें और बेहतरी की ओर जाने को प्रेरित करती हैं तो असफलताएँ भी बहुत कुछ सिखाती हैं। बल्ब का अविष्कार करने वाले

थॉमस अल्वा एडीसन का नाम आपने ज़रूर सुना होगा। बहुत बार असफल होने के बाद भी उन्होंने हार नहीं मानी थी। वे कहते थे कि मैं हर बार असफल होकर भी यह सीखता हूँ कि यह काम इस तरीके से नहीं होगा। अंत में उन्हें सफलता मिली और पूरी दुनिया रोशन हुई। बिना जगमग बल्बों के क्या आप आज की दुनिया की कल्पना कर सकते हैं? इसलिए बिना सफलता-असफलता की ज़्यादा परवाह किए बस नई-नई चीज़ें सीखने का आनंद लेना चाहिए। और हाँ, सीखना पूरी उम्र चलता रहता है। आपके सभी शिक्षक, माता-पिता आदि भी कुछ न कुछ सीख ही रहे होते हैं।

शिक्षा जीवन को गहराई से समझने, व्यक्ति को एक जिम्मेदार नागरिक और इंसान बनाने में मददगार होती है। वह हममें सोच-समझ कर फैसले लेने, परिस्थितियों का सामना करने, किसी भी बात को गहराई से समझने और अच्छा व्यवहार अपनाने की क्षमता पैदा करती है। अपने आस-पास के परिवेश और देश से प्रेम एक सहज मानवीय भाव है। जहाँ हमें अपने देश के गौरवशाली अतीत, स्वतंलता के साझे संघर्षों और संविधान में पिरोए गये मूल्यों पर गर्व करते हुए उनका सम्मान करना चाहिए, वहीं ऐसे प्रयास भी करने चाहिए कि हम अपने देश और समाज को निरंतर बेहतर बना पाएँ। कोई भी देश या समाज परफेक्ट या पूरी तरह से दोषरहित नहीं होता। कमियों, समस्याओं और चुनौतियों की पहचान कर उन्हें दूर करने का प्रयास करना भी हमारी ही जिम्मेदारी है। एक बात और, हमारा देश जहाँ विविधता से परिपूर्ण है वहीं बहुत सारी असमानताएँ भी हैं। हमें सभी पहचानों के प्रति समानता व सम्मान दर्शाते हुए और एक-दूसरे के अधिकारों और गरिमा को बनाए रखते हुए शोषण, गैर बराबरी व अन्यायों के विरोध में आवाज़ उठानी चाहिए। ऐसा करके हम अपने देश और समाज को बेहतर बनाने का ही काम करते हैं। कोई भी देश वहाँ के लोगों से ही बनता है। लोगों की बेहतरी और सम्मान के लिए काम करना दरअसल देश के लिए काम करना है। यही सच्चा देशप्रेम और सच्ची देशभक्ति है। पढ़ाई-लिखाई हमारी इस समझ को भी तराशती है।

प्यारे बच्चो, सीखने के लिए जिज्ञासा का होना और सवाल पूछना ज़रूरी है। हर बात को बेहतर ढंग से और अलग-अलग दृष्टिकोण से समझने का प्रयास करो। शिक्षकों और बड़ों का सम्मान करो और जहाँ उचित लगे सवाल भी उठाओ। अपनी रुचियों और क्षमताओं को पहचान कर पूरे जी-जान से उसमें जुटो। कुछ भी करने से पहले सोचो कि इस काम से किसी का नुकसान या अपमान तो नहीं होगा, खासकर उनका जो समाज में गरीब, कमज़ोर या हमसे अलग पहचान वाले लोग हैं। तुम्हें सफलता अवश्य मिलेगी। आपके माता-पिता, अभिभावक, स्कूल, शिक्षक सब आपके साथ हैं। उम्मीद है आप भी इन लोगों को समझने का खूब प्रयास करेंगे और जहाँ ज़रूरी हो सहयोग भी करेंगे। आखिर हम सब मिलकर जितना अच्छा कर सकते हैं उतना अकेले नहीं। मैंने पहले भी बताया है न कि हम सब एक ही टीम में हैं।

अंत में कहूँगा कि शिक्षक दिवस पर विद्यार्थियों की शुभकामनाएँ हम शिक्षकों के लिए बहुत महत्त्वपूर्ण होती हैं। वैसे हमें असली खुशी अपने विद्यार्थियों की सफलता, उनकी अच्छाइयों और गुणों को देखकर मिलती है। याद रखना, तुम सब अनोखे हो, सबमें बहुत कुछ अच्छा करने की क्षमता है। बस अपनी मज़बूती को पहचानो और आगे बढ़ो। सब अच्छा होगा। जो अच्छा नहीं होगा उसे हम मिलकर अच्छा कर लेंगे।

शिक्षक दिवस की हम सबको बधाई। जय हिंद।

आलोक कुमार मिश्रा
(आपका दोस्त टीचर)

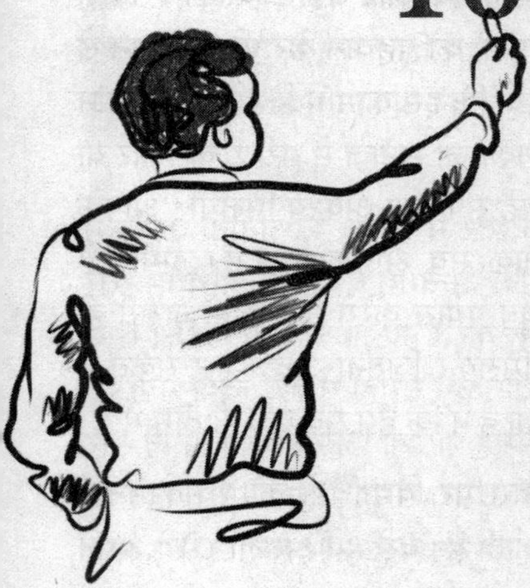

10

दिल्ली के सरकारी स्कूलों में बदलाव की बयार

दिल्ली के सरकारी स्कूलों में नई सरकार आने के बाद कई कई सुधारों व बदलावों का प्रयास किया गया है। इन सब में कक्षा कक्ष शिक्षण अधिगम में बदलाव करते हुए स्कूलों को अधिगम केन्द्रित संस्थानों में परिवर्तित करने का लक्ष्य घोषित किया गया है। साथ ही गुणात्मक शैक्षिक बदलाव लाने के क्रम में सरकारी स्कूलों की उस छवि को भी बदलने की चेष्टा हुई है जो इसके नकारेपन के रूप में प्रचारित और स्वीकृत है। आज मीडिया और समाज के बड़े हिस्से में इन बदलावों को लेकर जिज्ञासा और चर्चा शुरू हुई है जो अपने आप में इसकी सफलता को दर्शाता है। अन्यथा राजनीतिक एवं सामाजिक विमर्श के दायरे में सार्वजनिक स्कूली शिक्षा को लेकर सिवाय नकारात्मक घटनाओं व प्रक्रियाओं के पिछले कई वर्षों में शायद ही कोई रचनात्मक और सकारात्मक चर्चा हुई हो।

दिल्ली की स्कूली शिक्षा में शुरू हुए इन सभी बदलावों में मेन्टर शिक्षक कार्यक्रम की शुरुआत सबसे पहला और प्रमुख कदम था। इसमें सरकारी स्कूलों के ही शिक्षकों में से लगभग 200 शिक्षकों का चयन करके और क्षमता निर्माण कार्यशालाओं द्वारा उन्हें प्रशिक्षित करके स्कूलों में कक्षा अवलोकन व फीडबैक तथा अन्य शिक्षकों को अकादमिक सहयोग देने के लिये तैयार किया गया है।

विद्यालयों में बच्चों के अकादमिक स्तर में सुधार हेतु चुनौती कार्यक्रम इन सुधारों का अगला कदम रहा। इसके अन्तर्गत बच्चों के अधिगम स्तर की पहचान एक परीक्षण टूल का प्रयोग करते हुए किया गया। कक्षा 6 से 9 तक के बच्चों को इस परीक्षण द्वारा तीन उप समूहों में बाँट दिया गया जो अधिगम स्तर के हिसाब से थे। पहला समूह प्रतिभा जिसके बच्चे अपने स्तर की किताबों को पढ़ और समझ पाते हों। दूसरा समूह निष्ठा जिसमें बच्चे का अधिगम स्तर पूरी तरह अपनी कक्षा के अनुरूप न हो और सुधार की ज़रूरत हो। तीसरा समूह नव निष्ठा जिसमें बच्चे का अधिगम स्तर बिल्कुल शुरुआती चरण में हो और पढ़ना-लिखना सीखने की नये सिरे से ज़रूरत हो। बाद में इन समूहों को ध्यान में रखते हुए पाठ्क्रम निर्माण व चयन, कक्षा कक्ष शिक्षण व मूल्यांकन पद्धति को भी निर्धारित किया गया। बच्चों को अधिगम स्तर के हिसाब से बाँटकर शिक्षा देने की इस अल्पकालिक रणनीति पर कुछ शिक्षाविद सवाल भी उठा रहे हैं, जिनके अनुसार यह लेबलिंग बच्चों में हीनता बोध व नकारात्मता पैदा कर सकती है। पर सरकार इसे अच्छे प्रयोजन से शुरू किया गया प्रयास मानती है जो पीछे छूट गए बच्चों को उपयुक्त स्तर तक लाने के लिए है।

शिक्षक प्रशिक्षण कार्यक्रमों में भी व्यापक बदलाव लाया गया है। परंपरागत तरीके को बदलकर ऐसी कार्यशालाओं का आयोजन किया गया जो स्कूलों में अध्यापन कार्य से जुड़े उसी स्तर के शिक्षकों द्वारा संचालित किया जाता है जो कि मेन्टर शिक्षक होते हैं। इन कार्यशालाओं में कक्षाई

प्रक्रियाओं को बेहतर बनाने, स्तरानुसार बच्चों को मदद पहुँचाने, मूल्यांकन के नवोन्मेषी और बाल केन्द्रित तौर-तरीकों को अपनाने और आगामी दिवसों के लिए निर्धारित कार्यक्रमों को सफल बनाने के उपायों आदि पर सार्थक चर्चा की जाती है और रणनीति बनायी जाती है। पहले सेवाकालीन शिक्षकों के प्रशिक्षण के लिए ऊपर से ही निर्धारित कर दिए गए विषयों व मुद्दों पर विश्वविद्यालय या स्कूलों से बाहर के विषय विशेषज्ञ प्रशिक्षण के लिए बुलाये जाते थे। ये लोग स्कूली कक्षाओं से जुड़ी प्रक्रिया या ज़रूरतों से परिचित ही नहीं होते थे। इसलिए इनकी बातें स्कूली शिक्षकों के लिए उतनी उपयोगी भी नहीं साबित होती थीं।

एक अन्य बदलाव प्रधानाचार्य और अधिकारियों के स्तर पर नियमित रूप से स्कूली प्रक्रियाओं पर चर्चा करने और लोकतांत्रिक-अधिगम केन्द्रित विद्यालय निर्माण हेतु प्रयास के लिये क्रिएटनेट लीडरशिप प्रोग्राम की मीटिंग्स के रूप में आया है। इसमें इन सहभागियों को नवीन बदलावों के हिसाब से रणनीति एवं अभिवृत्ति बदलने की सीख देने के साथ-साथ एक टीम के तौर पर काम करने और लोकतांत्रिक तरीके से आगे बढ़ने हेतु भी प्रेरित किया जाता है।

विद्यालयों में एक ऐसी संस्कृति का निर्माण हो जिसमें अकादमिक मुद्दों पर शिक्षक आपस में चर्चा-परिचर्चा कर सकें और अच्छी शैक्षिक रणनीतियों को साझा करते हुए शिक्षण अधिगम प्रक्रिया को सुधार सकें, इसके लिये विद्यालयी समय को बढ़ाया गया है। इस बढ़े हुए समय में रोज़ाना प्रत्येक विषय के शिक्षक आपस में एक साथ बैठकर पैडागाजिकल चर्चा करते हैं और एक दूसरे से सीखते हैं। इसी तरह महीने में एक बार पूरा स्कूल स्टाफ एक साथ बैठक करके शैक्षिक संवाद करता है।

स्कूल स्वयं इन बदलावों में एक कर्ता के रूप में जुड़े इसके लिये प्रत्येक विद्यालय में एक शिक्षक विकास समन्वयक यानी टीडीसी और अकादमिक संसाधन समूह यानी आर्ट की नियुक्ति की गई है। इनका मुख्य कार्य इन

सभी कामों में सामंजस्य, निरीक्षण और अभिप्रेरणा को बनाये रखने का है। आपस में कक्षा अवलोकन व फीडबैक देकर सीखने-सिखाने का कार्य ये लोग करते हैं। इनके क्षमता निर्माण हेतु भी समय-समय पर कार्यशालाएँ आयोजित की जाती हैं।

चुनौती कार्यक्रम को आगे बढ़ाते हुए विद्यालयों में 1 अप्रैल 2018 से 30 जून 2018 तक मिशन बुनियाद प्रोग्राम चलाया गया और फिर इसे आगे भी बढ़ाया गया। इसमें चुनौती कार्यक्रम में किये गये प्रयासों के बावजूद अधिगम स्तर में पीछे रह गए बच्चों के लिए हिन्दी व गणित की बेसिक्स पर काम करते हुए उन सब को कम-से-कम निष्ठा समूह के स्तर पर पहुँचाने का लक्ष्य रखा गया है। इस कार्यक्रम के अंतर्गत चल रही कक्षाओं में बहुत-सी बाल केन्द्रित और नवोन्मेषी गतिविधियों को संपन्न होते हुए देखा जा सकता है।

मेन्टर शिक्षकों व अन्य स्कूल शिक्षकों की मदद से बच्चों के लिये एनसीईआरटी की विषय आधारित किताबों के आधार पर वर्कशीट एवं बाल केन्द्रित एप्रोच से पाठ्यवस्तु का निर्माण किया गया जिसे 'प्रगति' का नाम दिया गया है। प्रगति सिरीज़ के अब तक पाँच एडिशन आ चुके हैं। इसी तरह विषय व स्तर के आधार पर शिक्षकों की मदद से ही 'अधिगम संप्राप्ति' या 'लर्निंग आउटकम' का निर्माण किया गया है जिसे कक्षा में शिक्षण अधिगम प्रक्रिया का आधार बनाने का प्रयास किया जा रहा है।

और भी कई ऐसे बदलावों को रेखांकित किया जा सकता है जिसका संबंध और लक्ष्य सार्वजनिक शिक्षा व्यवस्था के सुधार व विकास से है। इसमें सरकारी स्कूलों के आधारभूत संरचना के विकास, साफ-सफाई, बिल्डिंग के रखरखाव हेतु स्टेट मैनेजर की नियुक्ति, अतिरिक्त क्लर्क की नियुक्ति जिससे शिक्षकों को गैर शिक्षकीय कार्य न करने पड़ें, अतिथि शिक्षकों के वेतन और पुनर्नियुक्ति संबधी प्रक्रिया में सुधार, शिक्षकों व प्रधानाचार्य को सीखने के अवसर बढ़ाने के लिए देश-विदेश के शैक्षिक संस्थानों के भ्रमण कराने, हैप्पीनेस पाठ्यक्रम का आरंभ करने, अधिकारियों-प्रधानाचार्यों व

शिक्षकों की समन्वय बैठक का आयोजन, एक्सीलेंस स्कूलों के निर्माण-संचालन, शिक्षा के बजट में भारी वृद्धि आदि को देखा जा सकता है। इसका परिणाम स्कूली परीक्षा परिणाम पर भी दिखना शुरू हुआ है। इस वर्ष कक्षा बारह के परिणाम पिछले एक दशक के मुकाबले बेहतर रहे हैं। हालाँकि शिक्षा के स्तर या गुणों को मात्र परीक्षा परिणाम के आधार पर ही नहीं आंका जा सकता है।

दिल्ली की शिक्षा व्यवस्था में लाये जा रहे ये नवीन बदलाव इस अर्थ में भी रुचिकर हैं कि संभवतः देश के किसी भी राज्य में सार्वजनिक शिक्षा में पहली बार इतने बड़े पैमाने पर सरकारी प्रयासों से बदलाव लाने का कार्य किया जा रहा है। इससे पहले शिक्षा में भिन्न प्रयोग मात्र वैकल्पिक प्रकार की मुख्यधारा के बाहर के स्कूली शिक्षा में ही देखे जा सकते थे। इन बदलावों को देश और दुनिया में बहुत चर्चा मिली है जिसमें कहीं आलोचना तो कहीं प्रंशसा शामिल रही है। यह बदलाव अपनी सफलता से जहाँ देश-विदेश में शिक्षा व्यवस्था के लिए उदाहरण बन सकते हैं वहीं इनकी असफलता या सीमाएँ आगामी संभावित बदलावों को हतोत्साहित भी कर सकती हैं। इसीलिए इन्हें सही तरीके से और वास्तविक रूप में समझना बहुत ज़रूरी है।

11

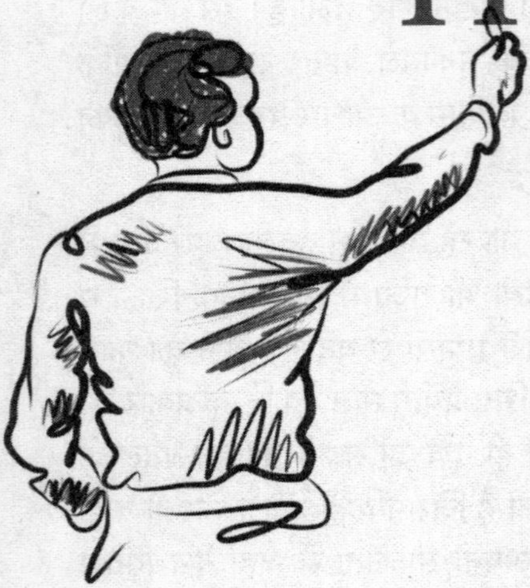

सीखने के पैमाने

यह सोचा जाना चाहिये कि क्या बच्चे सिर्फ़ स्कूल में रहकर सीखते हैं? क्या घर पर रहकर अपने परिवार, पड़ोस और साथियों के बीच बच्चे ऐसा कुछ नहीं सीखते जो जीवन में मूल्यवान हो? दरअसल हमारा आधुनिक समाज शिक्षा को औपचारिक स्कूलिंग से जोड़कर देखने का आदी हो चुका है। वह इस तथ्य को भी झुठला देना चाहता है कि बच्चे अधिकतर कौशल और मूल्य स्कूल की अनुशासित कक्षा से बाहर अनौपचारिक सामाजिक दायरे में ही सीखते हैं। दुनिया भर में शिक्षाविदों और बौद्धिकों का एक समूह तो संस्थानीकृत स्कूलिंग के दुष्प्रभावों को ज़ोरदार ढंग से रेखांकित करने लगा है। ईवान इलीच जैसे विचारक ने तो 'डीस्कूलिंग सोसाइटी' यानी समाज को स्कूलों से मुक्त करने की बात तक की है। वे स्कूलों को बच्चे की नैसर्गिक क्षमताओं को कुंद करने वाली, स्थानीय-सामुदायिक ज्ञान विवेक का हरण

करने वाली और पूँजीवादी अर्थव्यवस्था के लिए उपयोगी अनुशासित व आज्ञापालक नागरिक बनाने वाली फैक्ट्री मानते हैं। अमेरिकी शिक्षक विद्वान जॉन टेलर गेट्टो अपनी किताब 'डम्बिंग अस डाउन' में कहते हैं कि अमेरिकी स्कूल अपने विद्यार्थियों को सात पाठ पढ़ाते हैं। और वो हैं- भ्रमित रहना, वर्ग स्थिति बनाये रखना, तटस्थ और उदासीन बनना, भावनात्मक और बौद्धिक रूप से निर्भर बनना, संपूर्ण आत्मसम्मान की बजाय काम चलाऊ आत्मसम्मान की भावना पैदा करना और निगरानी में रहने को स्वभाविक मान लेना। गेट्टो यह भी कहते हैं कि अपने अनुशासित और खंडित जीवनचर्या से 'स्कूल हमारे शिशुओं को सामुदायिक जीवन में सक्रिय भूमिका का निर्वहन करने की संभाव्यता से दूर ले जाते हैं।' अरस्तू जैसे विद्वानों का मानना था कि सामुदायिक जीवन में पूर्ण सक्रिय भागीदारी और भूमिका निभाए बिना कोई परिपूर्ण मानव बनने की आशा नहीं कर सकता।

स्कूलों की इस तरह की आलोचना को हम भले ही पूरी तरह से स्वीकार न करें, किंतु इतना तो मानेंगे ही कि आज स्कूलों ने बच्चों के पूरे बचपन को गंभीर रूप से अपने घेरे में ले लिया है। स्कूली समय के बाद भी बच्चों को होमवर्क और ट्यूशन जैसी अनिवार्य सी बन चुकी गतिविधियों में खपना होता है। खेलने-कूदने, गप्प मारने, प्रकृति को निहारने और उच्च व मध्यवर्गीय परिवारों में घरेलू कामों में बड़ों के साथ संलग्न होते हुए सीखने के अवसर लगभग शून्य हो गए हैं। मुझे अपने बचपन के दिन याद हैं जब हम बच्चों को स्कूल जाने के अलावा भैंस चराने, घास काटने, पोखरे और नदी में नहाने, खेलने-कूदने, खेत के सामूहिक कामों में भागीदारी करने, प्रकृति के नजदीक रहने के ढेरों अवसर मिलते थे। इस सूची में जिसे हम विशुद्ध काम समझ रहे हैं दरअसल वे हमारे लिए साथियों के साथ मिलने, खोज करने, खेलने और कल्पना करने के अवसर भी थे। स्कूलों में भी आज के जैसी प्रतिस्पर्धा की जगह समूह में मिलजुलकर सीखने, मूल्यों को प्रदर्शित करने और अल्प निगरानी व नियंत्रण करने की प्रवृत्ति थी। ऐसा वातावरण सहज सीखने के अवसरों से भरा था, जो समाज से पूरी तरह संबद्ध भी होता था। पर आज

इसकी घोर कमी महसूस होती है। आखिर क्यों आज बहुत से पढ़े-लिखे और सफल लोग अपने समाज और समुदाय से कटकर रहना पसंद करते हैं?

आज पूरी दुनिया में होमस्कूलिंग (घर पर शिक्षा) और अनस्कूलिंग (स्कूल में प्रवेश नहीं लेना) आंदोलन अपनी जगह बना रहा है। अकेले अमेरिका में दस लाख से अधिक अभिभावकों ने बच्चों को घर पर शिक्षा देने का विकल्प चुन लिया है। हमारे देश में बहुत सीमित ही सही पर कुछ अभिभावक इसे अपना रहे हैं। हालाँकि अभी यह एक लक्ज़री विकल्प ही दिखाई देता है और निकट भविष्य में स्कूलों के अप्रासंगिक हो जाने या इसके वर्तमान स्वरूप में आमूल-चूल परिवर्तन हो जाने की संभावना भी बहुत कम है। जैसे कोरोना ने हमें एक तरह की स्कूल विहीन अवस्था में तो पहुँचा ही दिया था। भले ही ऐसा समय अल्पकालिक हो।

इस दौरान घर पर रहते हुए मैं अपने तीन बच्चों के साथ बहुत अच्छी तरह जुड़ पाया और उनके सीखने के तौर-तरीकों का अवलोकन भी कर सका। दस, सात और तीन साल के तीनों बच्चे दिनभर तरह-तरह की गतिविधियों में संलग्न रहते। इसमें स्कूल की किताबें पढ़ने के अलावा घर के फालतू सामान को खिलौने में ढाल लेना, उन्हें कई तरीके से प्रयोग करना, चित्रकारी, नृत्य और नये-नये कौशल सीखना शामिल रहा। पाँचवी और तीसरी कक्षा में पढ़ने वाली बेटियों ने अनुभव की हुई बात पर कविता और डायरी लिखना शुरू किया। लॉकडाउन के दौरान साइकिल से अपने पिता को लेकर गुडगाँव से बिहार गई किशोरी ज्योति पर ऑनलाइन क्लास में पत्र लिखने का काम मिला तो छोटी बेटी ने साइकिल चलाना सीखने की ठान ली। मैंने महसूस किया कि जब तीन दिन तक मैं उसे सीखने में मदद करता रहा वह नहीं सीख पा रही थी। मेरी दो दिन की व्यस्तता में उसने साइकिल चलाना खुद ही सीख लिया। मेरे पूछने पर बिटिया ने बताया कि 'पापा आप साइकिल की सीट पर बैठाकर, उसे थोड़ा लुढ़का कर फिर पैडल मारने को कहते थे। पर मैं तो पहले एक पैर साइकिल की दूसरी ओर करके बिना सीट

पर बैठे पैडल पर पैर दबाकर आगे बढ़ जाती हूँ, फिर सीट पर बैठती हूँ। ऐसे ही उतर भी जाती हूँ।' ऐसा कहते हुए उसकी आँखें चमक रहीं थीं। विश्वास से उसका चेहरा दमक रहा था। अब वह घर के सामने गली में साइकिल पर उड़ती है। स्वयं करके सीखने का कोई विकल्प नहीं, यह उसी का उदाहरण था। बड़ी बेटी ने यूट्यूब पर देखकर बहुत से क्राफ्ट बनाने की कोशिश की और सफल रही। अब उसमें इतना विश्वास पैदा हुआ है कि कुछ चीज़ें हाथ से तैयार करते हुए वह अपना वीडियो बनाकर साझा करती है।

मेरे तीन साल के बेटे ने अपनी बहनों, दादा जी और मेरे साथ घर में रहते हुए अपनी भाषा ज्ञान को बहुत बढ़ा लिया था। इसके लिए महज आपसी अंतःक्रिया ही काफी रही। कोरोना काल से पहले मैं और उसके दादा जी जहाँ नौकरी की व्यस्तता में दिन भर घर में नहीं रहते थे वहीं उसकी बहनें भी स्कूल जाने और गृहकार्य निपटाने की व्यस्तता में उसके साथ कम ही खेल पातीं थीं। ये बदलाव बताते हैं कि स्कूल से बाहर की दुनिया में भी सीखना अबाधित रूप से चलता रहता है। बल्कि जिन कौशलों और क्षमताओं की बात मैंने की है उसे स्कूल अपनी निश्चित पाठ्यचर्या के फेर में कम ही उभार पाते हैं और अधिकतर मामलों में तो ये उनके एजेंडे में भी नहीं होता। जबकि ये सब बहुत ज़रूरी जीवन कौशल और क्षमताएँ हैं। सोचिए अगर स्कूल से अवकाश के इन महीनों में अगर बच्चों को मोहल्ले, समुदाय और समाज से घुलने-मिलने का अवसर भी मिलता और बीमारी के भय से मुक्त वातावरण होता तो और कैसा परिणाम मिल सकता था।

12

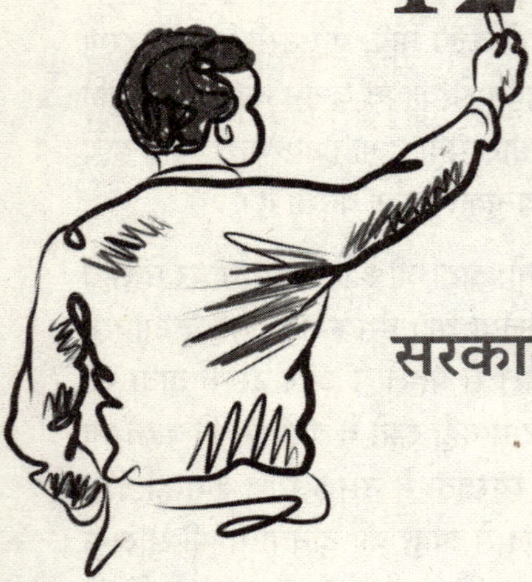

सरकारी स्कूलों की वापसी

कुछ वर्ष वर्ष पहले मैंने अपनी बेटी का दाखिला एक सरकारी स्कूल में दूसरी कक्षा के अंतर्गत करा दिया। अपनी बेटी को प्राइवेट स्कूल से निकालकर सरकारी स्कूल में कराने का मेरा निर्णय सिर्फ़ आर्थिक कारणों से नहीं था। मैं चाहता था कि बेटी समाज की वास्तविकता और विविधता में रहकर सीखे। वह समझ सके कि हम जैसे मध्यवर्गीय या निम्न मध्यवर्गीय परिवारों से अलग ढर्रे पर चलने वाली दुनिया भी अस्तित्व में है। वह जान सके कि दुनिया की बहुरंगी वास्तविकताएँ और ज़रूरतें हैं। लोगों का आचार-विचार-व्यवहार बहुत हद तक इन्हीं सबसे निर्धारित होता है। वह यह भी जान सके कि इनमें से कुछ भिन्नताओं को हम इंसानों ने ही स्वार्थवश गढ़ा है जो विषमता और अन्याय को बढ़ाती हैं। इनका नाश भी हमें ही करना है। वहीं वह यह भी जाने कि बहुत सी विविधताएँ स्वभाविक हैं और वे हमारे जीवन को समृद्धि ही करती हैं।

बेटी का जो पिछला स्कूल था, मुझे बहुत वजहों से पसंद नहीं आया। एक तो वहाँ एक जैसे सामाजिक-आर्थिक पृष्ठभूमि के बच्चों की उपस्थिति, दूसरे आज के अंतरराष्ट्रीय और ग्लोबल संस्कृति के युग में भी वहाँ जिस तरीके से हमारे ही एकल धर्म,संस्कृति और उससे संबंधित मंत्रोच्चारों व व्यवहारों को थोपा जाता था, वह मुझे जँचा नहीं। मेरी दृष्टि में धर्म-परंपरा के बारे में बच्चे घर में ज़्यादा अच्छी तरह सीख सकते हैं न कि शिक्षा जैसे सार्वजनिक दायरे में। वैसे भी हम एक राष्ट्र के रूप में अपने सामूहिक जीवन को तार्किक और सेकुलर बनाने को प्रतिबद्ध हैं। स्कूलों को इस दिशा में सायास प्रयास करने चाहिए न कि उल्टी दिशा में चलना चाहिए। उस स्कूल के इस धार्मिक सापेक्षता के कारण वहाँ पूरी तरह बहुसंख्यक धर्म के बच्चों की उपस्थित ही थी। अब एक विविधता पूर्ण देश और समाज में रहते हुए ऐसे एकरंगी जगह पर शिक्षित होने वाले बच्चे कैसे भिन्नताओं की कदर करना सीखेंगे? दूसरे लगभग एक जैसी आर्थिक और सांस्कृतिक पृष्ठभूमि से आने वाले बच्चे भला दुसरी जीवनशैलियों और दृष्टियों से कैसे परिचित हो पाएँगे? इस आधुनिक 'घेटो' में बंधी शिक्षा से उपजी दूरी उनमें जहाँ अपने जैसे लोगों के प्रति 'हम' की भावना से लैस करती है वहीं दूसरों के लिए 'अन्य' के रूप में परायापन बढ़ाती है।

स्कूल ऐसी जगह है जहाँ बच्चे सिर्फ किताब में लिखे हुए को ही नहीं सीखते। बल्कि वहाँ का हर विचार-व्यवहार उसकी पाठ्यचर्या का हिस्सा होता है। मुझे कुछ निजी स्कूलों द्वारा प्रारंभिक कक्षाओं में अपने अलग पाठ्यक्रम व पुस्तकों पर भी कम भरोसा है। इसे मैं फिलहाल बेटी के पिछले स्कूल के पाठ्यक्रम के संदर्भ में तो कह ही सकता हूँ जो बहुत जेंडर्ड और उच्च जातीय-वर्ग संस्कृति से लैस है। मैंने एक- दो बार बेटी की कक्षा अध्यापिका से इस बारे में बात भी की, पर वह शायद मेरी बात ही समझ नहीं पाईं। वैसे भी स्कूल के पाठ्यक्रम निर्धारण में शायद ही उनकी कोई भूमिका रही हो। राष्ट्रीय पाठ्यचर्या की रूपरेखा, 2005 पर आधारित एनसीईआरटी की पाठ्यपुस्तकें अपनी बहुत सी सीमाओं के बावजूद बेहतरीन हैं। ये किताबें

राष्ट्र की विविधतापूर्ण, समावेशी संस्कृति को ज़्यादा अच्छे से प्रतिबिम्बित करती हैं। वैसे भी उसे देश की सर्वोत्तम मेधा ने गहन विचार-विमर्श और सहमति से निर्मित किया है।

अब मेरी बेटी की कक्षा में मुस्लिम-सिख व भिन्न जातीय-आर्थिक पृष्ठभूमि के बच्चे भी हैं। वह अब अधिक विविध अनुभव क्षेत्र से रुबरू होती है। उसकी दुनिया एकरंगी नहीं रही। घर आकर अब वह समाज और संस्कृति संबंधी विविध और बेहतरीन सवाल करती है। हालाँकि वह अभी बहुत छोटी है और अभी दुनियादारी इतना नहीं समझती। लेकिन उसके लिए आगे चलकर भी अब भिन्न पहचानों से युक्त लोग हौव्वा न होकर उस जैसे इंसान ही होंगे। मुझे पूरा विश्वास है कि वह आगे जाकर कुछ भी करे, कुछ भी बने लेकिन किसी से पहचान के आधार पर नफरत नहीं करेगी। वह लोगों की गरिमा, पहचानों व अधिकारों को लेकर संवेदनशील होगी।

वैसी अपनी बेटी के लिए मेरी ये तमाम सद् इच्छाएँ संभव नहीं हो पातीं अगर पिछले कुछ वर्षों में दिल्ली में सरकारी स्कूलों का इतना सशक्तिकरण न हुआ होता। लाख वैचारिक पक्षधरता और चाहने के बावजूद भला एक पिता अपनी बेटी को जर्जर आधारभूत संरचना वाले, पढ़ाई के माहौल से विमुख सरकारी स्कूल में दाखिला क्यों कराता? नवउदारवाद के इस दौर में जब अमीरों के लिए महंगे स्कूल और गरीबों के लिए अभावग्रस्त सरकारी स्कूल का द्वैध स्थापित हो चुका है और शिक्षा एक क्रय शक्ति के अनुरूप कमोडिटी बन चुकी है तब पुनः इसे समान अवसर व अधिकार के रूप में बदलने का दिल्ली सरकार का प्रयास चौंकाने के लिए काफी है। भुला दिए गये मूलभूत लोकतांत्रिक ज़रूरत को सार्वजनिक विमर्श के केंद्र में लाने का प्रयास दिल्ली सरकार ने बजट का चौथाई हिस्सा शिक्षा पर आवंटित करके शुरू किया। आधारभूत संरचना में अभूतपूर्व सुधार, शिक्षक ट्रेनिंग, बच्चों को सीखने-सिखाने के लिए विशेष प्रयास, हैप्पीनेस-ईएमसी जैसे नये करीकुलम की शुरुआत जैसे बहुत से कदमों ने इसकी ताकीद की है। आज इन बदलावों

को दिल्ली में हर कोई महसूस कर रहा है। सरकारी स्कूल ही सभी को समान और गुणवत्ता पूर्ण शिक्षा उपलब्ध करा सकते हैं। निजी स्कूल तो उसे कीमत के आधार पर ही देंगे। आज एक पिता के रूप में मेरी खुशी का अंदाजा भी आप लगा सकते हैं। इसीलिए कहता हूँ कि यह मेरे लिए बेटी का सही स्कूल में वापसी के साथ-साथ सशक्त सरकारी स्कूलों की वापसी भी है।

13

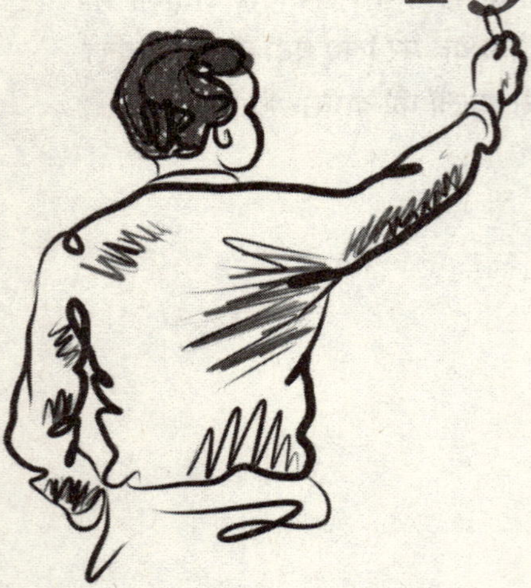

हमें चाहिए धर्मनिरपेक्ष स्कूल

भारतीय संविधान दुनिया के कई अन्य संविधानों की तरह ही मौलिक नीति नियमों का संग्रह मात्र न होकर देश के आदर्शों, आकांक्षाओं व स्वप्नों को भी सूत्रबद्ध करता है। साथ ही यह उन रणनीतियों और कार्यवाहियों को भी दिशा प्रदान करता है जिससे देश के लोगों द्वारा आपसी सहमति से निर्धारित इन लक्ष्यों को साकार किया जा सके। समाज की लोकतंत्रीय संरचना के निर्माण हेतु आवश्यक समावेशी, न्यायपूर्ण, समता व सम्मान आधारित नीतियों में संविधान धर्मनिरपेक्षता को महत्त्वपूर्ण स्थान देता है।

धर्मनिरपेक्षता की नीति धर्म और राज्य के बीच अलगाव पर आधारित होती है। यह अलगाव धर्म के आधार पर राज्य द्वारा किये जा सकने वाले भेदभाव को रोकने की गारंटी प्रदान करता है। इसमे राज्य नीतियों को बनाते और उन्हें क्रियान्वित करते समय धर्म को आधार नहीं बनाता,

धार्मिक भेदभाव नहीं करता, समान दूरी बनाए रखते हुए और किसी को विशेष महत्त्व न देते हुए समानता को महत्त्व देता है। राज्य और धर्म के पूर्ण अलगाव पर आधारित धर्मनिरपेक्षता की यह पश्चिमी अवधारणा भारतीय संदर्भ में महत्त्वपूर्ण होते हुए भी कुछ अलग प्रकार की है। किसी एक धर्म विशेषकर बहुसंख्यक धर्म का अन्य धर्मों पर संभावित वर्चस्व, धर्मों के अंदर किसी विचारधारा या समूह का अन्य समूहों पर दबदबा और व्यक्तिगत लोकतांत्रिक अधिकारों के उल्लंघन की स्थिति में भारतीय धर्मनिरपेक्षता की नीति राज्य के सकारात्मक हस्तक्षेप के खिलाफ नहीं है। धार्मिक वर्चस्व को रोकने के प्रयास में यह जहाँ अल्पसंख्यक समुदायों की स्वतन्त्रता, समानता, सम्मान और सुरक्षा की गारंटी प्रदान करता है वहीं धर्म विशेष के अन्दरूनी क्षेत्र में ताकतवर समूहों के दबदबे व भेदभाव से अन्य समूहों को बचाने का प्रबंध भी करता है। संविधान में वर्णित धार्मिक स्वतन्त्रता तथा शिक्षा और संस्कृति का मौलिक अधिकार मिलकर इसे संभव बनाते हैं। इनमें किसी भी धर्म को मानने, उसका प्रचार करने, धार्मिक मामलों को प्रबंधित करने की समान स्वतन्त्रता के साथ ही अल्पसंख्यक समूहों को अपनी संस्कृति के अनुरूप शिक्षा की व्यवस्था करने के रूप में जीवन शैली की सुरक्षा को भी स्थापित किया गया है। धर्म के अंतर्गत सुधारात्मक हस्तक्षेप के रूप में अस्पृश्यता उन्मूलन को संविधान में मौलिक अधिकारों का हिस्सा बनाया गया है। इसी संवैधानिक दायित्व का निर्वाह करते हुए संसद में हिन्दू उत्तराधिकार अधिनियम, अनुसूचित जाति, अनुसूचित जनजाति अत्याचार निवारण अधिनियम, 1989 आदि पारित किए गए।

धर्मनिरपेक्षता की नीति तात्विक रूप से लोकतंत्र के मूलभूत स्वरूप का अभिन्न हिस्सा है जो धार्मिक विविधताओं के सम्मान व समानता पर आधारित है। इसलिये सिर्फ शासकीय स्तर पर ही इसे अपनाना काफी न होकर इसे लोक मानस और व्यवहार में मज़बूती से उतारना बहुत ज़रूरी है। वैसे तो सदियों से विविधतापूर्ण और समावेशी समाज के तौर पर रह रहे भारतीय लोगों के स्वभाव के अनुरूप यह नीति दिखाई देती है, किंतु एक

ऐसी विचारधारा भी कम या बड़े स्तर पर हमेशा उपस्थित रही है जो इनके परे वर्चस्ववादी, बहुसंख्यकवादी पहचान और राजनीति की वाहक रही है। इस एकांगी विचारधारा के प्रभाव में भी बहुत से लोग रहे हैं। आजकल इसे सशक्त तरीके से बढ़ते हुए देखा जा सकता है। यह हमारे लोकतांत्रिक, संवैधानिक विरासत व आकांक्षाओं के खिलाफ है।

इस आसन्न संकट से निपटने में स्कूलों की महत्त्वपूर्ण भूमिका हो सकती है। विचारों को गढ़ने और तार्किक सामाजीकरण द्वारा संवैधानिक, लोकतांत्रिक, धर्मनिरपेक्ष मूल्यों के प्रति लगाव पैदा करके हमारे स्कूल आदर्श समाज निर्माण में महत्त्वपूर्ण भूमिका निभा सकते हैं। पर क्या हमारे स्कूल ऐसा कर रहे हैं?

अपने स्पष्ट मंतव्यों के अनुरूप संविधान निर्माताओं ने संविधान में सार्वजनिक शिक्षा संस्थानों में धार्मिक शिक्षा दिए जाने का निषेध किया है जिससे धार्मिक विभेद या पक्षपात की संभावना ही न रहे। अल्पसंख्यक समुदायों द्वारा संचालित शिक्षा संस्थानों में यदि इसकी छूट भी दी गई है तो उनमें भी अन्य समुदाय के लोगों को इसमें (धार्मिक शिक्षा दिए जाते समय) शामिल होने या न होने की स्वतंत्रता को मान्यता दी गई है। किंतु सरकारी स्कूल के शिक्षक के तौर पर मेरा अब तक के स्कूली जीवन का अनुभव इन संवैधानिक प्रावधानों की आनुभविक पुष्टि नहीं करता। मैं अब तक दिल्ली के कुल तीन विद्यालयों में शिक्षक के तौर पर दो-दो, तीन-तीन वर्ष कार्यरत रहा हूँ। साथ ही मेन्टर शिक्षक के रूप में पिछले दो वर्षों से पाँच-छः स्कूलों में निरंतर आता जाता रहता हूँ। इसके अलावा सेमिनार और कार्यशालाओं में भागीदारी या फेसिलिटेशन की जिम्मेदारी के तहत सैकड़ो शिक्षकों/शिक्षिकाओं से मिलना और कई स्कूलों में भी आना जाना लगा रहता है। इन सभी जुड़ाओं व सक्रियताओं से मिले अनुभवों और किये गये अवलोकनों से इतना जान पाया हूँ कि हमारे सार्वजनिक शिक्षा संस्थान धर्मनिरपेक्ष शिक्षा के संदर्भ में सोची गई अपनी भूमिका का निर्वाह नहीं कर रहे हैं।

स्कूल द्वारा दी जा रही शिक्षा को सिर्फ पाठ्यक्रमों या पाठ्य पुस्तकों में शामिल अंतर्वस्तु को देखकर ही नहीं जाना जा सकता। अपितु स्कूली परिवेश में शामिल समस्त प्रत्यक्ष-प्रश्न्न पाठ्यचर्यागत क्रियाएँ शिक्षा प्रक्रिया में महत्त्वपूर्ण होती हैं और बच्चे के मानस व व्यवहार को रूपायित करती हैं। स्कूल के इमारत की संरचना, उसकी सजावट, खाली जगहों का प्रयोग, शिक्षकों-बच्चों के बीच चलने वाली बातचीत, आपसी अपेक्षाएँ, स्थापित व सम्मानित जीवन मूल्य, प्रार्थना स्थल एवं खेल के मैदान पर चलने वाली औपचारिक अनौपचारिक क्रियाएँ आदि सब कुछ मिलकर स्कूलों के शैक्षिक परिवेश और सामाजीकरण की प्रक्रिया को गढ़ती हैं। एक केस स्टडी के तौर पर अध्ययन के रूप में मैंने अपने पिछले स्कूल में इन सभी (विशेषकर कक्षाई शिक्षा से परे अन्य अनौपचारिक क्रियाओं-प्रक्रियाओं) में धार्मिकता या धर्मनिरपेक्षता की स्थिति को जानने का प्रयास किया तो नतीजा चौंकाने वाला निकला। अपने अपेक्षित धर्मनिरपेक्ष स्वरूप से परे पूरा विद्यालय बहुसंख्यकवादी धार्मिक मूल्यों से लैस हो इन्हें ही सम्मानित और संचारित करता हुआ दिखाई दिया।

इस स्कूल के मुख्य द्वार पर ही एक तरफ की दीवार पर देवी सरस्वती तो दूसरी तरफ किसी हिन्दू देवी जैसी दिखाई देने वाली भारत माता का चित्रण किया गया है। जैसे इतने से ही काम ना चला हो, द्वार से घुसते ही बिल्कुल सामने तीन फीट ऊंचे आसन पर देवी सरस्वती की मूर्ति को एक शीशे के आवरण में स्थापित किया गया है। मूर्ति पर चढ़े फूलों के हार और पूजन सामग्री को देखकर इसके रोज़ाना पूजन और देखभाल की व्यवस्था को भी समझा जा सकता है। प्रधानाचार्य कक्ष के बाहरी दीवार पर हिन्दू धर्म में शुभ समझे जाने वाले कलश और नारियल के दो चित्र अपनी सुंदरता से आकर्षित करते हैं। कक्ष के अंदर गायत्री मंत्र लिखा सुंदर चार्ट इस प्रकार लगाया गया है कि कमरे में आने वाले की नज़र घुसते ही पड़ जाए। प्राचार्य कक्ष के बिल्कुल सामने सभागार में शीशे के फ्रेम में महाभारत युद्ध के समय श्री कृष्ण द्वारा अर्जुन को दिए जा रहे गीता ज्ञान को दर्शाता चित्र लगा हुआ है। इसके बाईं ओर जहाँ से कक्षाएँ शुरू हो जाती हैं दीवार पर नीति वाक्यों को दर्शाया गया

है। किंतु इसमें हमारे संविधान में वर्णित नीति व मूल्य न होकर पितृभक्त, मातृभक्त, राष्ट्रभक्त बनने जैसी सनातन सीख को ही दुहराया गया है जिसमें सवाल उठाने, आलोचनात्मक दृष्टिकोण अपनाने की छूट नही है।

इसके अलावा प्रार्थना स्थल पर एक शिक्षक द्वारा ओम् उच्चारण के साथ ध्यान व योग की गतिविधियाँ कराने, विद्यालय की तुलना मंदिर से करने, हाथ जोड़कर प्रार्थना गान गाने आदि की हिन्दू परंपरा का बखूबी निर्वाह स्कूल में होता हुआ दिखाई दिया। हिन्दू त्योहारों पर शिक्षकीय संबोधन की अनिवार्य परंपरा तथा कुछ को रीति अनुसार मनाते हुए मैंने यहाँ अक्सर देखा। किंतु अन्य समुदायों के पर्वों पर राजकीय अवकाश के अलावा पूर्ण चुप्पी के माहौल द्वारा बहुसंख्यक समुदाय के बच्चों को अन्य लोगों के धर्म व संस्कृति को समझने और संवेदनशील बनने के अवसर को लगभग शून्य बना दिया गया। अध्ययन में शामिल कई अन्य आयाम भी लगभग यही प्रवृत्ति दुहराते हुए दिखाई दिये।

यहाँ मैं एक बात और भी रेखांकित करना चाहूँगा कि कमोबेश यही प्रवृत्ति और पैटर्न मुझे प्रत्येक उस स्कूल में दिखाई दिया जिनसे मैं किन्हीं भी रूप में जुड़ा। यद्यपि कुछ शिक्षक ऐसे भी मिले जो इन गैर संवैधानिक प्रक्रियाओं के खिलाफ हैं, किंतु कम संख्या होने या अन्य कारणों से उन्हें चुप करा दिया जाता है। सरस्वती चित्रण को और अब तो मूर्ति स्थापित करने को भी स्कूल की अनिवार्य परंपरा के तौर पर स्थापित कर दिया गया लगता है। यद्यपि एक सजग शिक्षक होने की जिम्मेदारी और विविधतापूर्ण लोकतांत्रिक देश का नागरिक होने के नाते मैं ऐसी स्थिति के खिलाफ हूँ। स्कूलों का यह एकपक्षीय वर्चस्वपूर्ण धार्मिक संस्करण बच्चों को बहुसंख्यकवादी साम्प्रदायिकता के अनुरूप तैयार करने और अल्पसंख्यकों के अलगाव को मजबूत करने का कार्य ही करेगा। अतः हमें ज़रूरत है धर्मनिरपेक्षता के उसूल पर चलने वाले स्कूलों की जो समता, समरसता व सम्मान पर आधारित लोकतांत्रिक समावेशी राष्ट्रवाद को मजबूत करे। आपको क्या लगता है?

खंड - III

बच्चे कब और कैसे सीखते हैं?

14

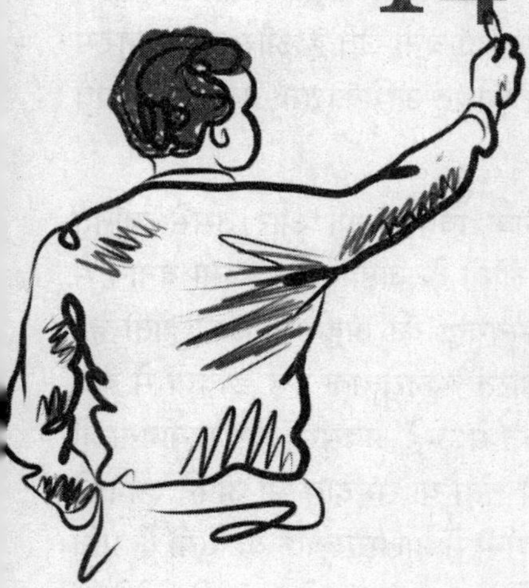

टूटे पूर्वग्रहों का घेरा

जैसे ही मैंने उन्हें 'स्वच्छता सर्वेक्षण-2018' की रिपोर्ट से जुड़ी यह ख़बर पढ़कर सुनाया उन्होंने अजीब-सा मुँह बना लिया। झारखंड को देश का सबसे स्वच्छ राज्य घोषित किये जाने को वे झूठ पर आधारित प्रायोजित ख़बर बताने लगे। जब उनके इस विश्वास का कारण पूछा तो बिना कोई स्पष्ट जवाब दिए कहने लगे कि देश में पंजाब, केरल, तमिलनाडु कई एक से बढ़कर एक विकसित राज्य हैं, उनके आगे झारखंड-बिहार जैसे पिछड़े राज्य कहाँ ऐसे हो सकते हैं। जब मैंने 'विकसित या पिछड़े होने और इसके संदर्भ में साफ-सफाई पर' उनकी समझ जानने का प्रयास किया तो कहने लगे-छोड़ ना यार क्या फालतू की बात करना, ये बिहारी-झारखंडी कब से साफ सुथरे रहने लगे। उनके शिक्षक होने के कारण भी मुझे उनकी यह धारणा अधिक परेशान कर रही थी। हालाँकि पूछने पर पता चला कि इन सभी राज्यों में ना

तो वो कभी गये हैं ना ही उनके कोई करीबी वहाँ रहते हैं। हमारे आस-पास मौजूद बहुत से लोग बिना किसी अनुभव या ठोस कारण के या महज़ सुनी सुनाई बातों के आधार पर किन्हीं अन्य व्यक्तियों, समूहों-क्षेत्रों-संस्कृतियों आदि से जुड़े लोगों के प्रति अपनी धारणाएँ बना लेते हैं और उसी अनुरूप व्यवहार करने लगते हैं। ऐसे विचार या पूर्वग्रह अधिकांशतः नकारात्मक एवं ग़लत ही होते हैं।

दरअसल समाज में मौजूद अनेक विषमताओं और उससे जनित अन्यायों को सहज-स्वीकार्य बनाकर लोगों के जीवन का हिस्सा बनाने में ऐसी ही कई रूढ़िवादी धारणाओं व पूर्वग्रहों की अहम भूमिका होती है। व्यक्तियों तथा समुदायों को पूर्व निर्धारित नकारात्मक रूढ़ छवियों में कैद करके देखने की प्रवृत्ति न केवल समाज में उन्हें अवसरों और संभावनाओं से वंचित करती है बल्कि कई बार ऐसे लोग या समुदाय भी अपने आपको ऐसा ही मानने लगते हैं। जैसे नाज़ी जर्मनी में अल्पसंख्यक यहूदियों के प्रति व्याप्त ऐतिहासिक पूर्वग्रहों और उनके खिलाफ चलाए गये सरकारी प्रोपेगेन्डा या दुष्प्रचार ने जहाँ बहुसंख्यकों को उनके साथ अमानवीय व्यवहार के लिए प्रेरित किया वहीं यहूदी समुदाय के बहुत से लोग भी स्वयं को इसी नज़र से देखने लगे। पूर्वग्रह और रूढ़िबद्ध धारणाएँ न केवल मानवीय गरिमा को ठेस पहुँचाने वाली सोच और व्यवहार को पुख्ता करती हैं अपितु आने वाली पीढ़ियों के लिए यही सब पुनरुत्पादित भी करती हैं। इसीलिए यह चक्र तोड़ा जाना बहुत ज़रूरी है।

हमारे देश में ऐसे बहुत से कानून हैं जो जातीय, नस्लीय, लिंगीय व अन्य आधार पर होने वाले अन्यायों और भेदभाव को दूर करने के लिए बनाए गए हैं। इनका कुछ असर भी हुआ है। पर ऐसे गैर लोकतांत्रिक अमानवीय व्यवहारों के पीछे की सोच को मिटाना ही असली निदान हो सकता है। आलोचनात्मक चेतना और अवसर से लैस सार्वभौमिक शिक्षा व्यवस्था इसमें महत्त्वपूर्ण भूमिका निभा सकती है।

एक शिक्षक होने के नाते मुझे अपनी कक्षाओं में अक्सर ऐसे अवांछित विचारों से जूझने, सवाल उठाने, टकराने और समझ बनाने का अवसर मिलता है। साथ ही कई बार सचेष्ट तरीके से ऐसे संदर्भ या अवसर भी पैदा करने होते हैं जहाँ बच्चे स्वयं अपने अनुभवों और चिंतन प्रक्रिया द्वारा इन संकीर्णताओं से ऊपर उठ सकें। हाल ही में छठी स्तर के सामाजिक विज्ञान की कक्षा में 'विविधता और भेदभाव' पाठ के अंतर्गत पूर्वग्रह की संकल्पना पर बात करने के दौरान एक बच्चे की कही बातों ने पहले तो मुझे चौंकाया और परेशान कर दिया, लेकिन फिर इन्हीं बातों को आधार बनाकर पूरी कक्षा इस संकल्पना की तार्किक समझ तक पहुँची।

यह पूछने पर कि क्या वे या उनका परिवार या फिर उनके कोई जानने वाले अपने आस-पास मौजूद किन्हीं लोगों या समुदायों के लिये ऐसे विचार रखते हैं जिसमें उन्हें औरों से बिल्कुल अलग माना जाता हो, एक बच्चे ने कहा कि 'सर मेरी गली में एक फैमिली रहती है जिनसे कोई बात नहीं करता। मेरे मम्मी-पापा और दूसरे घरों के लोग भी अपने बच्चों को उनके बच्चों के साथ खेलने से मना करते हैं क्योंकि वे लोग आतंकवादी हैं।' मैंने हैरान होकर पूछा कि उसे या उसके परिवार को यह कैसे पता चला कि वे लोग आतंकवादी हैं तो उसने पूरे विश्वास के साथ दोहराया- 'क्योंकि वे लोग आतंकवादी ही होते हैं। वहाँ सभी कहते हैं कि इस धर्म के लोग ऐसे ही होते हैं। समाचारों में भी उन्हीं का नाम बताया जाता है।' उस बच्चे कि सोच को समझने की कोशिश करते हुए मैंने फिर पूछा कि क्या वह परिवार सच में ऐसी किसी घटना में शामिल था या ऐसा करते हुए पकड़ा गया? बच्चे ने जवाब में सिर्फ इंकार की मुद्रा में सिर हिलाया। जब मैंने पूछा कि फिर उन्हें ऐसा क्यों कहा जाता है तो वह कुछ न बोला।

इस बातचीत के दौरान मैंने महसूस किया कि वह बच्चा अपने बगल में बैठे बच्चे को लगातार छेड़ रहा है जो कि उसकी बातों से बहुत असहज भी हो रहा था। समझते देर न लगी कि वह दूसरा बच्चा उसी धर्म विशेष का था जिस

पर उसके साथी ने अपनी सोच जाहिर की थी और उसी वज़ह से उसे छेड़ा भी जा रहा था। एक शिक्षक के रूप में मुझे इस ग़लत सोच पर बच्चे को चुप करा देने के बजाय उसे इस पर स्वयं ही प्रश्न खड़ा करने के अवसर उपलब्ध कराना था। साथ ही पूरी कक्षा को ऐसे पूर्वग्रहों से परिचित कराके तार्किक आधार पर उन्हें चुनौती देने और नकारने की क्षमता से लैस भी करना था। इसके लिए मुझे एक युक्ति सूझी।

मैंने उस बच्चे सहित पूरी कक्षा को सम्बोधित करते हुए कहा कि 'आप सब कल्पना करें कि हमारे शहर में पिछले दस-पन्द्रह दिन में हुई चोरियों या अन्य अपराधों के लिए जिम्मेदार लोगों को पुलिस ने पकड़ा है। संयोगवश पकड़े गए सभी चोर या अपराधी मेरे समुदाय के हैं। चूँकि उनका और मेरा धर्म एक ही है तो क्या मुझे भी सजा मिलनी चाहिए? सभी बच्चे एक साथ ही बोल पड़े 'नहीं सर'। मैंने उसी बच्चे से मुखातिब होते हुए पूछा 'ऐसा क्यों, मुझे क्यों चोर या अपराधी मानकर सजा न दी जाए।' वह बोला 'सर चोरी या जुर्म आपने नहीं किया है तो सजा आपको क्यों मिलेगी। भले ही वे सभी आपके धर्म के हों।' उपयुक्त मौका देखकर मैंने पूछा 'फिर बिना किसी ग़लती के उस परिवार के बारे में क्या ऐसा सोचना ठीक है? क्या किसी आतंकवादी घटना में शामिल कुछ लोगों के आधार पर उस पहचान या समूह से जुड़े अन्य सभी लोगों को भी आतंकवादी मानना ठीक है?' अब कक्षा में एक पल को चुप्पी-सी छा गई। सभी अपनी ही चिंतन प्रक्रिया द्वारा उस सोच से टकरा रहे थे। धीरे-धीरे सब उस परिवार के बारे में व्यक्त की गई सोच को ग़लत बताने लगे। अभी तक आपस में असहज वे दोनों बच्चे भी गुफ्तगू में मशगूल हो गए। आखिर इस पूर्वग्रह से सोचने और टकराने के धरातल पर तो वे सब उतर ही चुके थे जो आगे भी उनकी राह बना सकता है।

सदियों से जमी बहुत-सी रूढ़िबद्ध धारणाओं और पूर्वग्रहों को शिक्षा, जागरूकता और लोकतांत्रिक अधिकारों के प्रसार ने कमज़ोर किया है। जैसे महिलाओं और तथाकथित रूप से निम्न मानी जाने वाली जातियों से जुड़ी

बहुत सारी सोच अब भोथरी साबित हो चुकी है। स्वाभाविक मानकर चस्पां की जाने वाली बहुत-सी अयोग्यताएँ अवसर मिलते ही काफ़ूर होने लगी हैं। भले ही अभी भी बहुत कुछ किया जाना बाकी है।

कुछ नई प्रकार की संकीर्णताए और पूर्वग्रह हाल के दिनों में बलवती भी हुई हैं। जिनमें अल्पसंख्यकों, प्रवासियों, शरणार्थियों आदि के प्रति बढ़ते दुराग्रहों को आसानी से चिन्हित किया जा सकता है। इन सबसे मुकाबला तभी किया जा सकता है जब हमारे बच्चों को ऐसा सामाजीकरण और माहौल उपलब्ध हो जिसमें उन्हें संवेदनशील, साहसी, न्यायप्रिय, आलोचनात्मक चेतना जैसे गुणों से भरपूर व्यक्ति बनने में मदद मिले। सायास रूप से शिक्षा द्वारा ही यह संभव है।

15

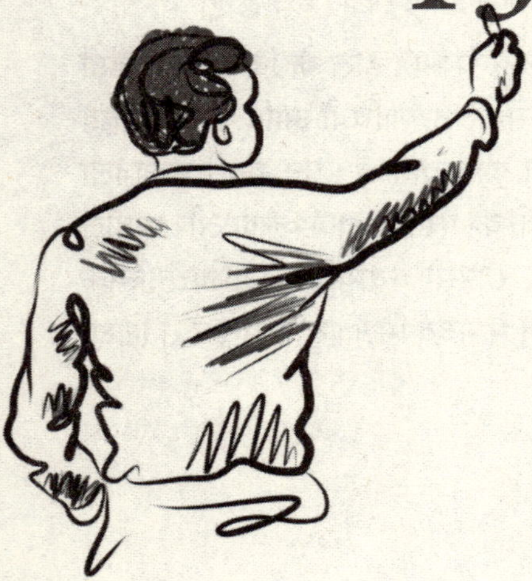

बच्चों से भी सीखें

कभी-कभी बच्चे अपनी सहज बुद्धि से ऐसी बात कह जाते हैं या सवाल पूछ लेते हैं जो हम बड़ों को भी नये सिरे से सोचने पर मज़बूर कर देते हैं। हम वयस्क लोग ज़िन्दगी की भागम-भाग में अक्सर इतने सामाजीकृत हो जाते हैं कि जो चल रहा है या जैसा होता आ रहा है उसी के अनुसार जीवन जीने में अपनी सारी ऊर्जा लगाने में लगे रहते हैं। ठहर कर सोचने या सवाल उठाने का न समय है न आदत। हाल ही में मेरी बेटी ने मुझे इसी तरह के एक नये अनुभव से गुजरने का मौका दिया।

स्कूल ने फोन पर ख़बर दी कि बिटिया को तेज़ बुखार आ गया है आकर घर ले जाइए। आनन-फानन में यह सोचते हुए स्कूल पहुँचा कि बिटिया न जाने किस हाल में है। बुखार में तप रहा उसका बदन और मुरझाया चेहरा सब कुछ बयाँ कर रहा था। स्कूटर से ले जाते हुए रास्ते में मैं लगातार उससे

उसकी तबियत के बारे में पूछ रहा था। पर इतने बुखार में भी बिटिया रास्ते में दिखने वाले वाहनों, दुकानों, ट्रैफिक लाइट और लोगों के बारे में सवाल किये जा रही थी। वह सबके बारे में जानना चाहती थी। इस छोटी-सी यात्रा में उसने यह अनुभव कर लिया कि जब-जब बड़ी लाल बस के किनारे, पीछे या पास से हमारा स्कूटर गुजरता है, ज़्यादा गरमी और ताप का अनुभव होता है। बिटिया ने मुझसे पूछा कि 'पापा इस बस से इतनी गरमी क्यों निकल रही है?' चूँकि यह दिल्ली में चलने वाली सार्वजनिक परिवहन की एसी बस थी इसीलिए मैंने बिना ज़्यादा सोचे कह दिया कि एसी होने के कारण बस अंदर की गर्मी बाहर निकाल रही है। बिटिया झट से बोल पड़ी 'पर पापा यह तो ग़लत है। अपनी गर्मी दूसरों पर क्यों फेंक रहे हैं? इन्हें पुलिस क्यों नहीं पकड़ रही?' साढ़े पाँच साल की छोटी बच्ची के मुँह से ऐसी बात सुनकर मैं हैरान हो रहा था। एसी का प्रयोग करना दूसरे लोगों के अधिकारों का उल्लंघन कर सकता है या उन्हें परेशान कर सकता है इतने महीन रूप से मैंने कभी सोचा ही नहीं था। हालाँकि एसी, फ्रिज़ जैसे आधुनिक घरेलू उपकरण पर्यावरण या ओजोन परत के क्षरण में जिम्मेदार हैं ऐसा कई बार पढ़ और सुन ज़रूर चुका था। पर अपने नजदीकी परिवेश या लोगों की समस्या से जोड़कर मैं इसे कभी भी सोच नहीं पाया था। बिटिया की अगली बात ने मुझे और शर्मिंदा कर दिया जब उसने पूछा 'पापा हमने इसीलिये घर में एसी नहीं लगाया है ना?' मैं कोई उत्तर न दे सका। मैंने आर्थिक कारण के अलावा कभी भी घर में एसी लगाने या न लगाने के किसी अन्य आयाम पर ध्यान नहीं दिया था। पर आज बेटी द्वारा दर्शायी गई चिंता ज़्यादा प्रासंगिक लगी और इस स्थिति के लिए मन में बैठी अदृश्य हीनता भी दूर हुई। अब मैं तर्कपूर्ण मनुष्य के रूप में एसी न लगाने के पक्ष में हूँ।

बच्चे अपनी सरलता, सक्रियता, जिज्ञासु स्वभाव और भलमनसाहत से न केवल अपने लिए ज्ञान निर्माण करते हैं अपितु हम वयस्कों को भी नये अनुभव व सोच के सिरे प्रदान करते हैं। एक समाज के रूप में हम वयस्क लोग परिवार, स्कूल, धर्म, कौशल प्रशिक्षण केन्द्रों आदि के द्वारा बच्चों को

अपनी तरह बनाने के उद्यम में दिन-रात लगे रहते हैं। हममें से अधिकांश लोग ऐसा मानकर चलते रहे हैं कि बच्चे तो कोरे काग़ज़ की तरह हैं जिस पर हमें अपने अनुभवों की स्याही से ज्ञान का लेखन करना है जिससे वे समाज के उपयुक्त सदस्य बन सकें। बच्चे ज़्यादातर बातें समाज में रहते हुए सामाजीकरण की प्रक्रिया द्वारा स्वतः ही सीख जाते हैं। वे कोरे काग़ज़ न होकर अपनी भिन्न सामाजिक-आर्थिक-सांस्कृतिक पृष्ठभूमि के अनुरूप बहुत कुछ जानते समझते हैं। उनकी इसी समझ को आधार बनाकर ही हमें समानुभूति पूर्वक ज्ञान निर्माण की प्रक्रिया में उन्हें शामिल करना चाहिए। जहाँ वे सक्रिय सदस्य व सम्मानित भागीदार के रूप में न केवल अपने लिए उपयोगी अनुभवों का सृजन कर पाएँ अपितु हम वयस्कों को भी उनसे सीखते रहने का अवसर मिलता रहे।

यह बात संतोषजनक है कि अब शिक्षा और स्कूली जगत में इस निर्माणवादी दृष्टिकोण को अपनाया जाने लगा है। इसे मैं शिक्षक होने के अपने निजी अनुभवों से अधिकार पूर्वक कह सकता हूँ। स्कूली शिक्षा हेतु बनाये गये 'राष्ट्रीय पाठ्यचर्या की रूपरेखा, 2005' में इस नज़रिये को ही बढ़ावा दिया गया है। वर्तमान में क्रियान्वित की जा रही एनसीईआरटी की पाठ्यपुस्तकें भी इसी समझ पर आधारित होने का दावा करती हैं। हालाँकि स्कूलों में शिक्षण-अधिगम की परिस्थितियों में पूर्ण बदलाव किया जाना अभी बाकी है। पर यह समझ मज़बूती से अपने लिए जगह बनाती जा रही है। ज़रूरत है कि परिवार और समाज के स्तर पर भी बच्चों के लिए आये इस नये व उपयोगी शैक्षिक समझ को ज़्यादा से ज़्यादा अपनाया जाए। वास्तव में यह बच्चों के लिए वास्तविक लोकतंत्र और अधिकारों की शुरुआत होगी।

16

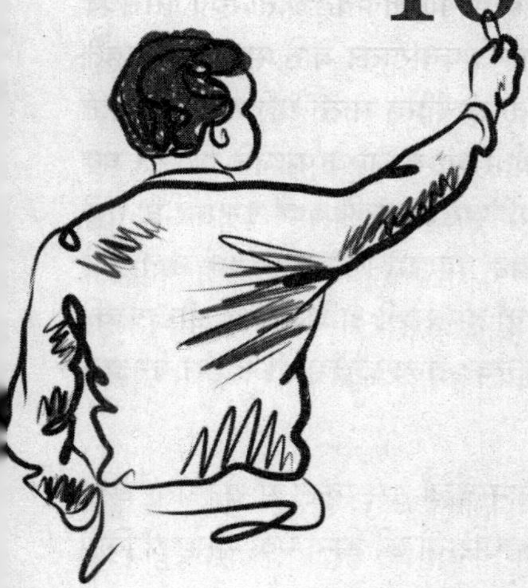

बच्चे मशीन नहीं हैं

अच्छे विचार, व्यवहार या उद्धरण के रूप में प्रचलित कुछ बातों के हम इतने अभ्यस्त हो जाते हैं कि कभी न तो उन पर प्रश्न उठाते हैं और न ही अलग ढंग से सोच पाते हैं। पर क्या इन बातों में इतनी ही पूर्णता या अच्छाई होती है कि इनसे अलग सोचना और करना बुरा या ग़लत होने को ही पुष्ट करे। पिछले दिनों एक सामूहिक शैक्षिक चर्चा में हमारा समूह एक ऐसे ही संदर्भ से जूझते हुए कुछ अलग तरह की समझ तक पहुँचा।

दरअसल चर्चा का मुद्दा था कि कैसे बच्चों को नियमित रूप से स्कूल आने को प्रोत्साहित किया जाए और 'अनुपस्थिति' की समस्या से निपटा जाए। समूह में इस बात को लेकर तो आम सहमति थी ही कि विद्यालय में नियमित उपस्थिति बच्चों के सीखने की प्रक्रिया का ज़रूरी हिस्सा है। वरना बच्चों के सीखने की गति धीमी या बाधित होती है। सभी अपने समझ और

अनुभव के आधार पर अलग-अलग सुझाव दे रहे थे। इस चर्चा में आए एक सुझाव पर एक प्रतिभागी की प्रतिक्रिया बहुत रोचक और भिन्न रही जिसने हम सबको लीक से हटकर सोचने पर विवश किया। वह प्रतिभागी जो स्वयं एक विद्यालय प्रमुख हैं इस रणनीति को अपने स्कूल में लागू कर चुके हैं। उनके अनुसार पिछले दिनों हुए स्कूल के कार्यक्रम में सौ प्रतिशत उपस्थिति वाले बच्चों और उनके अभिभावकों को सभी बच्चों के सामने प्रशस्ति पत्र और उपहार देकर सम्मानित किया गया जिससे बाकी बच्चे इससे प्रेरित हो सकें। उनके अनुसार विद्यालय में इसका सकारात्मक असर भी दिखाई दे रहा है। उनके इस प्रयास को सुनकर जहाँ हम सभी अभिभूत थे और उनकी प्रंशसा कर रहे थे वहीं चर्चा में शामिल एक अन्य प्रतिभागी ने इस पर प्रश्न उठाकर भिन्न दृष्टिकोण दर्शाया।

उन्होंने जानना चाहा कि ऐसे कितने बच्चे उस स्कूल में थे। पता चला कि उनकी संख्या दो हजार बच्चों में मात्र चार थी जो बिना एक भी छुट्टी किये पूरे साल विद्यालय आए। प्रश्न उठाने वाले प्रतिभागी ने कहा 'लम्बे समय तक बिना एक भी छुट्टी किये रोज़ स्कूल आने की उम्मीद करना बच्चों के साथ अन्याय है। आखिर बच्चे भी समाज के सदस्य हैं। आकस्मिक रूप से कुछ अलग प्राथमिकतायें कभी-कभी आ ही जाती हैं। उन्हें भी तो पारिवारिक-सामाजिक आयोजनों, दुख-सुख में सहभागी होने का अवसर मिलना चाहिए। ऐसा होने पर वे अधिक जिम्मेदार, संवेदनशील और जागरूक नागरिक बनेंगे। शिक्षा के उद्देश्य इनसे अलग नहीं हैं। आखिर बच्चे मशीन भी तो नहीं हैं कि वे कभी बीमार न पड़ें या उनका अपना मन स्कूल आने का न हो।' इस प्रतिक्रिया ने अब तक की चर्चा को एक नया मोड़ दे दिया। सब एक नये दृष्टिकोण से सोचने पर विवश हो गये। यह बात सबको समझ आ रही थी कि शत-प्रतिशत उपस्थिति की माँग व्यवहारिक नहीं है। हाँ उच्च उपस्थिति दर वांछित ज़रूर है और इसके लिए विद्यालय का सहज, आनंदपूर्ण व बाल केन्द्रित शैक्षिक माहौल बहुत आवश्यक है।

यह कथन कि 'बच्चे मशीन नहीं हैं' स्कूल संबंधी अन्य पक्षों पर भी सोचने को मजबूर करता है। स्कूल में लगने वाले विषय आधारित पीरियड जो निश्चित समय अंतराल पर एक के बाद एक घंटी बजने के साथ ही बदलते रहते हैं वस्तुतः इस समझ के खिलाफ है। बच्चों से यह उम्मीद की जाती है कि वे घंटी बजते ही पिछले पीरियड में कर रहे क्रियाकलाप, उससे जुड़ी चिंतन प्रक्रिया को रोक कर और किताब कॉपी समेटकर तुरंत प्रारम्भ हुए पीरियड के विषय की किताब कॉपी निकालकर नये निर्देशों के अनुसार संचालित होने लगें। चित्रकारी में डूबे बच्चे तत्काल गणित के सवालों से आकर उलझें यह उम्मीद ही नहीं की जाती बल्कि इसे लागू कर दिया जाता है। अभी तक कविता का रस ले रहे बच्चे तुरंत सल्तनत काल की प्रशासनिक व्यवस्था पर फोकस करें यह सामान्य अपेक्षा होती है। इस बदलाव को सहज बनाने के लिये कोई सायास प्रयास विद्यालयों में बड़े पैमाने पर होता हुआ कुछ दिखाई नहीं देता। कितना मुश्किल होता होगा यह आपात बदलाव बच्चों के लिये, हमने शायद कभी सोचा नहीं। अब तक हम व्यवहार में बच्चों को मशीन ही समझते रहे हैं।

शिक्षा सहित समाज के अन्य संस्थाओं की संरचना, उनके उद्देश्य और व्यवहार के निर्धारण में बच्चों की भागीदारी मूल्यवान व समान सदस्य के रूप में कहीं नहीं दिखाई देती है। उन्हें मात्र निर्भर उपभोक्ता या नासमझ कर्ता के रूप में देखे जाने का चलन रहा है जिन्हें लगातार नियंत्रित और निर्देशित किये जाने की ज़रूरत है। हालाँकि बच्चों के मनोविज्ञान और व्यवहार को लेकर पश्चिमी देशों में अध्ययन हुए हैं और उन्हें शिक्षा की अंतर्वस्तु में पिरोने के प्रयास हुए हैं। पर सभी सामाजिक सांस्कृतिक परिस्थितियों में उनका सामान्यीकरण नहीं किया जा सकता। शिक्षा सहित अन्य संस्थाओं का प्रबंधन पूरी तरह से समाज में प्रचलित और विकसित हो चुके वयस्क समाज की समझ पर आधारित होता है। बिना बच्चों की इच्छा, ज़रूरत और संवेदना को शामिल किये हम वास्तव में उनके लिए समानुभूति पूर्वक निर्धारण नहीं कर सकते। यहाँ बच्चों की इच्छा, मत या ज़रूरत से अर्थ यह नहीं है कि उनसे हर

बात पूछकर की जाये बल्कि यहाँ बच्चों को जानना और समझना महत्त्वपूर्ण है। उन्हें सम्मानित- मूल्यवान सदस्य मानकर लोकतांत्रिक मूल्यों और लक्ष्यों के अनुरूप सीखने सिखाने के संदर्भ व अवसर मिलना ही चाहिए। इसके लिए संस्थाओं, उनके उद्देश्यों व व्यवहारों की पुनर्रचना बहुत आवश्यक है।

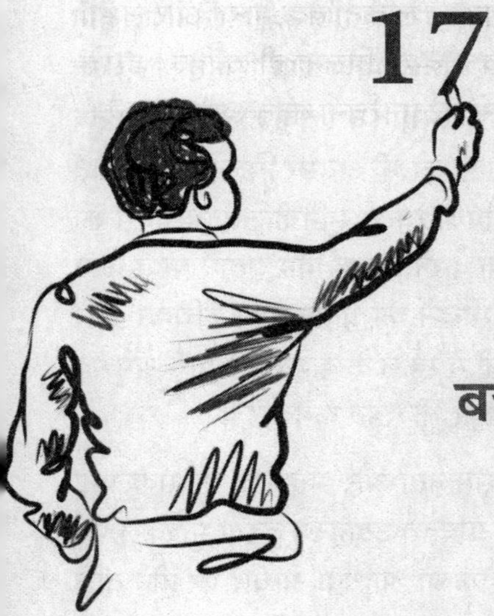

17

बच्चे कोरे काग़ज़ नहीं

वैसे तो बहुत से शिक्षाविदों ने ऐसी मान्यताओं को तार्किक आधार पर सिरे से खारिज किया है जो बच्चों को महज़ कोरा कागज़ समझती हैं या फिर गीली मिट्टी, जिस पर शिक्षकों, अभिभावकों और बड़ों के द्वारा जो भी लिखा जाएगा वही अंकित होगा। वह जैसे ढाले जाएँगे उसी तरह ढल जाएँगे। इसमें स्वयं उनके प्रयासों, अवलोकनों, अंतर्निहित क्षमताओं या सहज रूप से उपलब्ध परिवेश की भूमिका गौण ही रहेगी। आज भी कमोबेश हमारी शिक्षा व्यवस्था में यही समझ प्रभावी बनी हुई है। स्कूल, किताबों को अंतिम ज्ञान मान उसी को रटाने के प्रयास में जुटे हैं।

बच्चे अक्सर इस प्रचलित समझ के परे अपनी समृद्ध उपस्थिति दर्ज कराते हैं। वह अपनी गतिविधियों, बातचीत और सहज मेधा से यह सिद्ध करते रहते हैं कि उन्हें महज कोरे काग़ज़ समझना ग़लत है। वे अपने

सामाजिक-सांस्कृतिक संदर्भों के अनुरूप अनुभवों और समझ से लैस होते हैं। औपचारिक रूप से सीखना वे बिल्कुल शून्य से शुरू नहीं करते। पैदा होने के बाद और स्कूलों में प्रवेश पाने तक के बीच वे भाषा, शारीरिक कौशलों एवं संस्कृति के सरल सूत्रों को कुछ हद तक आत्मसात कर चुके होते हैं। कच्चे रूप में ही सही वे अपनी कुछ विशिष्ट क्षमताओं को भी अवसर मिलने पर प्रदर्शित करने लगते हैं। वास्तव में आगे के औपचारिक व सुनियोजित अधिगम को ग्राह्य करने और उसके साथ अंतःक्रिया करने में यह विशिष्टताएँ बहुत काम की होती हैं। इनको आधार बनाकर सीखने की प्रक्रिया को रुचिकर और आसान बनाया जा सकता है। पर स्कूलों में स्कूल के बाहर सीखे गये अनुभव या ज्ञान को तरजीह देने की संस्कृति अभी भी बहुत कमज़ोर है।

मुझे अपनी छठी की कक्षा में 'असमानता और भेदभाव' की संकल्पना को बच्चों के स्तरानुरूप बनाने के लिए उपयुक्त उदाहरण ढूँढना मुश्किल पड़ रहा था। पाठ में जातीय, धार्मिक, लैंगिक या आर्थिक आधार पर होने वाले भेदभावों का उदाहरण दिया है। पर मैं शुरुआत स्वयं बच्चों द्वारा अनुभव की जाने वाली परिस्थितियों के वर्णन से करना चाहता था। बात करने पर इसमें मेरी मदद आठवीं कक्षा के एक विद्यार्थी ने की। उसने बताया कि 'हम बच्चे जब दुकान पर कोई सामान लेने जाते हैं और यदि कोई बड़ा व्यक्ति हमारे बाद वहाँ कुछ खरीदने आ जाए तो अक्सर दुकानदार हमें सामान न देकर पहले उन्हें देते हैं। उनकी नज़र में हम बच्चों के समय की कोई कीमत नहीं होती। यह उम्र के आधार पर होने वाला भेदभाव ही तो है।' इस अनुभव आधारित उदाहरण ने कक्षा में इस संकल्पना को खोलने में शुरुआती आधार का काम बखूबी कर दिया। बच्चों का अपना अनुभव जब किताबी ज्ञान से जुड़ता है तभी वह जीवंत बनता है।

बच्चे हम बड़ों या शिक्षकों को भी कई बार नई या अनोखी सीख देते हैं। इसलिए उन्हें अपने-आप को अभिव्यक्त करने का अवसर देना बहुत ज़रूरी है। मेरी एक छात्रा ने तो मुझे एक वाक्य बोलकर ही बहुत बड़ी सीख दे दी।

वह मुझसे कुछ पूछना चाहती थी, पर मैंने मासिक रजिस्टर का काम पूरा करने के चक्कर में उसे बाद में आने को कहा। वह रजिस्टर की तरफ देखते हुए बोली, 'आखिर मुझसे ज़रूरी कौन-सा काम हो सकता है?' उसके इस कथन ने मेरी चेतना को झिंझोड़ कर रख दिया। ऐसा लगा कि समस्त शैक्षिक दर्शन और ज्ञानमीमांसा की बारिश उसने मुझ पर एक साथ कर दी हो। ज़ाहिर है मैं निरूत्तर हो उसकी तरफ ध्यान देने को विवश हो गया।

बच्चों को बच्चा तो समझा जाना चाहिये पर बच्चे का मतलब अनाड़ी नहीं है। कहने का तात्पर्य है कि उन्हें हमें अपने परिवेश की जीवंत सामाजिक-साँस्कृतिक इकाई मानकर आगे बढ़ना होगा। एक ऐसी इकाई जो अपने अवलोकन, अवसरों के दोहन, ग़लतियों और प्रयासों से निरंतर सीखती है। सीखने की यह प्रक्रिया समता, स्वतंत्रतापूर्ण वातावरण में संपन्न की जानी चाहिए। आत्मविश्वास और लोकतांत्रिक मूल्यों से लैस इकाइयाँ ही न्याय और बंधुत्व पर आधारित सामाजिक समष्टि का निर्माण करेंगी जोकि अभी तक विषमता, वर्चस्व और अन्याय पर टिकी हुई है।

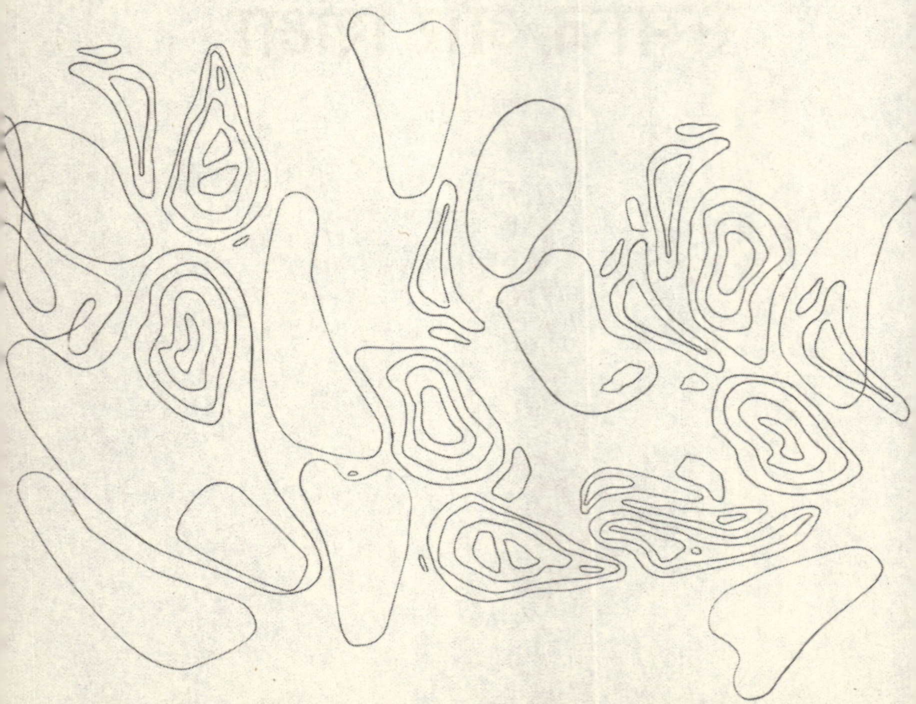

खंड -IV

समाज और शिक्षा

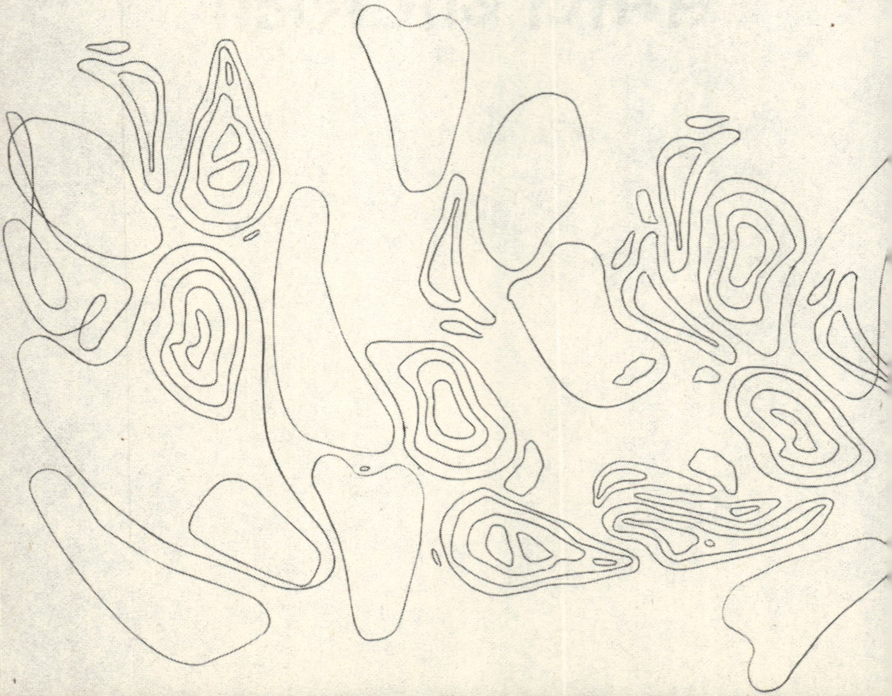

18

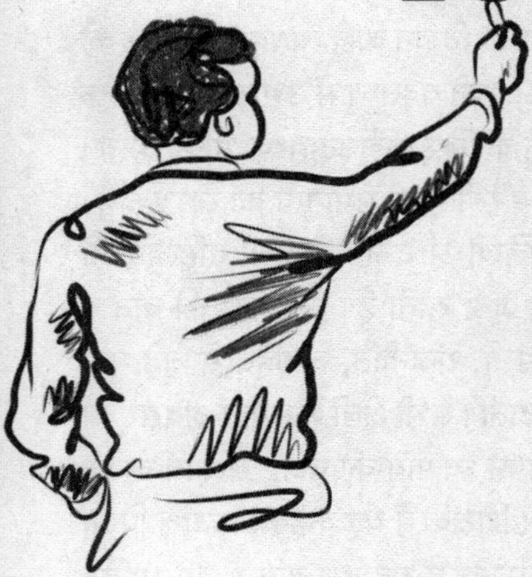

औरत होने के मायने

सामाजिक विज्ञान की कार्यशाला में शिक्षिकाओं द्वारा कही बातें बहुत देर तक दिलों दिमाग़ में गूंजती रहीं। दरअसल हम सभी प्रतिभागी आपस में इस विषय के अंतर्गत बार-बार प्रयोग की जाने वाली संकल्पनाओं व शब्दावली पर चर्चा कर रहे थे। उद्देश्य यह था कि कैसे इन भारी भरकम मानी जाने वाली संकल्पनाओं को जीवन संदर्भों या आस-पास के उदाहरणों से जोड़कर समझा जाए और कक्षा में बच्चों को इन्हें आसानी से समझने और इनसे वांछित व्यवहार परिवर्तन के रूप में सीखने की ओर प्रेरित किया जाए। चुनाव, भेदभाव, समता-समानता, सांप्रदायिकता, धर्मनिरपेक्षता, अतीत, विविधता, राष्ट्रवाद, संस्कृति जैसी कई अवधारणाएँ चर्चा का हिस्सा बनीं। पर यहाँ मैं 'पितृसत्ता' व 'लिंगभेद' पर हुई आपसी बातचीत को साझा करना चाहूँगा।

वैसे तो सभी प्रतिभागी इस बात पर सहमत थे कि समाज पुरूष प्रधान है तथा इसमें महिलाओं को पुरुषों से कमतर मानने का भाव व प्रवृत्ति है। किंतु इसके पीछे के कारणों, प्रक्रियाओं व वास्तविक स्थिति को लेकर आपसी मतभेद साफ दिख रहा था। जेंडर आधारित दिखने वाले व्यवहार में अंतर को कुछ शिक्षक काफी ज़ोर देकर न केवल अपने वक्तव्य में उभार रहे थे बल्कि इसे स्वभाविक या प्राकृतिक सिद्ध करने के लिए कई उदाहरण भी दे रहे थे। जैसे एक शिक्षक ने कहा कि, "वैसे तो मैं स्त्री पुरुष समानता का समर्थक हूँ। पर मैंने यह महसूस किया है कि पढ़ी-लिखी और नौकरी वाली महिलाएँ भी सिर्फ अपने परिवार व घरेलू जीवन से जुड़ी रहती हैं। अपवादों की बात न करें तो कोई भी औरत सामाजिक मामलों, राजनीति, जनहित से जुड़े मुद्दों पर खुद आगे बढ़कर जिम्मेदारी नहीं उठाती। सभी क्षेत्रों में समान अवसर का महिलाएँ फायदा तो उठा रही हैं पर अपने स्वभाव की वजह से सार्वजनिक जीवन में सक्रिय नहीं होतीं।" एक दूसरे शिक्षक ने यह कहकर कटाक्ष किया कि, "प्राकृतिक रूप से ही महिलाएँ कमज़ोर हैं यह इस बात से भी साबित होती है कि एक तरफ समान होने का दावा और बराबरी की माँग है तो दूसरी ओर महिलाओं को विशेष छूट या सुविधा भी दी जाती है। यह अंतर्विरोध ही सच बताने के लिए काफी है। आखिर बसों या मैट्रो में महिलाओं के लिए सीट रिजर्व करने का क्या तुक है जब वे पुरुषों के बराबर हैं।" उस शिक्षक की बात पर बहुत से लोग हँसकर या सर हिलाकर सहमति प्रदान कर रहे थे। एक शिक्षिका ने कही गई इन बातों का पुरज़ोर और तार्किक खंडन किया। उन्होंने कहा "ऐसा नहीं है कि हम महिलाओं और खासकर पढ़ी लिखी महिलाओं को सार्वजनिक जीवन में रूचि नहीं है और हम लोग समाज सेवा नहीं करते या इसमें रुचि नहीं रखते। पर पुरुषों के मुकाबले हमारी इन क्षेत्रों में कम उपस्थिति होने के कारण भी हमारे समाज में ही हैं। हमें बचपन से ही घर परिवार के लिए ही जीना सिखाया जाता है। वही हमारी दुनिया है ऐसा बताया जाता है।" और उनकी कही इस अंतिम पंक्ति ने ना केवल मेरे दिमाग़ में हलचल पैदा की बल्कि वहाँ उपस्थित सभी लोगों को सोचने पर

विवश कर दिया, उन्होंने ने कहा "हमारी सारी ज़िंदगी इन दो बातों के इर्द-गिर्द ही घूमती है पहली 'सुनै है के?' (सुन रही हो क्या?) और दूसरी 'माँ'।"

विस्तृत बातचीत में कई शिक्षिकाओं ने बताया कि कैसे पढ़ी लिखी सक्षम महिला होने के बावजूद उनसे नौकरी तथा घर की जिम्मेदारी दोनों ही भूमिका निभाने की उम्मीद की जाती है। पुरुष प्रतिभागियों ने स्वीकार किया कि स्कूल टाइम के बाद उन्हें आराम करने, कहीं आने-जाने, दोस्तों के साथ मिलने-जुलने जैसे कई अवसर मिलते हैं। पर महिलाओं के मामले में ऐसा नहीं है। एक शिक्षिका ने उदास होकर कहा कि, 'शादी के बाद तो हमारा फ्रेंड सर्कल लगभग खत्म हो जाता है। पति तो रोज़ अपने दोस्तों से मिलते और पार्टी करते हैं पर हम बच्चे पालने, उन्हें पढ़ाने, खाना बनाने, खिलाने-पिलाने में ही व्यस्त रहते हैं। कुल मिलाकर हमारी अपनी ज़िंदगी होती ही कहाँ है।' एक प्रतिभागी ने अपनी बात रखते हुए और बिल्कुल नया आयाम उकेरते हुए कहा कि काम से घर लौटने पर घरेलू काम करने, महीने में कुछ दिन विशेष शारीरिक स्थिति से जूझने, बच्चों को दूध पिलाने या गर्भवती होने की ऐसी अनेक स्थितियाँ या संभावनाएँ हैं जो पुरुषों से अलग होती हैं। इसीलिए बस, मेट्रो आदि में महिला रिजर्व सीट होनी ही चाहिए।

कार्यशाला का समय समाप्त होने के बाद भी मेरी शिक्षिकाओं के उस समूह से इस मुद्दे पर संक्षिप्त चर्चा हुई। मैंने उन दो बातों 'माँ' और 'सुनै है के' को उनसे और स्पष्ट करने को कहा। उन्होंने बताया बच्चों के लालन-पालन में सिर्फ हमें ही जुटना पड़ता है। माँ होने की उनकी भावनात्मक स्थिति उनके जीवन और कैरियर की संभावनाओं को बांध देती है। पति और घर के अन्य सदस्यों के हर इशारे पर हाजिर रहने और खुश रखने की अपेक्षा व जिम्मेदारी अपनी इच्छा से कुछ कर पाने या दायरा बढ़ा पाने के अवसर छीन लेती है। जबकि ऐसी ही किसी अपेक्षा, जिम्मेदारी या बंधन से पुरुषों को नहीं जूझना पड़ता। इसलिए दिखाई देने वाली सामाजिक स्थितियाँ किसी प्राकृतिक या स्वभाव आधारित भिन्नता के कारण न होकर सामाजिक-साँस्कृतिक परिवेश के अनुरूप चलने वाली सामाजीकरण का परिणाम हैं।

ज़ाहिर है कि इस चर्चा में उठाए गए लैंगिक विभेद का संदर्भ व दायरा मुख्यतः पढ़े-लिखे व नौकरी पेशा समूह से संबंधित था। जब शिक्षित व आर्थिक दृष्टि से संपन्न समुदाय में यह स्थिति है तो कम पढ़े लिखे, अशिक्षित लोगों के बीच लैंगिक विभेद के स्थिति की कल्पना की जा सकती है। शिक्षित व नौकरीपेशा महिलाओं से अभी भी पंरपरागत भूमिका निभाने की अपेक्षा की जाती है। काम के दोहरे बोझ की यह स्थिति कई बार परंपरागत स्थिति से भी ज़्यादा भयावह हो सकती है। शिक्षा के प्रसार से भी महिलाओं की स्थिति में बहुत अंतर नहीं आया है। बहुत कम पढ़े-लिखे पुरुष पितृसत्तात्मक समाज से मिले लाभों को छोड़ पाए हैं। इसके लिए स्वयं शिक्षा में उचित बदलाव होने के साथ-साथ कई अन्य स्तरों पर सुधार की ज़रूरत है। जैसे मीडिया में लिंग निरूपण की स्थिति में बदलाव, जागरूकता कार्यक्रम, कानून की सापेक्षता तथा सार्वजनिक जीवन में लिंग आधारित संवेदनशीलता के माहौल का निर्माण किया जाना चाहिये। बहुआयामी व बहुस्तरीय प्रयास से ही बदलाव लाया जा सकता है।

19

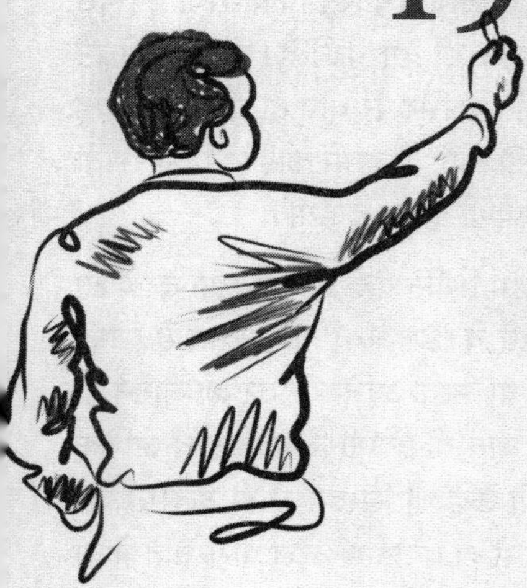

नो डिटेंशन पॉलिसी की विदाई

नो डिटेंशन पॉलिसी या फेल न करने की नीति शिक्षा के अधिकार अधिनियम (2009) का अहम हिस्सा है जिसे लेकर शिक्षक समुदाय में आमतौर पर रोष रहा है। उनका आरोप रहा है कि इस नीति ने बच्चों को पढ़ाई से विमुख कर दिया है क्योंकि उन्हें फेल होने या अगली कक्षा में न जा पाने का डर नहीं रहा। हालाँकि इस नीति को शिक्षा व्यवस्था में लागू करने के पीछे जो सोच शामिल थी वह यह थी कि शिक्षा की परिधि से कोई भी बच्चा बाहर न रहे, सभी को अवसर मिले और व्यवस्था बाल केन्द्रित बने। मात्र परीक्षा में लाए नंबर ही किसी बच्चे की योग्यता का संपूर्ण मापन नहीं कर सकते। स्कूल आने वाला बच्चा कुछ न कुछ सीखेगा ही जबकि फेल होकर स्कूल छोड़ देने से यह संभावना भी खत्म हो जाती है।

इस नीति के पीछे की सोच आज भी उतनी ही प्रासंगिक है। पर यह भी सच है कि आठवीं कक्षा तक के बच्चों के अधिगम स्तर में गिरावट आई है। जिसे इस नीति की असफलता के रूप में खूब प्रचारित किया गया है। इस नीति को खत्म करने पर सरकारी सहमति भी बन चुकी है। पर यह सोचने वाली बात है कि जो विफलताएँ इस नीति के सिर पर थोप दी गई हैं क्या वह सत्य हैं? क्या अन्य स्कूली व शैक्षिक प्रक्रियाएँ भी इसमें कोई भूमिका रखती हैं? इस पर मैं अपनी समझ से कुछ टिप्पणी करना चाहूँगा।

इस नीति के लागू होने से पहले आम स्थिति यही थी कि कक्षा दर कक्षा कुछ बच्चे फेल होकर स्कूल छोड़ते रहते थे। इन बच्चों के भविष्य से शिक्षा व्यवस्था को कोई मतलब ही नहीं होता था उनके अधिगम स्तर को जानने या उसे बढ़ाने का प्रयास करना तो दूर की बात थी। यानी जिन के साथ अधिक मेहनत करने की आवश्यकता होती थी उन्हें तो सिस्टम से ही रुख़सत कर दिया जाता था और वो बच्चे जो पहले से ही पढ़ाई में घरेलू परिस्थितियों या अन्य वजहों से ठीक-ठाक स्थिति में होते थे उनकी सफलता को ही स्कूल की अपनी सफलता कह दिया जाता था। अब सोचने का विषय यह है कि इस नीति ने माहौल बदल दिया है या पहले से उपस्थित स्कूली माहौल (जो बच्चों को सकारात्मक दखल से अधिगम की ओर प्रेरित नहीं कर पाता) इसके लिए जिम्मेदार है। अब 'अनचाहे' बच्चे बाहर तो नहीं किए जा सकते थे इसलिए उनकी संख्या बढ़ती हुई दिखने लगी। ठीकरा 'नो डिटेंशन' पॉलिसी के सिर फोड़ दिया गया।

बच्चों के अधिगम स्तर में गिरावट या कमी के पीछे स्कूलों में विद्यमान शैक्षिक संस्कृति और भौतिक परिस्थितियों का अहम योगदान होता है। संवेदनशील व दक्ष शिक्षकों/शिक्षिकाओं की उपलब्धता, उचित सेवापूर्व व सेवाकालीन प्रशिक्षण, प्रशासकीय सहयोग, गैर शिक्षण कार्यों में कमी, मानक अनुसार विद्यार्थी-शिक्षक अनुपात, समुचित भौतिक सुविधाएँ आदि सभी मिलकर विद्यालय के शैक्षिक माहौल को बेहतर बनाती हैं। फेल न करने

की नीति से स्कूलों में बच्चों की संख्या बढ़ेगी यह तो शुरू से ही स्पष्ट था फिर इसके अनुरूप सुविधा विस्तार या अन्य उपाय क्यों नहीं किए गए। सरकारी स्कूलों का खस्ता हाल पूरे देश में जाहिर है जिसे लेकर कई अध्ययन हुए हैं जिन्हें मैं दुहराना नहीं चाहता। इस नीति की सफलता के लिए समुचित माहौल उपलब्ध करवाना भी सरकार की जिम्मेदारी थी जिसे उसने भुला दिया। नीति बनाना सरकारों का प्रिय शगल रहा है और ऐसा करके कर्तव्यों की इतिश्री समझ ली जाती है।

इस नीति को समाप्त करने के पीछे का सबसे मजबूत तर्क यह रहा है कि बच्चे भयरहित होकर पढ़ना छोड़ देते हैं। पर वह शिक्षा ही कैसी जो डर में जीना सिखाए। 'सा विद्या च विमुक्तये' का उद्घोष करने वाले देश और समाज में इसकी क्या ज़रूरत है। फिर बच्चों पर दोष देना सबसे आसान है क्योंकि व्यवस्था में सबसे निरीह जो हैं वो। पलटकर वो पूछ जो नहीं सकते कि 'कौन-सा वैज्ञानिक अध्ययन किया है गुरुजनों ऐसा कहने से पहले?' हो सकता है कि कुछ बच्चों ने पढ़ाई को लेकर ऐसा किया भी हो। पर यही आरोप शिक्षकों पर भी तो लगाया जा सकता है कि परिणाम देने का दबाव न होने से उन्होने भी इन कक्षाओं को पढ़ाने में कोताही की। ऐसा कई मामलों में दिखता भी है। दसवीं और बारहवीं के अच्छे परिणाम को स्कूल की बेहतरी का प्रमाण मानने की प्रवृत्ति और दबाव से शिक्षक जितना इन कक्षाओं में जूझते हैं उतना किसी और कक्षा में नहीं। (हालाँकि यहाँ भी सभी शिक्षकों पर यह बात लागू नहीं की जा सकती।) यह बात आज तक नहीं समझी जा सकी है कि यही मेहनत अगर प्रारंभिक कक्षा से ही की जाए तो इन बड़ी या बोर्ड की कक्षाओं में इतने अतिरिक्त प्रयासों की ज़रूरत ही न पड़े और परिणाम भी उम्दा आएँगे।

एक पक्ष जिस पर बहुत कम शिक्षाविदों का ध्यान गया है वह यह है कि 'नो डिटेंशन' पॉलिसी लागू होने से कुछ समय पूर्व ही राष्ट्रीय पाठ्यचर्या की रूपरेखा, 2005 पर आधारित नई पाठ्यपुस्तकों को स्कूलों में लागू किया

गया। यह पुस्तकें अपनी रचना और अंतर्वस्तु से एनसीएफ, 2005 के आदर्शों, दर्शन व समझ पर आधारित थीं। इनमें ज्ञान निर्माण के निर्माणवादी नज़रिये को महत्त्व दिया गया है जिसमें बच्चों को उनके अनुभवों की दुनिया से जोड़कर और उदाहरणों की मदद से सक्रिय भागीदारी द्वारा ज्ञानार्जन पर ज़ोर होता है। पर पुराने ढंग से प्रशिक्षित और व्यवहारवादी ढर्रे के अभ्यस्त शिक्षकों को इसके अनुरूप तैयार करने का कोई प्रयास नहीं किया गया। वे अभी भी कक्षाओं में परिभाषा रटाने में जुटे हुए हैं। किताबों और शिक्षण प्रक्रिया के इस अंतर्विरोध ने अधिगम पर नकारात्मक असर डाला है। एक शिक्षक होने के नाते मैं इसे दावे से कह सकता हूँ। पर इससे जनित परिणाम भी 'नो डिटेंशन' की नीति के सिर ही डाल दिए गए हैं। दरअसल नीति बना देना, उपलब्ध नीतियों में कमी निकालकर उसे बदल देना आदि औपनिवेशिक काल से ही सरकारों के लिए सबसे आसान रहा है। पर गुणवत्ता पूर्ण बदलाव अधिक प्रतिबद्धता व मेहनत की माँग करते हैं, जिसे भुला दिया जाता रहा है। अब यह नीति भी इसी आसान और आरामदायक प्रवृत्ति का शिकार होने जा रही है।

20

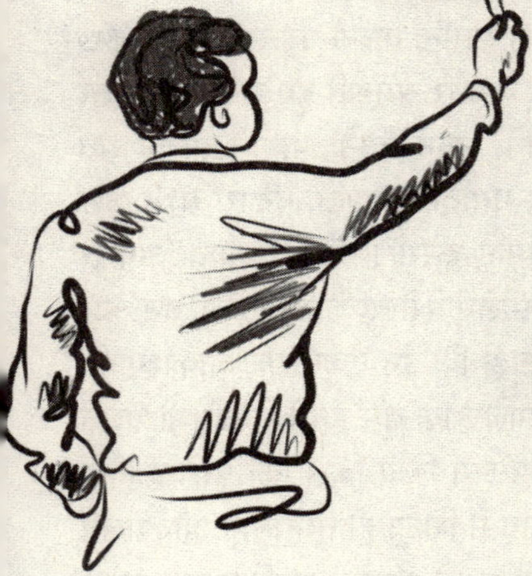

डॉटर्स डे पर बेटियों के नाम खत

मेरी नन्हीं परियों, श्रेया और शगुन,

आज डॉटर्स डे पर तुम्हारे लिए मैं अपने मन के कुछ उद्गार व्यक्त करना चाहता हूँ। सबसे पहले तो एक पिता के रूप में तुम दोनों का शुक्रिया क्योंकि तुम्हारे होने से मैं खुद को एक बेहतर इंसान के रूप में पाता हूँ। तुम दोनों की मासूम उपस्थिति मुझे ज़्यादा संवेदनशील, भावुक और पूरी दुनिया की लड़कियों और महिलाओं के लिए जिम्मेदार बनाती है। तुम्हारे आने के बाद आज मैं जिस नज़रिये से जीवन और भविष्य को देखता हूँ वैसा पहले नहीं था और ये जो बदलाव है वो बहुत ही सुंदर है जिसे शब्दों में व्यक्त नहीं किया जा सकता। मेरे घर को अपनी नटखट हरकतों, सवालों, शिकायतों, झगड़ों, मासूम गतिविधियों से भर देने वाली परियों, कभी ना खत्म होने वाली डिमान्ड मशीनों और बात-बात में मुझे सीख देने वाली मेरी शिक्षिकाओं तुम्हारे बिना तो मुझे अब अपने अस्तित्व की कल्पना भी नहीं होती।

पर एक पिता के तौर पर इस मौके का प्रयोग मैं तुम्हें कुछ सीख देने के लिए भी करना चाहूँगा। मेरी प्यारी बेटियों ये दुनिया ऐसी नहीं है कि तुम्हारी मासूमियत और निश्छलता को उसी पवित्र भाव से ले। तुम्हें कदम-कदम पर दूसरों के कपट, छल और बदनीयती का सामना करना पड़ सकता है। कुछ लोग महज लड़की होने के कारण तुम्हें कमतर समझते हुए संरक्षक बनकर तुम्हारे लिए चलने-फिरने, हँसने-बोलने, उठने-बैठने, पहनने-सोचने सब कुछ तय करने का प्रयास करेंगे। मान, मर्यादा, संस्कृति, परंपरा सभी कुछ तुमसे पुरुष के मुकाबले ज़्यादा की उम्मीद करेंगीं। और ये ज़्यादा अक्सर तुम्हारी खुद की कीमत पर ही होगा। इसलिए मेरी बच्चियों खुद को तन और मन से खूब मजबूत बनाओ। इसलिए नहीं कि इन एकतरफा आकांक्षाओं, अपेक्षाओं को पूरा कर सको बल्कि इसलिए कि तुम इनमें से जो भी ग़लत लगे उसे नकार सको, जो भी तुम्हें सही लगे बिना किसी की परवाह किए कर सको। ज़िंदगी की इस अनिश्चित राह में शिक्षा ही तुम्हें सही और ग़लत की पहचान की समझ दे सकती है, वही सच्ची दोस्त है इसलिए खूब पढ़ाई करो और आत्मनिर्भर बनो। ऐसा नहीं है कि कोई भी सच्चा और विश्वास करने योग्य नहीं है। दुनिया अच्छे और सच्चे लोगों से भी भरी हुई है जिन पर विश्वास किया जा सकता है। बस तुम्हें खुद में वो क्षमता पैदा करनी है जो लोगों की परख कर सके, तर्क की कसौटी पर कस सके। एक बात और जान लो पढ़ाई सिर्फ स्कूल और कॉलेज में ही नहीं होती बल्कि ज़िंदगी भी हर कदम पर सीख देती है जिसे समझना उतना ही ज़रूरी है। हमेशा नये-नये लोगों से मिलना, उनकी विविधताओं को स्वीकार करना, ज़रूरत के हिसाब से लोगों की प्रंशसा और मदद करना खुद के विकास के लिए बहुत ज़रूरी है। जैसे ठहरा हुआ पानी गंदा हो जाता है वैसे ही संकीर्ण, तंग और कट्टर नज़रिया भी आत्मा को अपवित्र कर देता है। इसलिए बदलाव को स्वीकारना बहुत ज़रूरी है बस ऐसा करते हुए ऐतिहासिक अनुभवों से निकले मानवीय मूल्यों पर दृढ़ रहना होगा।

जानता हूँ कि अभी ये बातें समझने के लिए तुम बहुत छोटी हो। पर कुछ सालों में जब तुम दोनों बड़ी हो जाओगी तब इनमें से बहुत-सी बातें और इससे ज़्यादा भी खुद ही समझने लगोगी। जब तुम पैदा हुईं थीं तो परिवार, पड़ोस और रिश्तेदारों ने उतने उत्साह या स्वागत का भाव नहीं दर्शाया क्योंकि हमारे समाज में लड़का होने की ही ज़्यादा अहमियत है। पर मैंने और तुम्हारी माँ ने तुम्हें वैसे ही लाड़ प्यार से पाला है जिसका हक किसी भी संतान को है और हमें उम्मीद है कि तुम दोनों अपने होने को पूरी तरह सिद्ध करोगी। किसी दबाव में नहीं बल्कि सहज और सचेष्ट तरीके से। जीवन में ग़लतियाँ होंगी, असफलताएँ भी मिलेंगी पर उनसे हताश और निराश न होकर तुम्हें आगे बढ़ना होगा। संघर्ष हमें मजबूत बनाते हैं। सब कुछ उपलब्ध हो तो जीने में कोई मज़ा नहीं। कोशिश करके छोटी चीज़ भी पा लेने की जो खुशी होती है उसका कोई मुकाबला नहीं। इसलिए मेरी प्यारी बच्चियों अपना ख्याल रखते हुए और इन बातों को ध्यान में रखते हुए ज़िंदगी को भरपूर जियो। तुम्हारे पापा का आशीर्वाद हमेशा तुम्हारे साथ रहेगा। मुझे पता है तुम बेहतरीन दुनिया और ख़ुशहाल जिदंगी की हकदार हो।

तुम्हारा पापा

21

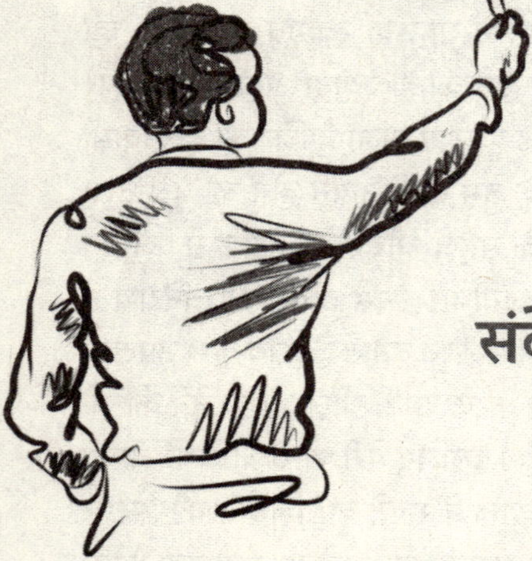

संवेदनाओं का अकाल

अख़बार में ख़बर पढ़कर तो दिल बैठ ही गया। दिलो-दिमाग़ में कई सवालों ने घेरा डाल लिया। नोएडा के एक आलीशान फ्लैट में बीस दिनों तक बंद रही बीमार और बूढ़ी औरत की लाश सिर्फ रिश्तों नातों ही नहीं बल्कि समाज के तौर पर हम सब के मुँह पर एक करारा तमाचा है। पुलिस बुलाने की जहमत भी पड़ोसी न उठाते अगर उनकी मतलबी दिनचर्या में लाश से उठने वाली बदबू ने खलल नहीं डाला होता। वास्तव में यह बदबू उस लाश की कम और समाज में दरकते-सड़ते मानवीय संबंधों की अधिक थी। एक बीमार और अकेली रहने वाली महिला जो बीस दिनों तक अपने घर के बाहर दिखाई न दे, उसके घर का दरवाजा अंदर से ही बंद रहे और आस-पास रहने वाले लोगों पर कोई फर्क न पड़े, सचमुच यह भयावह स्थिति है। हमें अपनी सामूहिक मानसिक स्थिति की पड़ताल की आपात ज़रूरत है। तमाम ऐशो-

आराम व सुविधाओं से संपन्न इस शिक्षित समाज को अपने इस वर्तमान भौतिक विकास और रहन-सहन पर प्रश्न उठाना ही होगा जिसने उन्हें अंदर से इतना खोखला बना दिया है। बूढ़ी औरत का पढ़ा लिखा लड़का जो बंगलुरू जैसे महानगर में बहुराष्ट्रीय कंपनी का उच्च पदस्थ वेतनभोगी है, शायद अब ख़ुश ही होगा। नाहक ही कभी-कभी वह बूढ़ी औरत जो दुर्भाग्य से उसकी माँ थी उसे अपनी बीमारी और अकेलेपन को लेकर फोन करती रहती होगी जो उसके व्यस्त दिनचर्या में बोझ ही रहा होगा। मरने से कुछ दिन पहले भी उसने अपनी किडनी की गंभीर हो गई बीमारी की बात बताते हुए उसे अपने पास बुलाया था। उसने आने का आश्वासन तो दे दिया था पर पहुँचा मरने के बाद ही वो भी जब पुलिस ने बुलाया।

यहाँ बूढ़ी औरत का वह बेटा बेशक ही लोगों को खलनायक दिख रहा है पर ऐसा करके हम अपनी खोखली सहानुभूति व कोरे आदर्शों को ढक नहीं सकते। आखिरकार उस कपूत और उन पड़ोसियों की निकृष्ट सामूहिक चेतना में पूरे समाज का ही अक्स दिखाई देता है। सड़क पर हादसे में हुए घायलों को समय पर अस्पताल पहुँचाने में मदद करने के बजाय उनका वीडियो बनाने, किसी विवाद में कोई पक्ष न लेकर तटस्थता के रूप में कायरता को अपना लेने, किसी भीड़ का हिस्सा बनकर तालिबानी न्याय का हिस्सा बन जाने, अपने से कमज़ोर और निरीह लोगों को इंसान ही न समझने जैसे अनेक अमानवीय अवगुण हमारी सामाजिक पहचान का तेज़ी से हिस्सा बनते जा रहे हैं। ऐसा नहीं है कि पहले हमारा समाज दूध का धुला था और ऐसी कोई ग़लत घटना या व्यवहार होते ही नहीं थे। किंतु पहले समाज और संस्कृति में मौजूद बहुत-सी संरचनाएँ व प्रक्रियाएँ इसका सशक्त प्रतिकार ही नहीं करती थीं बल्कि इन्हें होने से रोकने की भरसक व्यवस्था भी करती थीं। दो दशक पहले तक भी मुझे याद है कि संयुक्त परिवारों में भाईयों और उनकी पत्नियों के बीच लाख अनबन होने पर भी घर में माँ-बाप के जीवित रहते संपत्ति के बंटवारे को बहुत बुरा माना जाता था। यह सोच संस्कृति में निहित माँ-बाप के सम्मान को तो दर्शाती ही थी बल्कि इससे लोगों को रिश्तों में रहते हुए त्याग

करने, सामंजस्य बनाने और एक दूसरे के विचारों को समझने व सहिष्णु रहने की सीख भी मिलती थी। एक बार मेरे गाँव में एक व्यक्ति ने नशे में अपने माता-पिता को भला बुरा कह दिया तो पड़ोसियों और बाकी गाँव वालों ने न केवल उसे धिक्कारा बल्कि बाद में दबाव डालकर उसे माफी माँगने और नशा छोड़ने पर भी मजबूर किया। आज इन्हीं पारिवारिक और सामाजिक मूल्यों के क्षरण का खामियाजा हमें इन घटनाओं के रूप में भुगतना पड़ रहा है।

अब समय आ गया है कि एक समाज के रूप में हम इस पर खुलकर बहस करें और अपनी अंतरात्मा में झाँकें। हमें शिक्षा व्यवस्था सहित समाज के प्रत्येक हिस्से व संस्थाओं पर प्रश्न उठाते हुए उनकी पुनर्रचना करनी होगी। मानवीय संवेदनाएँ जिनका आपसी संबंधों में अकाल-सा पड़ गया है उन्हें फिर से जीवन के हर हिस्से में रोपना होगा। हाल ही में दिल्ली सरकार ने एक स्वागत योग्य कदम के रूप में, अपने विद्यालयों में 'खुशी की पाठ्यचर्या' को लागू किया है। इसमें बच्चे रोज़ाना एक पीरियड न केवल तनाव रहित होने और स्वयं को अभिव्यक्त करते हुए प्रसन्न रहने का अभ्यास करते हैं बल्कि 'आभार', 'कृतज्ञता', 'प्रेम', 'लगाव', 'करुणा' जैसे अनेक मानवीय भावनाओं व मूल्यों को पहचानते हुए उनका अनुभव प्राप्त करने का अवसर भी प्राप्त करते हैं। निस्संदेह यह एक सकारात्मक, उपयोगी और समयानुरूप बदलाव है। हालाँकि इसकी प्राप्तियों का आकलन लंबे समय में ही हो पाएगा। पर इतना तो स्पष्ट ही है कि हमें इस दिशा में सचेष्ट और बहुआयामी तरीके से काम करना होगा। मीडिया, स्कूल, राजनीति, जन आंदोलन आदि सबको ही मिलकर इस दिशा में बढ़ना होगा। आखिर मानवीय संवेदनाओं के अभाव में कोई समाज चल भी कैसे सकता है?

22

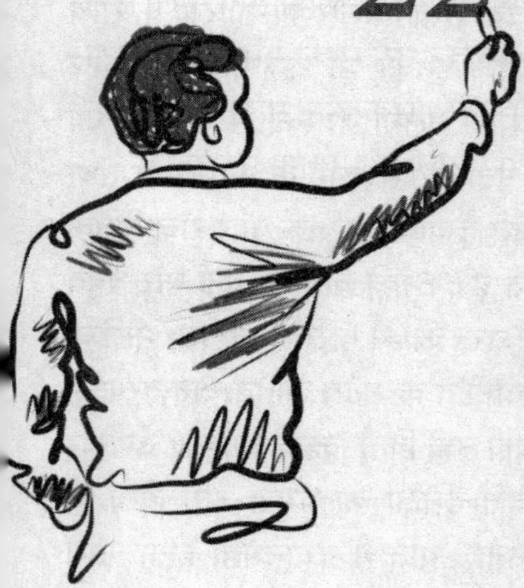

बच्चे और राजनीति

अक्सर माना जाता है कि बच्चे कम उम्र, अनुभव, सहज-सरल समझ आदि के कारण राजनीति से कोई वास्ता नहीं रखते और यह बड़ों का क्षेत्र है। चुनावी राजनीति के सबसे महत्त्वपूर्ण खिलाड़ी राजनीतिक दल भी इस पर उदासीन दिखते हैं। अधिकतर दलों के एजेण्डे में बच्चों का जिक्र लगभग न के बराबर होता है। शायद ऐसा इसलिए है कि वे मतदाता नहीं हैं। चूँकि उनके पास वोट देने का अधिकार या बड़े स्तर पर प्रभावित करने की संगठित शक्ति नहीं है, इसलिए उन पर कोई बात करने की ज़रूरत भी नहीं है। पर क्या सच में राजनीति में बच्चों पर बात किये जाने की कोई ज़रूरत नहीं है? क्या बच्चे राजनीति में कोई रुचि नहीं रखते? उनके हित-अहित समाज और राजनीति के स्तर पर परिलक्षित नहीं होने चाहिए? दुनिया का सबसे बड़ा लोकतांत्रिक राष्ट्र-राज्य और बच्चों की आबादी वाला देश आखिर

चुनावों में अपने बाल नागरिकों और भावी मतदाताओं को लेकर उदासीन या लापरवाह कैसे हो सकता है?

एक शिक्षक के रूप में बच्चे-बच्चियों तथा किशोर-किशोरियों के साथ काम करते हुए मैंने अनुभव किया है कि इनकी भी राजनीति को लेकर समझ और रुचि होती है। हालाँकि इसकी तुलना वयस्कों से नहीं की जा सकती। वे देश के राजनीतिक दलों, नेताओं, सरकार के कामकाज तथा राजनीतिक मुद्दों पर आपस में बात करते हैं या सामाजिक और राजनीतिक विज्ञान की कक्षा में अपने विचार रखते हैं। उनकी बातों में कई बार बहुत गहराई भी होती है। वे भी हम बड़ों की तरह अपने परिवार, पड़ोस, मीडिया आदि से प्रभावित भी होते हैं। उन्हें राजनीति के सदैव जीवंत वातावरण से जोड़कर एक वृहद् समझ की ओर उन्मुख नहीं किया जाना चाहिये? आखिर लोकतांत्रिक शिक्षण-प्रशिक्षण को भी तो शिक्षा का प्रमुख अंग होना ही चाहिए। वैसे भी स्कूल 'हमारा प्रिय नेता', 'यदि मैं प्रधानमंत्री होता' जैसे अन्य राजनीतिक निबंध वर्षों से बच्चों द्वारा लिखने, याद करने और सुनाने की उम्मीद करते रहे हैं। सामाजिक विज्ञान की कक्षाओं में मॉनीटर के चुनाव या छद्म पोलिंग के द्वारा भी यह काम किया जाता रहा है, पर ऐसा तब होता है जब पूर्वनिर्धारित समयबद्ध पाठ का कक्षा में अध्यापन हो रहा हो। कभी भी पढ़ाने या आज के समय से इसे जोड़कर अभी प्रयोग कर पाने के लिये ज़रूरी लचीलेपन का अभाव बना हुआ है।

परिवार, स्कूल और समाज की तरह ही राजनीति भी बच्चों के सम्मानजनक व महत्त्वपूर्ण स्थान को लेकर उदासीन है। चुनाव में इनसे जुड़े मुद्दे गायब होते हैं। स्कूल, शिक्षा, खेल के मैदान, सही पोषण आदि जो बच्चों के जीवन में बहुत मायने रखते हैं, चुनावी वायदों से गायब हुआ करते हैं। किशोरियों के लिये माहवारी को लेकर जागरूकता, सेनेटरी पैड की सहज उपलब्धता, शारीरिक साफ-सफाई के महत्त्व जैसे मुद्दे तो वैसे भी हमारे समाज में सार्वजनिक चुप्पी का क्षेत्र रहे हैं और ये राजनीति में भी अनुपस्थित

दिखाई देते हैं। सोचिये अगर इन्हें राजनीति और चुनावी मुद्दों में जगह मिल पाती तो इन विषयों पर जो स्थिति आज है, क्या वही होती? शायद नहीं, क्योंकि तब सरकारों और प्रतिद्वंद्वी दलों के बीच इस पर बेहतर करने की होड़ होती। पर अभी तो राजनीतिक दलों की भाषा में भी किसी को बच्चा साबित करके उसे नीचा दिखाने, अपमानित करने व उपहास उड़ाने का चलन है। विरोधी दल के नेता को अपरिपक्व दर्शाने के लिये उसे बच्चा कह देना हम चुनावों में भी देखते रहे हैं जो वास्तव में हमारे संभावनाशील और रचनात्मक बच्चों का अपमान है।

बच्चे अपनी दिनचर्या में, आपस में खेलते हुए, समस्याओं को सुलझाने की प्रक्रिया में उपलब्ध व सीमित संसाधनों का बहुत तार्किक आबंटन व उपयोग करते हैं और मिलजुलकर निर्णय लेते हैं। उनकी यह प्रवृत्ति उन्हें उनकी प्रकृति में ही राजनीतिक सिद्ध करती है। आज पूरी दुनिया में इसे महसूस करते हुए मतदान की उम्र घटाने पर चर्चा हो रही है। सूचना के स्त्रोतों तक उनकी उपलब्धता आज के समय जितनी कभी नहीं रही। यह उनकी समझ को बहुत प्रभावित कर रहे हैं। मेरी सात साल की बेटी टीवी पर नेताओं को देखते ही उनके नाम और पद का उच्चारण शुरू कर देती है। वह उन पर कुछ वैसी ही टिप्पणियाँ करती है जैसा हमें घर में बातचीत करते हुए सुनती है। इससे सिद्ध होता है कि वह अपने परिवेश का गहरा अवलोकन ही नहीं करती बल्कि उससे सीखती भी है। चुनावी व राजनीतिक परिदृश्य में बच्चों पर व्याप्त चुप्पी हैरान और परेशान करने वाली है। हालाँकि इस निराश करने वाले माहौल में भी दिल्ली जैसे सीमित अधिकारों वाले राज्य में सरकार द्वारा शिक्षा और बच्चों के कल्याण के लिए किये जा रहे कार्य, बजट के बड़े हिस्से का इस पर आबंटन, आम आदमी पार्टी द्वारा इसे चुनावी मुद्दा बनाये जाने का प्रयास उम्मीद जगाता है। पर लगता है कि अभी मुख्यधारा की राजनीति में बच्चों को स्थान पाने में समय लगेगा।

23

आरक्षण, विविधता, प्रतिनिधित्व और सम्मान

कुछ मुद्दों पर हमेशा बहस चलती रहती है। किसी भी जीवंत और लोकतांत्रिक समाज में बहस चलते रहना कोई बुरी बात नहीं है। यह समझ को निखारने और नज़रिया विकसित करने में मदद करती है। हाल ही में दोस्तों के साथ आरक्षण के विषय पर बहस चल पड़ी। हमारे एक साथी आरक्षण के खिलाफ अपना मत बहुत ज़ोर देकर रख रहे थे। वे इसे योग्यता या मेरिट के खिलाफ बताते हुए 'अयोग्य' लोगों की पक्षधर नीति की संज्ञा से नवाज रहे थे। हालाँकि एक तरफ वो इसका विरोध कर रहे थे, वहीं गरीबी के आधार पर इसका प्रावधान किये जाने की हिमायत भी कर रहे थे। इसी बहस में एक दो साथी इसे जातीय विषमता को दूर किये जाने के हथियार और दलित-वंचित समुदायों के अधिकार के रूप में प्रस्तुत कर रहे थे। किंतु एक अन्य साथी के द्वारा दिये गये तर्कों ने हमें सोचने का नया सिरा और आधार प्रदान किया।

उस साथी का कहना था कि 'आरक्षण कोई गरीबी निवारण योजना या अभियान का हिस्सा नहीं है, उसके लिये पहले से ही कई योजनाएँ सरकारें चला रहीं हैं। वास्तव में आरक्षण विविधता के प्रतिनिधित्व को साकार करने का माध्यम है। प्रतिनिधित्व उन लोगों का जो फैसले लेने, एजेंडा सेट करने, प्रभावित कर पाने जैसी स्थितियों से सदियों तक दूर रखे गये और जिनका शोषण होता रहा।' उनका यह भी कहना था कि आरक्षण को समाज में बहुत नकरात्मक रूप से देखा जाने लगा है और 'अयोग्यता' के पर्याय के रूप में रखा जाने लगा है, इसीलिये इसे विविधता के प्रतिनिधित्व के रूप में देखे और समझाये जाने की ज़रूरत है।

उनके द्वारा उपलब्ध कराये गये तर्क देर तक दिलो दिमाग़ में कौंधते रहे। मुझे एक घटना याद आ गई जो यह बताती थी कि जीवन के विविध क्षेत्रों और कार्य स्थलों पर विविधता की उपस्थिति माहौल को मानवीय, सहज और गरिमामयी भी बनाती है। बात उत्तर प्रदेश में मुजफ्फरनगर दंगे के समय की है। हमारे विद्यालयी स्टाफ में खाली समय और भोजनावकाश के दौरान दंगों पर गरमागरम बहस चला करती थी। सभी स्टाफ सदस्य बहुसंख्यक हिन्दू धर्म के थे। बहस में बहुत से सदस्य दंगे के लिये अल्पसंख्यक समुदाय के लोगों को दोष देते हुए उनके प्रति बिना जाने समझे अपने पूर्वग्रह प्रकट करते। कुछ ही इसमें विवेकपूर्ण बात करते। उसी बीच हमारे यहाँ तबादला लेकर एक ऐसे शिक्षक का आगमन हुआ जिनका नाम कुछ ऐसा था जिससे उनके मुस्लिम होने का आभास होता था। इसके बाद लोगों ने वैसी धार्मिक विद्वेष की भाषा बोलनी बंद कर दी जैसा पहले बोला करते थे। कभी मुद्दा उठता भी तो बहुत मानवीय और संवेदनशील तरीके से लोग अपनी बात रखते। वह नये शिक्षक अपने काम से काम रखने वाले थे, ज़्यादा बात नहीं करते थे। कुछ दिनों बाद पता चला कि वह तो हिन्दू ही हैं। फिर धीरे-धीरे धार्मिक मुद्दों पर चलने वाली बहसें उसी स्तर पर आ गईं।

वैसे भी हममें से बहुतों ने अनुभव किया होगा कि अगर हमारे आस-पास विविध पृष्ठभूमि व परिस्थिति से जुड़े लोग होते हैं तो हमारा व्यवहार और बातचीत का तरीका अलग होता है। आसपास महिलाओं की उपस्थिति उनके

प्रति अधिक संवेदनशील बनाती है। दलित-वंचित समुदायों से तालुक्क रखने वाले सदस्यों से अलग प्रकार के जीवन अनुभव और दृष्टि प्राप्त होती है। विविध धार्मिक-सांस्कृतिक लोगों के साथ जुड़ने से हम अधिक संवेदनशील, सहिष्णु और व्यापक समझ वाले बनते हैं। इसका सबसे सीधा असर तो हमारे बातचीत के तौर-तरीकों में ही परिलक्षित होता है, क्योंकि तब दूसरों की भावनाओं और गरिमा को ध्यान में रखकर बोला जाता है। जबकि एक जैसी पृष्ठभूमि के लोगों के बीच इसकी संभावना कमज़ोर होती है। जैसे बहुत से प्रचलित महिला विरोधी लतीफे महिलाओं के सामने सुनाने के लिये कोई भी सौ बार सोचेगा।

विविधता के प्रतिनिधित्व के महत्त्व को दर्शाने के लिये एक किस्सा बहुत प्रचलित है। अमेरिका में एक बार श्वेत-अश्वेत समुदायों के बीच भयंकर दंगा फैला हुआ था। एक मीडिया समूह के पत्रकार जो कि सभी श्वेत थे, सबने डर के मारे दंगों की रिपोर्टिंग के लिये दंगा प्रभावित इलाकों में जाने से इंकार कर दिया। मजबूरी में एक अश्वेत टाइपिस्ट को रिपोर्टिंग के लिए भेजा गया। उसकी भेजी रिपोर्ट को बहुत बड़े पैमाने पर पढ़ा गया और प्रंशसा मिली। दरअसल पहली बार ऐसे मामलों में अश्वेतों का पक्ष भी उभरकर आ पाया। इस घटना ने मीडिया न्यूज़ रूम सहित सभी क्षेत्रों में वंचित अश्वेतों के प्रतिनिधित्व को रेखांकित किया और इसके लिए वहाँ काम भी किया गया। आज प्रत्येक कार्य क्षेत्र में वहाँ पर्याप्त विविधता की स्थिति दिखाई देती है।

भारत में आरक्षण की व्यवस्था के बावजूद अभी भी उच्च पदों और विविध क्षेत्रों में कुछ ही समूहों का दबदबा है, दलित-आदिवासी-अल्पसंख्यक और महिला प्रतिनिधित्व बहुत कम है। सरकारी नौकरियों, प्रतिनिधि संस्थाओं, उद्योग-धंधों, ठेकेदारी, प्राइवेट सेक्टर सहित सभी क्षेत्रों में विविधता के प्रतिनिधित्व की व्यवस्था हमारे देश और समाज के पक्ष में है। यह विमर्श को उम्दा बनाती है, इससे सभी की क्षमता बढ़ती है और सम्मान स्थापित होता है। वो समाज ज़्यादा एकजुट, लोकतांत्रिक और समृद्ध होगा जहाँ ऐसा हो पाये। हमारा संविधान तो इस भावना को समाहित किये हुए है ही, समाज और सरकारें भी खुले मन से इस ओर कदम बढ़ायें।

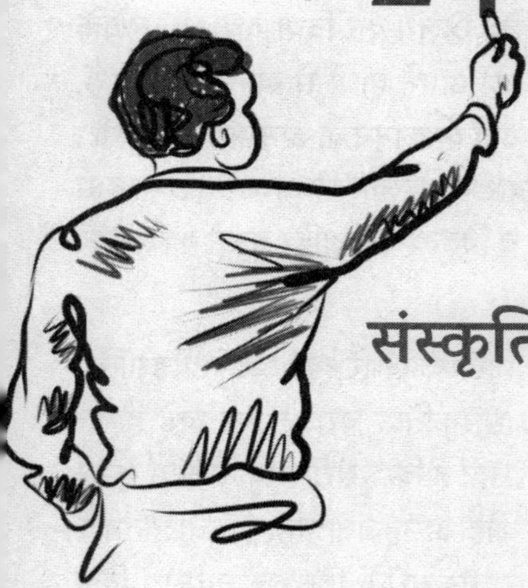

24

संस्कृतियों के घेरे में बचपन

जैसे ही अखबार में छपी यह ख़बर मैंने माँ को पढ़कर सुनायी, हैरानी और आश्चर्य से उसका मुँह खुला ही रह गया। ख़बर यह थी कि स्पेन में अदालत ने एक व्यक्ति को दो साल की कैद और दो लाख से अधिक का जुर्माना भरने की सजा सुनाई है। उस व्यक्ति का जुर्म यह था कि उसने अपने बेटे का खत खोल कर पढ़ लिया जिसे उसकी मौसी ने भेजा था। माना गया कि यह बच्चे की निजता के अधिकार का उल्लंघन है। मेरी माँ का कहना था कि, 'भला इसमें क्या बड़ी बात थी। अपने बच्चे के नाम आए खत को माँ-बाप क्यों नहीं पढ़ सकते, वह भी जब बच्चा दस वर्ष जैसी छोटी और अपरिपक्व आयु का हो। माता-पिता को अपने बच्चों से जुड़ी बातें जानने और उनके अच्छे-बुरे के बारे में सोचने का हक तो है ही।'

वास्तव में माँ की यह टिप्पणी हमारे अपने समाज और संस्कृति की समझ को ही दर्शा रही थी। मुझे याद है कि कुछ वर्ष पहले भी इससे मिलती-जुलती ख़बर ने हम भारतीयों को काफी उद्वेलित किया था। तब नार्वे में एक भारतीय दंपत्ति से उनकी बेटी को इसलिए अलग कर दिया गया था क्योंकि उन पर आरोप था कि वे अपनी बच्ची को अपने हाथों से खाना खिलाते हैं, अपने साथ बिस्तर पर सुलाते हैं जो कि वहाँ के कानून के अनुसार क्रूरता थी। जबकि हम भारतीय इस तरह के व्यवहार को बच्चों की अच्छी देखभाल से ही नहीं जोड़ते बल्कि इसे अपने मातृत्व व पितृत्व को जाहिर करने का तरीका भी समझते हैं।

वास्तव में बच्चों के अधिकारों से जुड़ी ये ख़बरें हमें अटपटी इसलिए लगीं क्योंकि हम एक बिल्कुल अलग सांस्कृतिक धरातल पर खड़े होकर इन्हें पढ़ और देख-सुन रहे थे। ऐसा भी नहीं है कि दूसरी संस्कृतियों में हमारे तौर-तरीकों को लेकर किसी तरह की कोई असहजता नहीं है। बल्कि नार्वे की घटना यह बताती है कि वहाँ हमारे तौर तरीके बिल्कुल नापसंद किए गए। अगर तटस्थ तरीके से समझने का प्रयास करें तो पश्चिमी देशों में बच्चों के अधिकारों और उनकी निजता को लेकर अतिवादी समझ काम करती हुई दिखाई देती है। लोकतांत्रिक अधिकारों के नाम पर बच्चों को बड़ों द्वारा मार्गदर्शित किए जाने, अच्छे-बुरे की सीख दिए जाने, आपस में भावनात्मक रूप से जुड़कर सीखने-सिखाने के अवसरों को कुंद कर दिया जाता है। बच्चों को उनकी शारीरिक-मानसिक परिपक्वता प्राप्त करने में बड़ों के सानिध्य व सहयोग की ज़रूरत होती ही है। इस प्रक्रिया में कभी-कभी आवेश में आकर बोलचाल या व्यवहार में कुछ ग़लतियाँ भी हो सकती हैं जिन्हें बाद में एहसास होने पर सुधार किए जाने का अवसर मिलना ही चाहिए। पर निजता के कठोर कानून इसकी छूट नहीं देते। ऐसी कठोरता के कारण अभिभावक भी बच्चों को ग़लत करने पर रोकने-टोकने या उन पर नज़र रखने से बचते ही होंगे। संभवतः अमेरिका जैसे देशों में कभी-कभी बच्चों द्वारा स्कूलों में बेरोकटोक बंदूक ले जाने, आवेश में आकर गोली चला देने जैसी घटनाएँ

इसलिए भी आम होती जा रही हैं। कुल मिलाकर यह व्यवस्था अलगाव, अकेलापन व बेगानापन पैदा करती है, जिसके कई दुष्परिणाम पूरे समाज को भुगतने पड़ते हैं।

इनके बरक्स यदि हम अपने समाज को देखें तो स्थिति कोई अनुकरणीय नहीं है। यदि पश्चिमी समाजों की तरह यहाँ अलगाव, विखंडन व अकेलेपन की समस्या उतनी गंभीर नहीं है तथा बच्चों व अभिभावकों के बीच इस तरह का कठोर अधिकार विभाजन नहीं दिखता है तो इसके कई नकारात्मक पक्ष भी हैं। हमारे समाज में बच्चों को बिल्कुल निर्भर-निरीह बनाकर रखने और उन पर अभिभावकों का संपूर्ण अधिकार मानने-समझने की एक अलग तरह की चरम स्थिति है। यह स्थिति भी बच्चों को एक स्वायत्त व सचेत नागरिक के रूप में विकसित व बड़े होने में बाधा पहुँचाती है। एक ऐसा नागरिक जो समाज में अपनी जिम्मेदारियों व अधिकारों के प्रति सजग होते हुए दूसरों की भिन्नताओं और जीवन दृष्टियों के प्रति सम्मान की भावना रखे। एक-दूसरे की निजता, अधिकारों और सांस्कृतिक पहचानों की कद्र करे। किंतु जब समाजीकरण की प्रक्रिया में ही नियंत्रित रखने और छोटे व बड़ों के बीच गैर बराबरी की इतनी सशक्त उपस्थिति हो तो भला बड़े होने पर लोकतांत्रिक चेतना से युक्त व्यक्तित्व कैसे विकसित होगा? यह नियंत्रित व निर्भर बचपन कहीं न कहीं वर्चस्व व नियंत्रण की प्रवृत्ति को ही पैदा करता है और अलोकतांत्रिक मूल्यों को बढ़ावा देता है।

संस्कृति से परे यहाँ एक बिंदु और विचारणीय है। जहाँ पश्चिमी देशों में पूँजीवादी-बाज़ारवादी लोकतंत्र ने नियंत्रण से परे बच्चों सहित सभी की स्वायत्तता और निजता को बढ़ावा दिया है वहीं भारत जैसे तीसरी दुनिया के देशों में इस व्यवस्था के प्रतिफल के रूप में बच्चों पर (बड़ी मात्रा में बड़ों पर भी) नियंत्रण व वर्चस्व को बढ़ावा दिया है। अपनी तमाम सीमाओं व कमियों के बावजूद कृषि आधारित पंरपरागत व संयुक्त परिवारों में बच्चों पर शिक्षा व बाज़ार की प्रतियोगी संरचना का उतना दबाव नहीं होता। बच्चों को अपने

जीवन में निर्णय लेने, परिणाम निकालने जैसी सशक्त भूमिका निभाने के ज़्यादा अवसर मिलते हैं। अभी दो-तीन दशक पहले तक हम बिना बड़ों की निगरानी के घंटों घर से बाहर घूमते या खेलते रहते थे। मवेशियों को चराने ले जाने के क्रम में स्वयं ही नये चारागाहों की तालाश करते। सफल होने पर खुद में आत्मविश्वास व सशक्त होने का अनुभव होता साथ ही बड़ों की प्रशंसा भी मिलती। स्कूल जीवन का हिस्सा तो थे, पर आज की तरह सब कुछ नहीं माने जाते थे। अधिक अंक लाने, हर वक्त प्रतियोगिता में रहने जैसे दबाव नहीं थे। पर यह स्पेस अब छिनता जा रहा है। पूँजीवादी बाज़ार व्यवस्था में जगह बनाने और प्रतियोगिता में टिके रहने की चाह ने पहले से मौजूद वर्चस्व आधारित सामंती प्रवृत्ति को बच्चों के मामले और बढ़ा दिया है। अब अभिभावक बच्चों की शिक्षा और कौशल विकास को सुनिश्चित करने के लिए उन पर दिन रात दबाव बनाए रखते हैं। बड़ी मात्रा में ट्यूशन, कोचिंग और हाबी कक्षाओं की उपस्थिति इसे ही दर्शाती है। बाज़ार में कुशल व सस्ते श्रम की उपलब्धता को सुनिश्चित करने की प्रक्रिया में पूँजीवादी व्यवस्था जहाँ तीसरी दुनिया के बच्चों पर दबाव बनाए हुए है वहीं मालामाल पश्चिमी देशों के बच्चों को अति छूट देकर उपकृत करने में लगी है। यह स्थिति भी अप्रत्यक्ष तरीके से उन बच्चों को हानि ही पहुँचा रही है।

हमारे समाज के बौद्धिक तबकों में भी बच्चों के अधिकारों को लेकर समझ का अभाव है। हाल ही में जब एक राज्य सरकार ने सुरक्षा के नाम पर स्कूलों में कक्षाओं के अंदर कैमरे लगाने की नीति पर अमल करने की बात कही तो इसका कई आधारों पर समर्थन या विरोध किया गया। पर तर्क देने वालों में अधिकतर प्रशासनिक दृष्टिकोण या शिक्षकों के नज़रिए से ही अपनी बात कह रहे थे। इनमें से बहुत कम ने बच्चों की निजता के उल्लंघन का मुद्दा उठाया। हमारे जैसे सामंती मनोवृति वाले समाजों में जहाँ बच्चों को वैसे ही अधिकार विहीन, निर्भर व पूरी तरह अपरिपक्व समझा जाता है और उन पर हमेशा नज़र बनाए रखने को अच्छे अभिभावक होने की निशानी माना जाता हो, वहाँ पर कैमरे नियंत्रण का हथियार ही बनेंगे। स्कूल में बच्चे माँ-बाप

की नज़र से दूर आपस में कई तरह की बाल सुलभ अंतःक्रियाएँ व बातचीत करते हैं और इससे सीखते भी हैं। कई बार शिक्षकों की अनुपस्थिति में वे ऐसी बातचीत व चंचलता भी कर जाते हैं जो बड़ों की नज़र में अवांछित व दंडनीय होते हैं। पर यह सब भी उनके अनुभव व सीखने की प्रक्रिया का हिस्सा है। कैमरे की निगरानी उनकी सहजता को छीनकर इस आधे-अधूरे स्पेस को भी छीन सकती है। पर बच्चों के अधिकारों को लेकर लगभग पूरी तरह अनभिज्ञ हमारे समाज में इस पक्ष पर शायद ही कोई गंभीर मंथन चला हो। स्कूल जोकि बचपन का अपरिहार्य हिस्सा बन चुके हैं अपनी पूरी संरचना में नियंत्रण, विभाजन और गैर बराबरी से गुंथे हुए हैं। पीरियड, विषय, परीक्षा, अनुशासन, परिणाम सब बचपन पर बोझ की तरह लदे हुए दिखते हैं। बच्चों के लिए अपनी समझ, रुचि, पसंद प्रकट करने के अवसर दिनोंदिन बहुत सीमित होते जा रहे हैं।

कहने का तात्पर्य यही है कि बच्चों और उनके जीवन को लेकर प्रचलित पश्चिमी और भारतीय समाजों की समझ वास्तव में दो विपरीत चरम को दिखाते हैं। खुशहाल बचपन की कल्पना, कामना और प्राप्ति इन दोनों तरह की अतियों को दूर करके ही की जा सकती है। संतुलित व सम्यक बचपन के लिए जहाँ पश्चिमी समाजों से हमें बच्चों को एक नागरिक के रूप में देखे जाने, उनकी निजता व अधिकार को सम्मान दिये जाने की सीख लेनी होगी वहीं ऐसा करते हुए अभिभावकों की उचित जिम्मेदारी, मार्गदर्शन, देखभाल करने की प्रेमपूर्ण प्रवृत्ति व अभिव्यक्ति को पर्याप्त महत्त्व देना होगा। ऐसा करके हम अकेलेपन, विखंडन व अलगाव की समस्या को दूर कर पाएँगे और साथ ही निर्भर बनाए रखने, नियंत्रण व वर्चस्व की मनोवृत्ति पैदा करने वाले सामाजीकरण के चक्र का खात्मा भी कर पाएँगे। संस्कृतियों के बीच की दीवार को तोड़कर उनके मध्य हमें ऐसे मानवीय पुल का निर्माण करना ही होगा जिस पर से गुजरने वाला बचपन बेहतरीन हो।

25

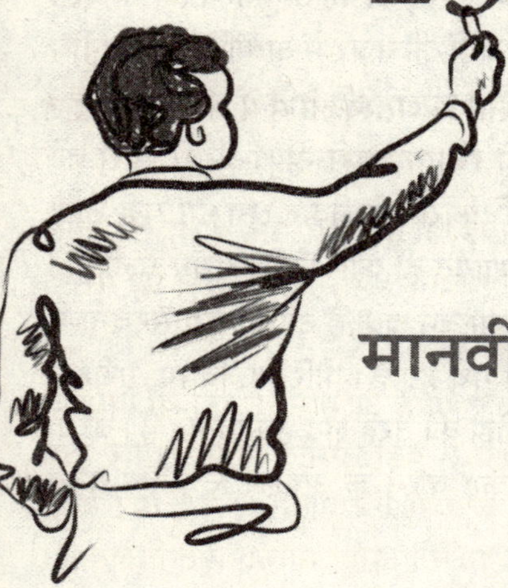

मानवीय शिक्षा की ज़रूरत

चौकीदार ने जब सोलह-सत्रह साल के उस लड़के को सही जगह पर गाड़ी खड़ी करने को कहा तो वह सीधे बदतमीज़ी पर उतर आया। उसे ऐसा लग रहा था कि चौकीदार उससे बहुत छोटे स्तर का व्यक्ति है। इसलिए उसकी हैसियत उसे कुछ बताने-समझाने की नहीं है। कुछ देर की हुज्जत के बाद वह अपनी मनमर्जी चलाते हुए गाड़ी ग़लत जगह पर ही खड़ी करके निकल गया। चौकीदार काफी देर तक बड़बड़ाता रहा। वहीं से गुजरते रहे हुए मैं इस वाकये को देख रहा था। चौकीदार से मैंने पूछा कि, 'क्या हुआ बाबा?'

झुंझलाते हुए वह बोला, 'मत पूछो साहिब, आजकल के बच्चों को जाने क्या हो गया है! छोटे या बड़े किसी उम्र के आदमी की कोई इज्जत नहीं है इनकी नज़र में। इतने अच्छे स्कूल में मखीजा जी ने इस लड़के का दाख़िला कराया है। पर क्या फ़ायदा? न तो इसके पास तमीज़ है न व्यवहार।'

‘पर स्कूल में सही तमीज़ और व्यवहार सिखाते हैं, ये आपको कैसे पता?’ मैंने बस ऐसे ही पूछ लिया। शायद मैं नहीं मेरे अंदर का शिक्षक पूछ रहा था।

चौकीदार थोड़ी हैरानी के साथ बोला, ‘अगर स्कूलों में ये भी नहीं सिखाते तो फिर क्या सिखाते हैं? इतना तो करना ही चाहिए उन्हें।’

मैंने फिर पूछा, ‘आपने कितनी पढ़ाई की है बाबा?’ वह बोला, ‘मैं स्कूल गया होता तो साहिब यहाँ थोड़ी होता। गाँव के एक भलमानस ने घर पर ही गिनती और हिंदी पढ़ना सिखा दिया था।’

इस पूरी बातचीत से मुझे यह भली-भाँति आभास हो रहा था कि एक साधारण व्यक्ति की स्कूलों और शिक्षा से बड़ी उम्मीदें होती हैं। पर क्या हमारी शिक्षा व्यवस्था इन अपेक्षाओं को पूरा कर पाती है? कई बार बहुत पढ़े-लिखे व्यक्ति भी सामाजिक व्यवहार में फिसड्डी साबित होते दिखते हैं। बहुत सी सामाजिक बुराइयाँ, दंभ और रूखापन अक्सर उनके व्यवहार से झलकता दिखता है। हमें ठहरकर देखना होगा कि हमारी पाठ्यचर्या और शिक्षणशास्त्र में सही ढंग से जीने एवं व्यवहार करने की सीख देने की कितनी गुंजाइश है?

गहराई से देखने पर शिक्षा में जहाँ इन उचित सामाजिक व्यवहारों और जीवन कौशलों पर बहुत कम बात होते दिखती है, वहीं कुछ ग़लत संदेश भी प्रसारित होते हुए दिखते हैं। बहुत सी सामाजिक-आर्थिक अव्यवस्थाएँ इनसे ही जन्म लेती हैं। जैसे, अर्थशास्त्र विषय को पढ़ते और पढ़ाते हुए लगभग हम सबने इस वाक्य को दुहराया और स्वीकार किया है कि, ‘आवश्यकताएँ असीम हैं और संसाधन सीमित।’ पर क्या यह सच है? हमने कभी अपनी असीमित व बढ़ती जा रही आवश्यकताओं की ज़रूरत पर शायद ही प्रश्न खड़ा किया हो। बाज़ार और प्रतियोगी अर्थव्यवस्थाओं के इस दौर में तो इसे हर ओर से बढ़ावा ही मिला है। पर क्या हमें अपनी आवश्यकताओं की सीमा नहीं तय करनी चाहिए? क्या यह वाक्य एक गहरे असुरक्षाबोध को जन्म नहीं देता जिससे संचय, संग्रहण, उपभोग और प्रतिद्वंद्विता को बढ़ावा मिलता है?

प्रकृति से मिलने वाली चीज़ें वास्तव में अमूल्य होते हुए भी मनुष्य को मुफ़्त में ही तो मिलती हैं। क्या फसल उपजाने, खनिज-आवास उपलब्ध कराने के बदले धरती ने हमसे कभी कुछ माँगा है? वस्तुओं की जो भी कीमत तय होती है वो वस्तुतः मानव के श्रम, नियोजन, समय व निवेश के सापेक्ष होती है। प्रकृति स्वयं कुछ नहीं लेती, वो तो बस देती है। पर हम मनुष्यों ने प्रकृति की इस व्यवस्था का ग़लत फायदा ही उठाया है। गाँधी जी ने इसे बहुत अच्छे से समझ लिया था, तभी तो उन्होंने कहा था कि 'प्रकृति के पास हमारी आवश्यकताओं को पूरा करने के लिए पर्याप्त संसाधन है लेकिन लालच को नहीं।' यदि इस लालच को छोड़ दिया जाए तो मानना पड़ेगा कि संसाधन सीमित नहीं पर्याप्त हैं। पर शिक्षा द्वारा न केवल इस संदेश को नकारा जा रहा है बल्कि एक ग़लत सीख भी लगातार परोसी जा रही है। पिछले दिनों मध्यस्थ दर्शन के अध्ययन के दौरान वस्तुस्थिति और घटनाओं को देखने-समझने के इस भिन्न दृष्टिकोण से मेरा परिचय हुआ। इस सीमा को हम प्रत्येक उपलब्ध विषय की समझ में देख सकते हैं।

यदि पूरी प्रकृति सहअस्तित्व में अस्तित्वमान है तो मनुष्य का व्यवहार इससे अलग क्यों होना चाहिए? वास्तव में इससे विचलन ही सभी समस्याओं की जड़ है। शिक्षा का प्रमुख लक्ष्य इस सहअस्तित्व की समझ विकसित करते हुए इसके अनुकूल आचरण को प्रतिष्ठित कराना ही होना चाहिए। अपनेपन के विस्तार, करुणा, समानुभूति, तर्क और विवेक से युक्त व्यवहार ही इस समाज और व्यवस्था के लिए वांछनीय व वरेण्य है। इसके होने से तमाम विकृतियाँ स्वयं ख़त्म हो जाएँगी। प्रिय-हित-लाभ से संचालित नहीं, न्याय-धर्म-सत्य से पूर्ण जीवन हमारा लक्ष्य है। यहाँ मानव होने का स्वाभाविक आचरण ही धर्म है। सार्वभौम मानवीय आचरण के लिए सार्वभौम मानवीय शिक्षा की ज़रूरत है, जो सबको समान रूप से हासिल हो। इसी में हम सबका हित है। तो चलो, हम इस ओर बढ़ें।

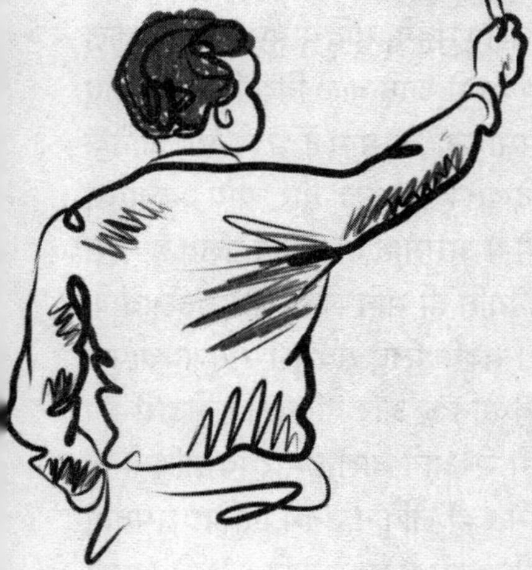

26

मंतव्यों के पीछे

शिक्षकीय पेशे में होने के कारण शिक्षकों से बातचीत के भरपूर अवसर मिलते रहते हैं। जब भी सरकारी स्कूल के शिक्षकों को अपनी कक्षा या विद्यार्थियों पर बात करते हुए सुनता हूँ तो उनसे लगभग एक जैसी बातें सुनकर हैरानी होती है। जो कथन अक्सर कहे और दुहराए जाते हैं, वो हैं- 'हमारे विद्यार्थी बहुत गरीब घरों से आते हैं...उनकी परिस्थितियाँ बहुत अलग हैं' और ये बच्चे पहली पीढ़ी के अधिगमकर्ता (फर्स्ट जेनरेशन लर्नर) हैं।' साधारण से लगने वाले इन वक्तव्यों में मुख्य मंतव्य भले ही अपने काम के महत्त्व को दर्शाना हो पर इनमें कई अनकहे लेकिन आसानी से समझ लिए जाने वाले संदेश भी अंतर्निहित होते हैं, जिनका लब्बोलुआब यही होता है कि 'घर की परिस्थिति अनुकूल न होने से ये बच्चे पढ़ते-लिखते नहीं या पढ़-लिख नहीं सकते।'

दरअसल 'गरीब' जैसे शब्द के आवरण में इन बच्चों की अनंत संभावनाओं, विविध क्षमताओं, उनके जीवन के संघर्षों को ढक दिया जाता है। पिछले कुछ दशकों में ये द्वैध लगभग स्थापित हो चुका है कि संपन्न व अमीर तबके से आने वाले विद्यार्थियों के लिए महंगे, सुविधासंपन्न निजी स्कूल हैं और गरीब या साधारण आर्थिक पृष्ठभूमि से आने वाले विद्यार्थियों के लिए एकमात्र विकल्प सरकारी स्कूल हैं। संसाधनों के मामले में ये सार्वजनिक स्कूल महंगे निजी स्कूलों से बहुत पीछे दिखते हैं। समता और न्याय आधारित समाज के लक्ष्य वाले लोकतांत्रिक देश में ये असमान विभाजन ग़लत है। इस विभाजन को गरीब घरों के बच्चों की नियति ही मान लेना और बदलाव के लिए प्रयास न करना और भी ग़लत है। सबके लिए सर्वसुलभ गुणवत्तापूर्ण शिक्षा उपलब्ध कराना सरकारों की संवैधानिक और नैतिक ज़िम्मेदारी है। आज की परिस्थितियों में गरीब पृष्ठभूमि से आने वाले हमारे विद्यार्थियों के लिए विकल्प और अवसर भले ही सीमित हों लेकिन उनमें निहित क्षमताएँ और संभावनाएँ अनंत होती हैं। सरकारी स्कूलों में पढ़ने वाले ये बच्चे अपनी पारिवारिक परिस्थितियों और उनसे जुड़े रोज़मर्रा के संघर्षों के कारण जीवन से अधिक जुड़े होते हैं। घर, परिवार और समाज में इनकी सीधी सहभागिता होती है। भले ही ये कोई वरेण्य स्थिति नहीं है, लेकिन इन सबसे इनकी जीवन की व्यवहारिक समझ तो अच्छी हो ही जाती है।

इसके बरक्स सब कुछ उपलब्ध करा दिए गए उच्च और मध्यवर्गीय बच्चों के पास ऐसे अवसर न के बराबर उपलब्ध होते हैं। जीवन के संघर्षों से दूर, आरामदायक और सुरक्षा से भरपूर जीवन जी रहे इनके अभिभावकों में अपने बच्चों के लिए अपने जैसे ही या इससे भी बढ़कर जीवन स्थितियों की चाह होती है। अपनी स्थिति को बनाए रखने और इसे बढ़ाते रहने के लिए इन अभिभावकों में निरंतर बच्चों पर नज़र रखने, प्रतियोगिताओं में सफल होने के लिए टोकाटोकी करके उन पर दबाव बनाए रखने और सुरक्षा की चिंता से नियंत्रण करने की प्रवृत्ति अधिक होती है। इस प्रक्रिया में जीवन के स्वाभाविक आनंद और चुनौतियों से उन्हें काट दिया जाता है। इसलिए

ये बच्चे जीवन और उसकी परिस्थितियों से भी उतने भिज्ञ नहीं हो पाते हैं। रोज़मर्रा की समस्याओं से इनका कोई सार्थक वास्ता नहीं हो पाता।

सरकारी स्कूल के कुछ बच्चे सब्ज़ी बेचने, पार्ट टाइम नौकरी करने, घरेलू कामों में हाथ बंटाने जैसे काम भी करते हैं। ये सब जाने-अनजाने उनके संज्ञान क्षेत्र को विस्तृत कर देता है। वे औपचारिक शिक्षा की रीढ़ लिखने-पढ़ने के कौशल में भले ही कुछ कम दिखते हों लेकिन जीवन से जुड़ाव में इनका कोई सानी नहीं होता। आख़िर फिर हमारे ये बच्चे शिक्षा में पीछे कैसे हो जाते हैं या हो सकते हैं? दरअसल हमारी वर्तमान शिक्षा ही जीवन से दूर है। हमारा समस्त शिक्षणशास्त्र (पेडागॉजी) उच्च और मध्यवर्गीय आकांक्षाओं व ज़रूरतों से संचालित हैं। अगर सरकारी स्कूलों के शिक्षक अपने शिक्षण के तौर-तरीकों को अपने विद्यार्थियों की ज़रूरतों और परिस्थितियों के अनुरूप ढाल पाएँ, शिक्षा की जीवन से दूरी घटा पाएँ तो इन बच्चों से बेहतर कोई नहीं हो सकता।

इसी तरह किसी भी पृष्ठभूमि से आने वाले विद्यार्थी को पहली पीढ़ी के अधिगमकर्ता की श्रेणी में रखना या इस रूप में उसे पहचानना, अकादमिक तरीके से उसे अपमानित करने के बराबर है। बंदर से मनुष्य के रूप में विकसित होने के क्रम में हमारी हर पीढ़ी ने संचित ज्ञानकोश में अपने अनुभव और अविष्कार से कुछ न कुछ जोड़ा ही है। ऐसा कौन होगा जिसकी पहली ही पीढ़ी ने सीखना शुरू किया हो? अधिगम की ये नितांत औपचारिक, तंग और आधुनिक समझ है। सीखना केवल स्कूलों में ही नहीं होता। जीवन की शाला में हर कोई सीखता ही रहता है। कभी स्कूल न गए मज़दूर, किसान, शिल्पकार आदि भी अपने कार्यक्षेत्र में बहुत कुछ सीखते रहते हैं। इतिहास में इन वर्गों का योगदान भी किसी से कम नहीं है। हाँ, स्कूली व्यवस्था ने एक सचेत, क्रमबद्ध और व्यवस्थित अधिगम प्रणाली को ज़रूर जन्म दिया है। आज की जटिल सामाजिक-आर्थिक व्यवस्था के अनुकूल अधिगम में स्कूली व्यवस्था एक अनिवार्य इकाई बन चुकी है। लेकिन इसका ये अर्थ नहीं है कि

इस व्यवस्था से अभी तक बाहर रहे लोगों को ये कहा जाए कि उनकी पहले की पीढ़ियों ने कुछ सीखा ही नहीं और स्कूलों से जुड़कर वे पहली पीढ़ी के अधिगमकर्ता हैं। ऐसे विशेषणों से बचना ही होगा। आख़िर कहे जाने वाले कथन और उनमें निहित मंतव्य समझ और प्रतिबद्धता को ही नहीं हमारे पूरे व्यक्तित्व को भी प्रगट करते हैं। ध्यान रहे, हमारी नई पीढ़ी हर तरीके से बेहतर की हकदार है, वो भी बिना किसी भेदभाव के।

खंड - V

नीतियों और क़िताबों में ताक झाँक

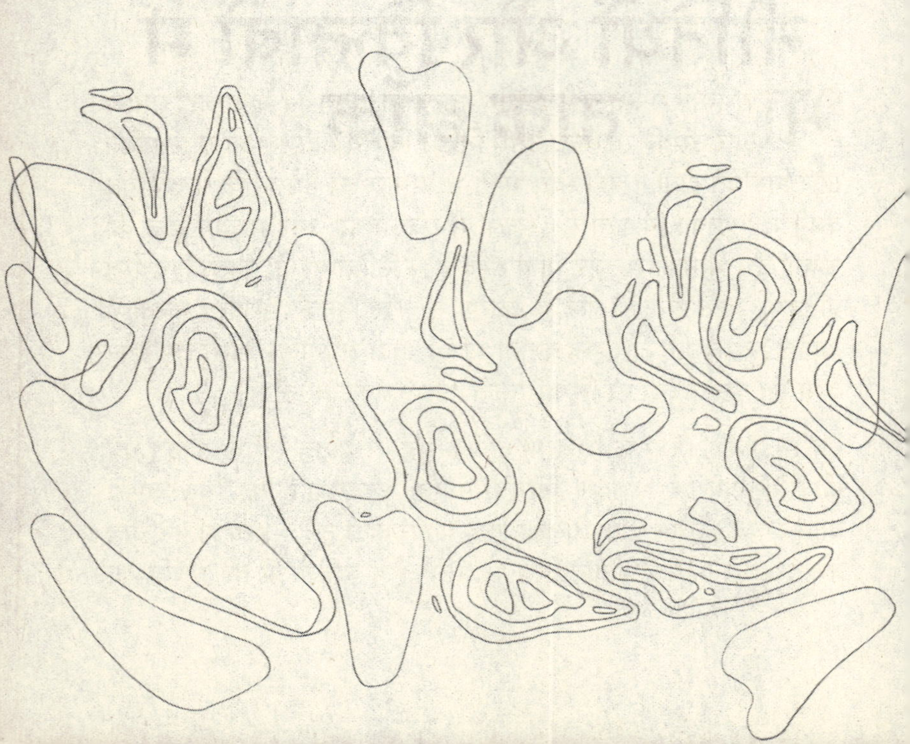

27

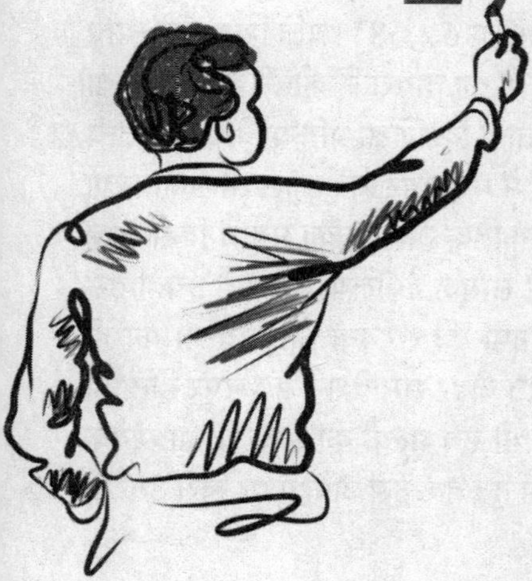

स्कूली भाषा में जेंडर समावेशन

भाषा हमारे अस्तित्व में केन्द्रीय महत्त्व का विषय है। भाषा जहाँ समाज और उसकी संरचना, उसमें निहित विविध अस्मिताओं से प्रभावित और निरूपित होती है वहीं स्वयं भाषा भी समाज को नये तरीके से रूपायित करने में भूमिका निभाती है। स्कूलों में एक विषय और माध्यम होने की अपनी द्वैध भूमिका से इतर भाषा संस्कृति में निहित मूल्यों, आदर्शों, वर्चस्व प्रतिरूपों आदि से जुड़ी होने के कारण न केवल इनको संचारित करती है अपितु इनसे बनती और इन्हें बनाती भी है। भाषा अपनी इस विस्तृत भूमिका के प्रमुख पक्ष के तौर पर लिंग संस्कृति को भी प्रकट करती है।

एन सी एफ, 2005 के शिक्षा में लैंगिक मुद्दे पर गठित राष्ट्रीय फोकस ग्रुप की स्थिति प्रपत्र में भाषा के विषय में स्पष्टतः कहा गया है कि, "यह जानना बहुत रुचिकर है कि भाषा में जेंडर किस प्रकार कूटबद्ध है। अन्य प्रतिनिधित्व की तरह ही भाषाई प्रतिनिधित्व भी समाज में महिलाओं की स्थिति का

परिचायक है। हमें अपने इस सामान्य सहजबोध पर प्रश्न करने की ज़रूरत है कि सभी सेक्स एक साझी भाषा के हिस्सेदार हैं। वर्तमान भाषा पितृसत्तात्मक और असमान शक्ति संबंधों से जुड़ी है। यदि भाषा इस तरह एक पक्षीय है तो इसे बदले जाने की ज़रूरत है।(2006, पृ 67,68)। यदि शिक्षा को न्याय का दायरा बढ़ाने तथा सामाजिक अन्यायों का दायरा सिकोड़ने वाली प्रक्रिया माना जा रहा है तो ऐसे में ज़रूरी हो जाता है कि शिक्षा प्रक्रिया के तमाम तत्व (जिसमें भाषा महत्त्वपूर्ण है) ऐसा करने में मददगार हों। स्कूल सामाजीकरण के प्रमुख यंत्र के रूप में भाषा रूपी सांस्कृतिक औजार का प्रयोग किस तरह करते हैं, इसे जानना और समझना भी समाज के लिये ज़रूरी है। यही इस अध्ययन का प्रमुख उद्देश्य है। मात्र भाषा की संरचना और स्वरूप का ही लोकतांत्रिक मूल्यों और समता आधारित जेंडर समावेशन से भरपूर होना ही काफी नहीं है अपितु उसके शिक्षण में भी इन मूल्यों का संचरण आवश्यक है। वर्तमान हिन्दी भाषा की पुस्तकें किस हद तक इस अपेक्षा पर खरी उतरती हैं यह देखना महत्त्वपूर्ण है।

अध्ययन की रूपरेखा

भाषा मानव जीवन के हर आयाम तक विस्तृत है। किंतु इस अध्ययन में इसे हिन्दी विषय के एनसीईआरटी की कक्षा 6 से 8 की पाठ्यपुस्तकों 'बसंत' के अंतर्वस्तु विश्लेषण और कक्षा की शिक्षण प्रक्रिया में इसके संचरित होने वाले स्वरूप के अवलोकन तक सीमित किया गया है।

अंतर्वस्तु विश्लेषण को निम्न बिंदुओं या कोटियों के अंतर्गत संपन्न किया गया है-

1. अंतर्वस्तु निर्माण और स्वरूप में लैंगिक प्रतिनिधित्व की स्थिति।
2. पुरुषत्व एवं नारीत्व मॉडल का प्रस्तुतीकरण और तुलनात्मक स्थिति।
3. चित्रों एवं प्रतीकों द्वारा परोसे जाने वाले जेंडर पहचान का स्वरूप।
4. पुस्तकों के भाषा की व्याकरणीय संरचना में अंतर्निहित लिंगभेद या लिंग समता की पहचान।

अध्ययन के दूसरे पक्ष जिसमें कक्षा कक्ष की शिक्षण अधिगम प्रक्रिया में संचारित होने वाली भाषा का अवलोकन किया गया है, को निम्न बिंदुओं पर संपन्न किया गया है-

1. जेंडर संबंधी पाठ्यसामग्री का कक्षा कक्ष में प्रयोग।
2. कक्षा में जेंडर संबंधी मुद्दों पर शिक्षक/शिक्षिका का व्यवहार।
3. जेंडर संबंधी मुद्दों पर विद्यार्थियों की प्रतिक्रिया व व्यवहार।
4. जेंडर समता-विषमता से जुड़ी संवेदनशीलता/असंवेदनशीलता की स्थिति का विश्लेषण।

उपरोक्त बिंदुओं के आधार पर विश्लेषण का चयन एनसीईआरटी द्वारा निर्मित जेंडर आधारित विश्लेषण टूल और कक्षा अवलोकन टूल को आधार बनाकर किया गया है। यद्यपि इसमें आवश्यकता अनुसार बदलाव भी किया गया है। यह अध्ययन विवरणात्मक अनुसंधान में गुणात्मक उपागम में है। यद्यपि कथन सिद्धि हेतु अल्प मात्रा में मात्रात्मक तरीका भी प्रयुक्त किया गया है।

अध्ययन का सैद्धान्तिक आधार

इस अध्ययन को संपन्न करने के लिए जिन सैद्धान्तिक परिप्रेक्ष्यों को आधार बनाया गया है उनका चुनाव करते समय इस बात को ध्यान में रखा गया है कि वह भाषा व उसकी संरचना तथा उसके द्वारा निर्मित की जाने वाली लैंगिक अस्मिता को तार्किक तरीके से डिकोड करे। इसके लिये मुख्यतः समाज भाषाविज्ञान द्वारा प्रदत्त विश्लेषणों तथा इसके अंतर्गत नारीवादी-उत्तर संरचनावादी, उत्तर आधुनिकतावादी दृष्टिकोण को आधार बनाते हुए आलोचनात्मक सिद्धांत व अन्वेषण के तौर-तरीकों के अंतर्वस्तु विश्लेषण कार्य किया गया है। इससे पाठ्य में निहित प्रछन्न मूल्यों और सार संदेशों को जाना जा सकता है जो प्रकट मूल्यों की तरह ही महत्त्वपूर्ण और सामाजीकरण के मुख्य संवाहक होते हैं।

अंतर्वस्तु विश्लेषण

1. अंतर्वस्तु की निर्माण प्रक्रिया और स्वरूप में लैंगिक प्रतिनिधित्व की स्थिति- लोकतंत्र की ही तरह भाषा में भी प्रतिनिधित्व का सवाल बहुत महत्त्वपूर्ण है। यह बताता है कि किसके अनुभवों व विचारों को सामान्य बनाकर प्रस्तुत किया जा रहा है। हिन्दी पाठ्यपुस्तकों 'बसंत' के विश्लेषण से निम्न स्थिति निकलकर आई-

    - पाठ्यपुस्तक निर्माण समिति में यदि लैंगिक प्रतिनिधित्व देखा जाए तो यह पुरुष वर्चस्व को प्रकट करती है। इसमें 75.6% पुरुष हैं तो वहीं महिलाएँ मात्र 21.95% हैं। बाकी की पहचान अस्पष्ट है।
    - पाठ्यपुस्तकों में शामिल अंतर्वस्तु की रचना करने वाले लेखक-लेखिकाओं या कवियों/कवयित्रियों की संख्या भी लगभग यही स्थिति दिखाती है। इसमें 76.47% पुरुष और 17.64% महिलाएँ हैं।
    - अंतर्वस्तु में शामिल पात्रों की संख्या में पहले दो बिंदुओं के मुकाबले लैंगिक प्रतिनिधित्व कुछ अच्छा है पर असमान ही है।

उपरोक्त आंकड़े स्पष्ट रूप से यह दर्शाते हैं कि अंतर्वस्तु निर्माण एवं संयोजन में स्पष्ट लैंगिक विभेद है।

2. पुरुषत्व एवं नारीत्व मॉडल का प्रस्तुतीकरण और तुलनात्मक स्थिति- अंतर्वस्तु विश्लेषण के अगले चरण में अध्ययन कर्ता द्वारा बसंत पुस्तकों में शामिल लैंगिक मॉडल को जाँचा गया है। इसे भी कुछ बिंदुओं को आधार बनाया गया है जैसे- संवाद विश्लेषण (कौन बोल रहा है, कौन प्रभावशाली स्थिति में है आदि), भौतिक संपत्ति का मालिकाना किसके पक्ष में है, वस्तुओं या जीव जंतुओं के मानवीकरण में निहित लैंगिक पैटर्न आदि।

अध्ययन में यह बात निकलकर आई है कि यह पुस्तकें परम्परागत लैंगिक भूमिकाओं का ही अधिकतर मामलों में पुनरूत्पादन करती हैं।

कक्षा 6 के पाठ 'नादान दोस्त' में समझदार भाई और नादान बहन का चित्रण हो या अभ्यास कार्य में लड़की को ही निम्नतर दिखाना हो, पाठ 'पार नज़र के' और 'अकबरी लोटा' की अनाम और निर्भर औरतें हो या पाठ 'दादी माँ' और 'मिठाईवाला' में निहित परदा प्रथा सभी यही दुहराते हुए दिखाई देते हैं। पाठ 'लाख की चूड़ी' और कविता 'कठपुतली' सभी में महिलाओं को नये बदलावों से परे पुराने अंदाज में ही परोसा गया है।

3. चित्रों-प्रतीकों में निहित जेंडर पहचान का स्वरूप- चूड़ी, गहने, वैधव्य, पर्दा सभी कुछ अपने परंपरागत अर्थ में ही आए हैं। सार्वजनिक स्थलों को चित्रों में पुरुष क्षेत्र के रूप में ही चित्रित किया गया है। असमान लिंग प्रतिनिधित्व तो है ही। जैसे कविता- 'झाँसी की रानी' में कवयित्री ने जाने अनजाने चूड़ी को स्त्री की स्वभाविक पहचान व सौभाग्य से जोड़ दिया है-

   'तीर चलाने वाले कर में उसे चूड़ियाँ कब भाई
   रानी विधवा हुई हाय विधि को भी नहीं दया आई।'

इसी तरह 'लाख की चूड़ियाँ' पाठ का यह कथन कि 'गोरी-गोरी कलाइयों पर लाख की चूड़ियाँ बहुत फब रही थीं।' और 'पूरा जोड़ा बना लेने पर वह उसे बेलन पर चढ़ाकर कुछ पल चुपचाप देखता रहा। मानो वह बेलन न होकर नववधू की कलाई हो 'अपने आप में गोरेपन के पक्ष में नस्लवादी से लगते हैं साथ ही युवतियों को घूरे और निहारे जाने योग्य मानने की संस्कृति को बढ़ावा देकर छेड़छाड़ जैसी घटनाओं को सामान्य बनाने को प्रोत्साहित करते हैं।

4. भाषा की व्याकरणीय संरचना में अंतर्निहित लिंगीय सत्ता : इसमें मानवीकरण, एकशेष प्रक्रिया, पुलिंग-स्त्रीलिंगीय वर्चस्व आदि की परख की गई है।

कविता 'वह चिड़िया' में चिड़िया को स्त्री रूप में वन पुरुष की सेवा में संलग्न दिखाया गया है। पाठ 'हिमालय की बेटियाँ' में पूरे पाठ में पितृसत्तात्मक संस्कृति में गौरवान्वित कन्यादान, बहुपत्नी प्रथा को उकेरा गया है। लोकगीत 'विदाई' में लड़की का स्वयं को ही विवश, पराधीन मानना और अपनी तुलना

पशु-पक्षी से करना कष्टप्रद दिखाई देता है। पुल्लिंग शब्दों में स्त्री लिंगीय पहचानों को समाहित मानकर चलने की प्रवृत्ति सभी किताबों में मज़बूती से जमी हुई है। कई पाठों में आदमी शब्द में बार-बार औरतों को समाहित मान लिया गया है। जबकि औरत कहते हुए हर जगह सिर्फ औरतों को ही संबोधित किया गया है। पुल्लिंग एकशेष की यह प्रक्रिया असमान लैंगिक परिस्थिति को ही बयाँ करती है। इसी प्रकार स्त्री लिंगीय शब्दों को पुलिंग शब्दों से व्युत्पन्न दिखाना साथ ही तुलनात्मक रूप से कमज़ोर, निर्भर, छोटे रूप में चित्रित करना असमान पहचान को बढ़ावा देते हुए प्रतीत होते हैं। सभी उत्पादक कार्य जहाँ पुरुषों से जुड़े हैं वहीं घरेलू कार्य महिलाओं के लिए आरक्षित किये गये हैं।

कक्षा शिक्षण प्रक्रिया का अवलोकन

अध्ययन के दूसरे चरण में प्रेक्षण कार्य के लिये तीन विद्यालयों जिसमें एक सह शिक्षा, एक बाल और एक बालिका विद्यालय शामिल है, में उद्देश्य की सुविधा अनुसार पाठों के शिक्षण का काल चुना गया। इनमें पाठ- *झाँसी की रानी*, *मिठाई वाला* और *लाख की चूड़ियाँ* शामिल थीं।

अध्ययनकर्ता द्वारा यह पाया गया कि अधिकांश समय शिक्षक/शिक्षिकाओं द्वारा सचेष्ट तरीके से समतापूर्ण जेंडर समावेशन का कोई अतिरिक्त प्रयास नहीं किया गया। सीमित या विषम जेंडर समावेशन वाली अंतर्वस्तु को बिना प्रश्न उठाये आगे बढ़ा दिया गया। इसके पीछे संभवतः जेंडर संवेदनशीलता के अनुरूप प्रशिक्षण की कमी भी कारण रही हो। उदाहरण के लिए मर्दानी शब्द को कविता में जिस साहस और वीरता के द्योतक के रूप में प्रयोग किया गया है उसी अर्थ में कक्षा में भी चलते रहने दिया गया। जबकि आलोचनात्मक चेतना उत्पन्न करने का यहाँ अच्छा अवसर हो सकता था।

प्राप्तियाँ और निष्कर्ष

राष्ट्रीय पाठ्यचर्या की रूपरेखा, 2005 और उससे जुड़े शिक्षा में लैंगिक मुद्दे पर गठित राष्ट्रीय फोकस ग्रुप के स्थिति प्रपत्र, 2006 दोनों में ही शिक्षा में नये और वांछित बदलावों की सिद्धि के लिए पाठ्यक्रम और पाठ्यपुस्तकों की भूमिका

को बहुत अधिक महत्त्व देती हैं। वर्तमान में स्कूलों में पढ़ाई जा रही हिन्दी की एनसीईआरटी की कक्षा 6, 7 और 8 की पुस्तकें 'बसंत' अपने प्रारंभिक पृष्ठ 'शिक्षक से' में यह दावा भी करती हैं कि 'यह किताब राष्ट्रीय पाठ्यचर्या की रूपरेखा, 2005 के आधार पर तैयार किये गये पाठ्यक्रम पर आधारित है। यह पारंपरिक भाषा शिक्षण की कई सीमाओं से आगे जाती है।'

हिन्दी भाषा की इन पुस्तकों के विश्लेषण से यह स्पष्ट होता है कि इन अपेक्षाओं और घोषणाओं पर यह किताबें खरी नहीं उतरतीं। जेंडर समावेशन का महत्त्वपूर्ण आयाम समतापूर्ण और न्यायपूर्ण लोकतांत्रिक प्रतिनिधित्व है जिसमें यह किताबें असफल रही हैं। पुरुष वर्चस्व की यह स्थिति सामान्यतः उनके ही अनुभवों को सामान्य सहज बनाकर प्रस्तुत करती है जो अंतर्वस्तु विश्लेषण में निकलकर आया है।

संवाद एवं संदर्भों के विश्लेषण में यह भी निकला है कि पुरुषत्व और नारीत्व के जिस मॉडल को यह भाषाई पुस्तकें परोसती हैं वह असमानता व पितृसत्तात्मक मूल्यों को बढ़ावा देती हैं। इनमें पुरुषों को उत्पादक, स्वायत्त, मालिक, ज्ञानी, सार्वजनिक छवि के साथ तो महिलाओं को घरेलू, निर्भर, अधीन, अज्ञानी व पारिवारिक जैसी पंरपरागत भूमिका में ही अधिकांशतः दर्शाया गया है। सभी चित्र व प्रतीक भी इसे ही दुहराते और पुष्ट करते हैं। भाषा की मूल प्रकृति और उसकी व्याकरणीय संरचना में ही लैंगिक विषमता व असमान समावेशन को देखा जा सकता है। जिसमें पुलिंग की स्त्रीलिंग पर श्रेष्ठता हर जगह दिखाई देती है। एकशेष प्रक्रिया में जहाँ स्त्रीलिंग का पुलिंग के अंदर ही विलोपन हो जाता है वहीं कई स्त्रैण शब्दों को पुलिंग से ही व्युत्पन्न दिखाकर उन्हें कमतर दर्शाया जाता है। पुस्तकें इसी प्रक्रिया को बिना बदले या प्रश्न उठाये आगे बढ़ाती हैं।

इस अंतर्वस्तु के कक्षा-प्रक्रिया में संचारित होने वाली स्थिति भी इसको ही आगे बढ़ाती है। बिना अतिरिक्त संवेदनशीलता दर्शाये या प्रश्न उठाये शिक्षक-शिक्षिकाए ज़्यादातर मामलों में अंतर्वस्तु को जैसा है उसी रूप में आगे बढ़ाते दिखाई दिए। भाषा के इस असमान समावेशन में एक बात और

भी रेखांकित की जा सकती है और वह है स्त्री-पुरुष से इतर लैंगिग पहचान को पूरी तरह से अनुपस्थित ही रखा गया है। तीसरे लिंग और एलजीबीटी पहचान के लोकतांत्रिक समावेशन की माँग, आन्दोलन और सरकार-समाज द्वारा इसे मान्यता दिए जाने के इस युग में इनकी अनुपस्थिति व इनको लेकर पूर्ण चुप्पी और भी ग़लत है। लैंगिक समावेशन की यह असमान स्थिति बदली ही जानी चाहिए।

संदर्भ सूची

1. अनामिका (2013), 'स्वाधीनता का स्त्री पक्ष', राजकमल प्रकाशन, दिल्ली।
2. आर्या, साधना एवं अन्य (2001), 'नारी राजनीति : संघर्ष एवं मुद्दे', हिन्दी माध्यम कार्यान्वयन निदेशालय, दिल्ली विश्वविद्यालय।
3. एप्पल, एम डब्ल्यू और बीन,ए (2000), 'लोकतांत्रिक स्कूल: कक्षा से सीखे सबक', राजकमल प्रकाशन, दिल्ली।
4. एनसीईआरटी (2006), 'राष्ट्रीय पाठ्यचर्या की रूपरेखा, 2005', एनसीईआरटी, नई दिल्ली।
5. एनसीईआरटी (2006), 'शिक्षा में लैंगिक मुद्दे पर स्थित प्रपत्र, 2006', एनसीईआरटी, नई दिल्ली।
6. कुमार, कृष्ण (2004), 'बच्चे की भाषा और अध्यापक' , नेशनल बुक ट्रस्ट, नई दिल्ली।
7. कुमार, कृष्ण (2014), 'चूड़ी बाज़ार में लड़की ', ग्रंथशिल्पी , दिल्ली।
8. कुमार, रवीन्द्र (2013), 'समान्तर दृष्टि की राह (रचनात्मक एवं वैचारिक परिदृश्य का स्त्री विवेक), यश पब्लिकेशन्स, नई दिल्ली।
9. गुटेक, गेराल्ड एल (2009), 'न्यू पर्सपेक्टिव आफ फिलॉसफी एन्ड एजूकेशन ', पियर्सन पब्लिकेशन्स।

10. दूबे, लीला (2012), 'लिंग भाव का मानव वैज्ञानिक अन्वेषण:प्रतिच्छेदी क्षेत्र, ग्रंथशिल्पी प्रकाशन, नई दिल्ली।

11. भसीन, कमला (2004), 'भला यह जेंडर क्या है?', जागोरी प्रकाशन, नई दिल्ली।

12. मिश्रा, दयानिधि और सिंह, दिलीप (2012), 'भाषा, संस्कृति और लोक', वाणी प्रकाशन, दिल्ली।

13. सिंह, सुधा (2008), 'ज्ञान का स्त्रीवादी पाठ', ग्रंथशिल्पी प्रकाशन, नई दिल्ली।

14. सिंह, दिलीप (2011), 'भाषा का संसार', वाणी प्रकाशन, नई दिल्ली।

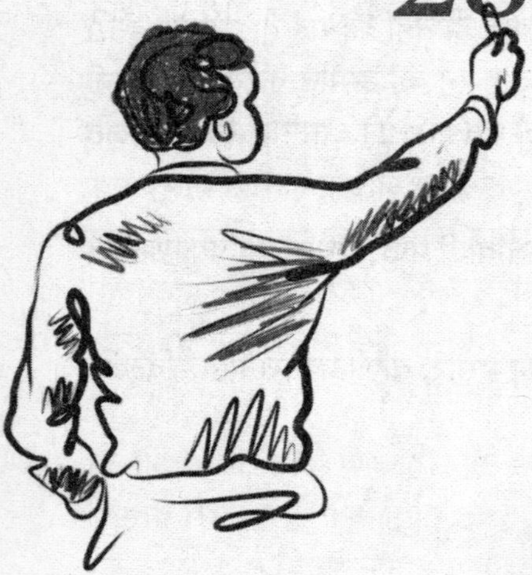

28

स्कूली पाठ्यचर्या में अनुपस्थित थर्ड जेंडर पहचान

एक शिक्षक के रूप में यह बात मैं दावे से कह सकता हूँ कि स्कूलों में अपनाई गई सभी विषयों की वर्तमान पाठ्यचर्या पहले की तुलना में अधिक समावेशी हो चुकी है। इसमें समाज के अलग-अलग समुदायों, संस्कृतियों, दृष्टिकोणों के साथ स्त्री, दलित, निम्नवर्गीय परिप्रेक्ष्य को भी स्थान मिला है। हालाँकि इन क्षेत्रों में और सुधार की गुंजाइश अभी भी है। पर मैं यहाँ समावेशन व प्रतिनिधित्व के नज़रिये से समाज में मौजूद एक विशेष पहचान की ओर ध्यान दिलाना चाहता हूँ जिसे पाठ्यचर्या के तमाम प्रगतिशील व लोकतांत्रिक कलेवर के बावजूद उपेक्षित ही रखा गया है। वह है 'तृतीय लिंग' यानी 'थर्ड जेंडर'। आश्चर्यजनक रूप से हमारी किताबों से इन लोगों को आज तक पूर्ण रूप से गायब रखा गया है। स्कूली माहौल में इन पहचानों को लेकर या तो चुप्पी पसरी रहती है या फिर घनघोर असहजता।

थर्ड जेंडर और विषमलिंगी रुझानों से इतर पहचान रखने वाले लोगों को हमारे समाज में जिन अनुभवों व परिस्थितियों से गुजरना पड़ता है उसे दर्ज करने में हमारा समाज और संस्कृति ही नहीं हमारी किताबें भी पूरी तरह से चूक गईं हैं। और चूँकि यहाँ इनकी बात ही नहीं की गई है इसलिए इनसे जुड़ी समस्याओं या उनके निदान प्रस्तुत करने की उम्मीद करना ही बेमानी है। जबकि यह माना जाता है कि स्कूली किताबों को अपने समय में मौजूद आवाज़ों, पहचानों, समस्याओं, संघर्षों आदि का आइना ही नहीं बल्कि एक सुंदर व न्याय पूर्ण भविष्य का खाका प्रस्तुत करने वाला दस्तावेज भी होना चाहिए। एक लोकतांत्रिक समाज में ऐसी उपेक्षा त्याज्य है। चूँकि पाठ्यक्रम में इनकी बात ही नहीं की गई है इसलिए इनसे जुड़ी समस्याओं या उनके निदान प्रस्तुत करने की उम्मीद करना ही बेमानी है।

ऐसा नहीं है कि थर्ड जेंडर समुदायों को समाज में जिन समस्याओं का सामना करना पड़ता है उससे समाज बिल्कुल नावाकिफ है, पर उसे महसूस करने और उनसे जुड़ने की संस्कृति व व्यवस्था बनाने में हम नाकाम रहे हैं। बच्चों को इन समुदायों से जुड़ी जानकारी समाज में फैली आधी-अधूरी समझ और पूर्वग्रहों से ही मिलती है। किताबें इस संदर्भ में वैज्ञानिक व मानवीय दृष्टिकोण प्रस्तुत कर सकतीं थीं, पर वे इस मामले में पूरी तरह चूक गयीं हैं। पिछली जनगणना में भारत में लगभग पाँच लाख लोगों ने अपनी पहचान को थर्ड जेंडर के रूप में दर्ज कराया था। एक अनुमान के मुताबिक वास्तविक संख्या इससे छः-सात गुनी अधिक हो सकती है। सामाजिक दबाव व विषम परिस्थितियों की वजह से बहुत से ऐसे लोग पूरी ज़िंदगी अपनी पहचान उजागर ही नहीं करते और स्वयं को छिपाकर रखने को मजबूर होते हैं। क्या ऐसा होना विविधताओं के बीच समान नागरिक होने की हमारी समझ, विरासत व संवैधानिक मान्यता का अपमान नहीं है?

पाठ्यचर्या में सिर्फ किताबें ही नहीं बल्कि समस्त विद्यालयी परिवेश, आचार-विचार-व्यवहार शामिल हैं। यहाँ भी हम देख सकते हैं कि जेंडर संबंधी पहचानों व भूमिकाओं को बहुत रूढ़ रूप में ही परोसा जाता है। यह

वास्तविकता होते हुए भी कि स्त्री-पुरुष से परे और भी लैंगिक पहचान व रुझान अस्तित्व में हैं, उन्हें सम्मान पूर्वक स्वीकार करने की संस्कृति का पूर्ण अभाव है। हमारी कक्षाओं में ऐसे बच्चे-बच्चियाँ जो अपने हँसने-बोलने, चलने-फिरने, पसंद-नापसंद आदि में अन्य लड़के-लड़कियों से भिन्न रुझान दिखाते हैं, उन्हें बाकी लोगों से उपहास, अपमान व उपेक्षा का दंश झेलना पड़ता है। 'नपुसंक', 'हिजड़ा', 'बीच के', 'अधूरे' जैसे अपमानजनक नाम उनके साथ चस्पा कर दिये जाते हैं। इन व्यवहारों को रोकने की कोई संवेदनशील व ज़रूरी व्यवस्था स्कूली परिवेश में दिखाई भी नहीं देती।

हाल ही में आई एक फिल्म 'आर्टिकल 15' को इस बात के लिए बहुत सराहा गया कि उसमें जातीय विषमता की सामाजिक स्थिति को दर्शाते हुए संविधान के प्रावधानों के अनुरूप बदलाव की ज़रूरत को इंगित किया गया। हमें यह ध्यान देने की ज़रूरत है कि संविधान में अन्य विभेदकारी आधारों के साथ-साथ लिंग के आधार पर भेदभाव की भी मनाही है। इसे स्त्री-पुरुष के अलावा थर्ड जेंडर के संदर्भ में भी देखा जाना ज़रूरी है। स्कूली किताबों को इस समुदाय में व्याप्त एलजीबीटीक्यू के रूप में विविधता, इनके जीवन अनुभव, समाज में स्थिति व योगदान आदि को समाहित व प्रस्तुत करना चाहिये। हाल के वर्षों में इन समुदायों को लेकर बहुत-सा संवेदनशील साहित्य भी लिखा गया है, जिसे स्कूली पढ़ाई में शामिल करना होगा। इसमें 2016 में आई लक्ष्मी नारायण त्रिपाठी की आत्मकथा 'मैं हिजड़ा मैं लक्ष्मी', महेंद्र भीष्म की लिखी 'किन्नर कथा', चित्रा मुद्गल का चर्चित व पुरस्कृत उपन्यास 'पोस्ट बॉक्स नंबर 203, नाला सोपारा', प्रदीप सौरभ कृत 'तीसरी ताली' आदि को उदाहरण स्वरूप देखा जा सकता है।

इस तरह के लोगों का बाकी समाज के साथ गरिमामय, लोकतांत्रिक समावेशन तभी संभव है जब शिक्षा, संस्कृति, कला आदि सभी मंचों पर इनके साथ संवाद व सम्मिलन ज़्यादा से ज़्यादा हो। हाल ही में साहित्य अकादमी द्वारा पहली बार 'थर्ड जेंडर कवि सम्मिलन' का आयोजन कराया गया। जो अपने आप में एक अनोखा व सार्थक प्रयास था। उसमें शामिल

पंद्रह ट्रांस जेंडर वक्ताओं-कवयित्रियों ने एक-एक करके अपने अनुभवों और कविताओं को सुनाकर लोगों को जो पाठ पढ़ाया उसे हमारा समाज, उसकी संस्कृति, इतिहास और संस्थाएँ अब तक न पढ़ा पाईं।

इस कवियित्री समूह का नेतृत्व प्रख्यात विदुषी, साहित्यकार और ट्रांस जेंडर के रूप में अपने समुदाय की वैश्विक आइकॉन मानबी बंदोपध्याय ने कार्यक्रम का उद्घाटन करके किया। मैंने स्वयं आज तक मानबी जी जैसा आकर्षक और दिव्य व्यक्तित्व नहीं देखा। वह अपने सौन्दर्य और बोध से पूरे आयोजन का केन्द्र बिंदु बनी रहीं। उनकी उपलब्धि मात्र यही नहीं कि वह हमारे देश की पहली ट्रांस जेंडर कॉलेज प्रिंसिपल बनीं और ट्रेंड सेटर हैं बल्कि उन्होंने अपने समुदाय के हुकूक के लिये लगातार सार्थक प्रयास भी किये हैं, इसे आई हुई सभी वक्ताओं ने अपने संबोधन में उन्हें आभार देते हुए व्यक्त किया। जीवन में ऐसे लोगों से मिलना हमेशा गर्व और आनंद देता है। लगभग सभी ने अपनी पहचान और उसमें शामिल उपेक्षा, अपमान और तिरस्कार के दर्द को बयाँ किया। सबको लगभग लताड़ते हुए बिहार से आई रेशमा प्रसाद ने कहा कि 'हम यहाँ 2014 से आए कानूनी स्थिति में बदलाव की वजह से हैं न कि समाज की वजह से।' उन्होंने चुनौती देते हुए कहा कि 'खुल चुकी इस छोटी-सी खिड़की से हम अंदर घुस चुके हैं। अब अपनी जगह बनाने से हमें कोई रोक नहीं सकता। हम हर क्षेत्र में मुकाबले के लिये तैयार हैं।' इस चुनौती से वहाँ आये हुए लोगों में कौन प्रफुल्लित न था। जब पहचान के अधिकार और तन-मन के अंतर्विरोध को लेकर एक से बढ़कर एक कविताओं का दौर शुरू हुआ तो सांसें और समय दोनों थम से गये। कुल मिलाकर आयोजन बेहद सफल और उत्साहवर्धक रहा। कार्यक्रम के समापन पर लोगों की इन कवयित्रियों के साथ फोटो और सेल्फी लेने, बातचीत करने का उत्साह देखते ही बनता था। महिलाओं और दलितों की सामाजिक, आर्थिक स्थिति में बदलाव के लिये किये जाने वाले प्रयासों की तरह ही इस समूह के लिये भी कार्य किये जाने की ज़रूरत है। साहित्य अकादमी के अध्यक्ष के. श्रीनिवासन जी ने ऐसे आयोजन निरंतर कराते रहने का आश्वासन देकर इसकी पुष्टि भी की।

इस तरह के आयोजन व प्रयास स्कूली शिक्षा के क्षेत्र में किये जाने की और ज़रूरत है। बच्चे ही कल के वयस्क, नागरिक व देश के निर्माता हैं। उन्हें तमाम संकीर्णताओं व अमानवीय सोच-व्यवहारों से निकालना शिक्षा का प्रमुख उद्देश्य होना चाहिए। तृतीय लिंगी व समलैंगिक रुझान वाले लोगों की सकारात्मक छवि गढ़ने के लिए ऐसे लोगों की प्रतिभावों, योगदानों को सराहा जाना चाहिये। हाल ही में अंतरराष्ट्रीय स्तर की एक धाविका ने काफी चर्चा बटोरी जिसने कई प्रतिष्ठित दौड़ प्रतियोगिताओं में पदक जीतकर देश को गौरवान्वित किया। वह घोषित रूप से समलैंगिक रुझान रखती हैं और अपनी महिला मित्र से ही विवाह भी कर चुकी हैं। यह उदाहरण दिखाता है कि लैंगिक पहचानों व रुझानों से इतर व्यक्ति की गरिमा, अधिकार व योगदान को महत्त्व और सम्मान दिया जाना ज़रूरी है न कि ग़लत तरीके से उन्हें निशाना बनाया जाए। ऐसे सकारात्मक उदाहरण स्कूली पाठ्यचर्या में आने ही चाहिए। बिना ऐसा किए लोकतांत्रिक व समावेशी समाज की स्थापना का सपना अधूरा ही रहेगा।

29

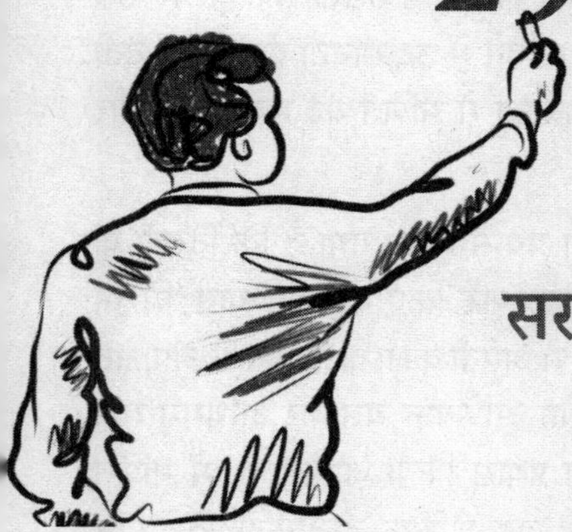

दिल्ली के सरकारी स्कूलों में लागू 'मिशन बुनियाद' की गणित सामग्री

सभी बच्चे गणित सीख सकते हैं और 'सभी बच्चों को गणित सीखने की ज़रूरत है' इन दो गणितीय सरोकारों को एनसीएफ, 2005 के आधार पर गठित राष्ट्रीय फोकस समूह के आधार पत्र 'गणित शिक्षण' में प्रमुखता से स्थापित करते हुए कहा गया है कि 'स्कूलों में गणित शिक्षा का मुख्य उद्देश्य है बच्चों की सोच का गणितीय विकास करना। गणितीय उपक्रम में विचारों की स्पष्टता और तार्किक निष्कर्ष तक पहुँचने में पूर्व अनुमानों पर कार्य करना मुख्य है। सोच के कई तरीके हैं और जिस तरह की सोच कोई गणित में हासिल करता है वह है अमूर्त विचारों के साथ कार्य करना और समस्या समाधान के उपाय ढूँढना'। (पृष्ठ- सार संक्षेप)

सामान्यतः गणित को मानसिक-बौद्धिक संक्रिया के रूप में देखा जाता है जो संगणना यानी कैल्कुलेशन से संबंधित हो। इसे सामाजिक, सांस्कृतिक

मूल्यों एवं सरोकारों से जोड़कर देखे जाने की परंपरा नहीं रही है। यहाँ तक कि औपचारिक शैक्षिक व्यवस्था में भी गणित को भले ही अमूर्त तार्किकता पर आधारित होने और बढ़ावा देने का स्वरूप प्रचलित रहा हो पर उसे विस्तृत राजनीतिक-सामाजिक मुद्दों से जोड़ने में उदासीनता ही दिखाई देती है। जबकि पूरी औपचारिक शिक्षा व्यवस्था में गणित की महत्त्वपूर्ण और अनिवार्य उपस्थिति रही है।

प्रस्तुत अध्ययन में यह जानने का प्रयास किया गया है कि दिल्ली के सरकारी स्कूलों में हाल ही में सरकार द्वारा शुरू किए गए अभियान 'मिशन बुनियाद' जिसमें अधिगम स्तर की दृष्टि से अपनी कक्षा के हिसाब से अपेक्षित लेवल से पीछे छूट गए बच्चों को विशेष अभियान चलाकर अधिगम स्तर सुधारने और लर्निंग गैप को भरने का प्रयास किया जा रहा है, में गणित को लेकर जो प्रयास किए जा रहे हैं वह शैक्षिक दस्तावेजों विशेषकर एनसीएफ-2005 और उससे जुड़े स्थिति प्रपत्रों में व्यक्त अपेक्षाओं व उद्देश्यों के अनुरूप हैं या नहीं।

मिशन बुनियाद में मुख्यतः दो विषयों हिंदी और गणित शिक्षण अधिगम को ही शामिल किया गया है जो स्कूलों में दो चरणों में क्रियान्वित हुआ। पहला-अप्रैल के प्रारंभ से 10 मई तक , दूसरा-14 मई से 30 जून तक। अभियान के लिए जहाँ प्रत्येक स्कूल के शिक्षकों को दो दिन तक प्रशिक्षण दिया गया वहीं शिक्षक मैनुअल सहित हिंदी और गणित विषय की एससीईआरटी द्वारा निर्मित पाठ्य सामग्री भी स्कूलों को दी गई है। यहाँ गणित की पाठ्य सामग्री का ही विश्लेषण किया गया है।

दस्तावेजों में गणित सहित अन्य विषयों की शिक्षा के कई लक्ष्य बताए जाते रहे हैं। जैसे- आधार पत्र 'शिक्षा के लक्ष्य' में कहा गया है कि 'शिक्षा को मूल्यों के संप्रेषण के रूप में देखा जाना चाहिए जिसमें एक ओर व्यक्तिगत कल्याण तो दूसरी ओर मानवता की भलाई शामिल है। (पृष्ठ 2, एनसीआरटी, 2006) इसी तरह वैज्ञानिक चेतना और आलोचनात्मक

क्षमता के विकास सामाजिक सरोकारों के प्रति संवेदना का विकास, जाति-धर्म-लिंग जैसी आसमान कोटियों व पूर्वग्रहों से मुक्ति, राष्ट्रीय विरासत से जुड़ाव जैसी कई अपेक्षाएँ भी इन दस्तावेजों में बार-बार व्यक्त की गई हैं। इन अपेक्षाओं-उद्देश्यों को इस अभियान में प्रयुक्त गणित की सामग्री में किस प्रकार जगह मिली है साथ ही एनसीएफ, 2005 में व्यक्त अधिगम संबंधी जो सिद्धांत तय किए गए हैं, को किस प्रकार सहयोजित किया गया है, यह जानना रुचिकर है।

पाठ्यचर्या में ज्ञान के अधिगम संबंधी कुछ सिद्धांत जो एनसीएफ-2005 में व्यक्त किए गए हैं, उनमें से कुछ हैं-

- विषय द्वारा दिए गए कौशलों के आधार पर सामाजिक यथार्थ और परिवेश के प्रति आलोचनात्मक दृष्टिकोण का विकास।
- स्थानीय के साथ जुड़ाव, ज्ञान को संदर्भों में रखा जाए ताकि उसकी प्रासंगिकता और अर्थपूर्णता महसूस की जा सके, स्कूल के अनुभवों की पुष्टि हो पाए, वर्गीकरण, श्रेणियाँ बनाकर, प्रश्न पूछकर इन अनुभवों के संबंध में तर्क करके स्वयं सीखना।
- विभिन्न अनुशासनों में अंतर्संबंध देखना और ज्ञान में अंतर्निहित जुड़ाव को समझना।
- स्थानीय ज्ञान और स्थानीय क्षेत्र के रिवाजों और प्रथाओं के साथ जुड़ना और जहाँ भी संभव हो सके इन्हें स्कूली ज्ञान के साथ जोड़ना।
- कक्षा की प्रक्रिया में 'समानता' के मुद्दों के प्रति संवेदनशील होना और कई समूहों द्वारा ज्ञान के विभिन्न क्षेत्रों को सीख पाने को लेकर स्थापित रूढिबद्ध धारणाओं और भेदभावों के प्रति सजग होना।
- कल्पनाशीलता का विकास और कल्पना एवं अतिकल्पना को सजीव रखना। (पृष्ठ 38)

- यहाँ इन सिद्धांतों के आधार पर मिशन बुनियाद की गणित सामग्री के विश्लेषण के साथ-साथ अन्य कसौटियों पर भी पाठ्य को कसा व जाँचा गया है।

अध्ययन के उद्देश्य और अध्ययन विधि

प्रस्तुत अध्ययन में एनसीएफ-2005 और उससे संबंधित स्थिति प्रपत्रों के आलोक में मिशन बुनियाद में प्रयुक्त गणित सामग्री का विश्लेषण किया गया है। इसके लिए आलोचनात्मक दृष्टिकोण के आधार पर अंतर्वस्तु का विश्लेषण जिसमें विषय वस्तु में निहित मूल्यों, आदर्शों व विचारों को कथन तोड़कर यानी डिकंस्ट्रक्ट करके और व्याख्या विश्लेषण करके जानने-समझने का प्रयास किया गया है।

अंतर्वस्तु विश्लेषण को कुछ कोटियों/ बिंदुओं के अंतर्गत संपन्न किया गया है, जोकि निम्नलिखित हैं-

1. विषयवस्तु में शामिल आलोचनात्मक चेतना उत्पन्न करने के अवसर।
2. समानता को प्रोत्साहित करने और पूर्वग्रहों-भेदभावों को हटाने वाले संदर्भ।
3. विषयवस्तु में स्थानीय व सामाजिक जीवन के प्रतिरूपों की पहचान।
4. विषयवस्तु की भाषायी अभिव्यक्ति और बच्चों की भाषा से तारतम्यता।

विश्लेषण

ऊपर बताई गई कोटियों के आधार पर मिशन बुनियाद में प्रयुक्त गणित की पुस्तक 'हमारा गणित' के सामग्री का विश्लेषण निम्नलिखित है-

1. विषयवस्तु में शामिल आलोचनात्मक चेतना उत्पन्न करने के अवसर:-

आलोचनात्मक चेतना विद्यमान जड़ताओं पर प्रश्न उठाकर, उपस्थित परिस्थितियों से अलग नवीन बदलाव लाने का प्रयास करती है जो शोषण व अन्याय से दूर लोकतांत्रिक मूल्यों पर आधारित हो। यह पुस्तक अपने मुखपृष्ठ पर ही इसे अपनाती हुई प्रतीत होती है। इसी पर एक गणितीय सवाल को इस तरह प्रस्तुत किया गया है जो शिक्षक केंद्रित परंपरागत तौर- तरीकों से हटकर उस सवाल पर सामूहिक चर्चा करने, भागीदार बनने, अनुमान लगाने, सोचने जैसी आलोचनात्मक पैडागॉजी को बढ़ावा देती है, जो बाल केंद्रित अप्रोच है। जैसे-

'एक ड्रम से 37 लीटर तेल निकालने के बाद उसमें 25 लीटर तेल बचा हुआ है, बताएँ पहले से उस ड्रम में कितना लीटर तेल था?'

समूह में चर्चा करें

- सवाल में क्या जानकारी दी गई है?
- सवाल में क्या पूछा गया है?
- इसे हल करने के लिए क्या करना होगा?
- जोड़/ घटाव/ गुणा/ भाग ही क्यों करना होगा?

कक्षा 6 से 8 की इस पुस्तक के अंदर दिए गए सवालों में हर बार इन्हें स्पष्ट नहीं किया गया है कि सवाल पर कैसे सोचें या क्या-क्या करें। किंतु इस पुस्तक से संबंधित शिक्षकों हेतु मैनुअल 'शिक्षण पुस्तिका' में यह ज़रूर कहा गया है कि सवालों पर शिक्षक बहुत तरीकों से आगे बढ़ें जैसे- गणित संबंधी बातचीत, संख्या संबंधित गतिविधियाँ, शाब्दिक सवालों पर बातचीत, अन्य दक्षताओं जैसे मापन, अनुमान, परिचय, वर्गीकरण आदि संबंधित बातचीत। यह कक्षाई प्रक्रियाएँ बच्चों को गणितीय ढंग से सोचने पर अवश्य बढ़ावा

देंगी जिनकी अपेक्षा करते हुए आधार पत्रक 'गणित शिक्षण' (2006) में कहा गया है कि 'स्कूलों में गणित शिक्षा का मुख्य उद्देश्य है बच्चों की सोच का गणितीय विकास करना।'

पुस्तक में हर पृष्ठ को एक दिन के शिक्षण अधिगम के लिए चिन्हित करते हुए कुछ सवाल दिए गए हैं जिनका क्रमवार संख्या में नामाँकन किया गया है। आलोचनात्मक दृष्टिकोण के विकास में कल्पनाशीलता के विकास का भी महत्त्व है। जिसे एनसीएफ-2005 में व्यक्त पाठ्यचर्या में ज्ञान के अधिगम संबंधी कुछ सिद्धांतों में एक माना गया है। (पृ.-38) इस पुस्तक में शामिल कई सवाल कल्पनाशीलता को व्यक्त करते हैं। जैसे (पृ.-25) पर सवाल संख्या 72- 'मैंने 20 को काट दिया फिर भी ना कानून तोड़ा ना खून किया। ऐसा मैंने क्या किया?' (प्रश्न में ही उत्तर दिया है)

यह प्रश्न बच्चों को ध्यान से पढ़ने, सोचने, हास्य के अवसर देते हुए गणितीय अमूर्त कल्पना की ओर ले जाता है। इसी तरह प्रश्न संख्या-120 भी बच्चों को अलग ढंग से सोचने की ओर उन्मुख करता है- 'रामनाथ की 4 लड़कियाँ हैं। प्रत्येक लड़की का एक भाई है। बताएँ रामनाथ के कितने बच्चे हैं?'

पुस्तक में शामिल लगभग सभी सवाल तर्क-विश्लेषण करने जैसी आलोचनात्मक रणनीतियों को बढ़ावा देते हैं, किंतु आलोचनात्मकता तब अपने पूर्ण रूप में प्रकट होती है जब यह विषमता व अन्याय के प्रतिरूपों को उभारते हुए समानता के लक्ष्य की ओर उन्मुख हो। ऐसा वह जाति, धर्म, लिंग जैसी विभेदकारी संरचनाओं को हतोत्साहित करके, सामाजिक यथार्थ को प्रश्नांकित करते हुए और बच्चों की दुनिया की भाषा व अनुभव को समाहित करते हुए ही कर सकती है। गणित विषयवस्तु के इस पक्ष का अध्ययन अगले विश्लेषण कोटियों में किया गया है।

1. समानता को प्रोत्साहित करने और पूर्वग्रहों-भेदभावों को हटाने वाले संदर्भ

गणित पुस्तक में इस पक्ष के आधार पर अध्ययन करते हुए सबसे पहले ध्यान आकृष्ट होता है मुखपृष्ठ के चित्र पर। इसमें किसी कक्षा को शिक्षिका सहित अधिगम प्रक्रिया में रत दिखाया गया है। 5 बच्चों और शिक्षिका में एक लड़के को छोड़कर सभी महिला/लड़कियाँ हैं। समाज में व्याप्त यह पूर्वग्रह बहुत गहरा है कि गणितीय दक्षता महिलाओं का क्षेत्र नहीं है। ऐसा प्रतीत होता है, इसे चित्र द्वारा चुनौती दी गई है। आधार पत्र 'गणित शिक्षण' में इन पूर्वग्रहों और विषमताओं को स्वीकार करते हुए कहा गया है कि 'भारतीय शिक्षा प्रणाली में, गणित में असफलता सामाजिक सूचकों के रूप में प्रकट होती है। भारतीय शिक्षा में संरचनात्मक समस्याएँ, वर्ग, जाति और लिंग के आधार पर सामाजिक भेदभाव को भी दर्शाती हैं और इसमें योगदान देती हैं। प्रचलित सामाजिक प्रवृत्तियाँ जो लड़कियों को गणित की दृष्टि से अयोग्य मानती हैं या सदियों से ऊँची जातियों को औपचारिक अभिकलनी योग्यताओं से जोड़ती रही हैं, इन असफलताओं को और अधिक गहरा करती हैं।(पृष्ठ 5, 2006) इन स्थितियों के निदान के लिए इस दस्तावेज में गणितीय सामग्री में महिला गणितज्ञों के योगदान को मान्यता देने, स्थानीय समूहों की गतिविधियों को समाहित करने का सुझाव भी दिया गया है।

मुखपृष्ठ पर जिस सकारात्मकता के साथ जेंडर परिपेक्ष्य को उभारा गया है वह अंदर के पृष्ठों व अंतर्वस्तु में बहुत कमज़ोर दिखाई देती है। जैसे जो पात्र गणितीय क्रियाकलाप कर रहे हैं उनमें पुरुष प्रधानता की पारंपरिक मान्यता को ही पुष्ट किया गया है। जैसे- शाब्दिक सवालों में आए कुल 137 नाम वाले पात्रों में से मात्र 40 यानी 29% ही महिलाएँ हैं, वहीं पुरुषों की संख्या 97 यानी 71% रूप में वर्चस्वपूर्ण है। प्रतिनिधित्व का सवाल लोकतंत्र में महत्त्वपूर्ण सवाल है।

बात यहीं खत्म नहीं होती। प्रतिनिधित्व में पुरुष प्रधानता के अलावा पितृसत्तात्मक मूल्य अन्य रूपों में भी पिरोए हुए दिखते हैं। जैसे संपत्ति के मालिकाने या संपत्ति वितरण/ उत्तराधिकार में पुरुषों का ही महत्त्व है। जहाँ भी संपत्ति या धन का परिवार में वितरण होना है वहाँ वितरण करने वाला पिता और पाने वाले पुत्र या भाई ही हैं। उदाहरणतः

सवाल 148- एक बूढ़े व्यक्ति के पास ₹397000 हैं। वह इन सभी को अपने पाँच बेटों में बराबर बराबर बाँटना चाहते हैं। बताएँ प्रत्येक बेटे को कितने रुपए दे पाएँगे?

सवाल 174- एक आदमी के पाँच बेटे थे। उसने अपने वेतन में से ₹100 सभी बेटों में बांटे। शुरुआत उसने सबसे छोटे बेटे से की। उसने सबसे छोटे बेटे से प्रत्येक बड़े बेटे को ₹2 अधिक दिए। इस प्रकार सबसे बड़े बेटे को अपने छोटे भाई से ₹8 अधिक मिले। बताएँ प्रत्येक बेटे को कितने रुपए मिले?

इसी तरह बाज़ार जैसे सार्वजनिक स्थल को पुरुष का कार्यक्षेत्र तो वहीं घरेलू क्षेत्र के कार्य महिलाओं के जिम्मे दिखाने की प्रवृत्ति भी इस पुस्तक में मजबूत दिखाई देती है। अधिकतर सवालों में बाज़ार से ही गणितीय क्रियाओं को जोड़ा गया है। वहाँ भी लगभग सभी दुकानदारों या विक्रेताओं की पुरुष रूप में ही कल्पना की गई है। बाज़ार में महिलाओं को अगर दिखाया भी गया है तो क्रेता के रूप में। अपवाद स्वरूप सवाल संख्या 73 में मनाली को कुछ खरीदने और बेचने की स्थिति में दर्शाया गया है। अगले ही सवाल में मोहन को भी खरीदेते और बेचते दिखाया गया है। पर इस क्रिया में मनाली जहाँ घाटे में है वहीं मोहन फायदे में। ऐसा प्रतीत होता है जैसे जाने-अनजाने पुस्तक निर्माण में शामिल लोगों के अवचेतन में गहरे दबे जेंडर पूर्वग्रह के कारण ही ऐसा हुआ है। इसे सजग और सचेत रूप से ही बदला जा सकता है।

पुस्तक में खाना बनाने के प्रत्येक संदर्भ को माँ के साथ जोड़ा गया है जबकि नवीन चित्रण होना चाहिए था। जैसे- सवाल 173 में 'आज माँ ने 12

रोटियाँ बनाई हैं।' इसी तरह की प्रवृत्ति को गणित शिक्षण पुस्तिका में भी यह कहकर दोहराया गया है कि 'आपके घर में सभी लोगों के लिए जब चावल पकाया जाता है तो माँ को कैसे पता चलता है कि कितना चावल पकाना है?' कुछ ऐसे और भी संदर्भ पुस्तकों में हैं जो समानता की जगह पूर्वग्रह और भेदभाव की ही पुष्टि करती हैं जैसे- जहाँ भी कहीं जनसंख्या में पुरुष महिला की संख्या या कक्षा/ स्कूल में लिंगीय उपस्थिति की बात की गई है वहाँ पुरुषों की संख्या अधिक और महिलाएँ कम हैं। मानो निम्न लिंग अनुपात ही वास्तविक और स्वाभाविक है। जैसे- सवाल संख्या 79, 115 और 133 तीनों में ही जिसमें एक में गाँव, एक में शहर, एक में विद्यालय में स्त्री-पुरुष संख्या की कुल आबादी में स्थिति दी गई है, सब में पुरुष आधिपत्य है।

कुछ सवाल अप्रत्यक्ष तरीके से विषमता के प्रतीकों को पोषित करते हैं। जैसे सवाल- 108 में एक राजा की सात रानियाँ एक रानी की 7 लड़कियाँ पितृसत्ता के अनुरूप पुरुष बहुविवाह व पुत्रमोह को चित्रित करती हैं। वहीं वर्गीय दृष्टि से भी यह पुस्तक मध्यवर्गीय-पूंजीवादी जीवन मूल्यों से लैस है। किसानों-मजदूरों के संदर्भ कम और श्रम की गरिमा के प्रतिकूल हैं। जिसमें एक बोतल और एक डिब्बे का मूल्य 763 रुपये है जिसमें अकेले बोतल ₹370 का है। यह उच्चवर्गीय उत्पाद को चित्रित करता है। व्यापारियों या पहचान/ नाम वाले पुरुषों की आमदनी या खरीद को बड़ी संख्या में दर्शाया गया है। जैसे सवाल संख्या 140 में खर्चीली शादी का हिसाब, 141 में व्यापारी का लाखों में खरीद फरोख्त दिखाया गया है। वहीं सवाल संख्या 177 में एक मजदूर की 7 दिन की आमदनी ₹385 बताई गई है यानी 55 रुपये रोज़, जो सरकार द्वारा तय किए गए न्यूनतम मजदूरी या मनरेगा मे तय वेतन से भी कम है। यही पैटर्न पूरे पुस्तक में बिखरा हुआ है। किसान, बढ़ई, शिल्पकार जैसे उत्पादक सवालों में लगभग अनुपस्थित हैं। उत्पादन या कर्ता होने से अलग हटकर महिलाओं से जुड़े अधिकतर सवाल उम्र संबंधी, जन्मदिन संबंधी या छोटी मात्रा में रुपए के लेनदेन से संबंधित है।

1. विषयवस्तु में स्थानीय व सामाजिक जीवन के प्रतिरूपों की पहचान

किसी भी विषय की अंतर्वस्तु का बच्चे के स्थानीय, सामाजिक, सांस्कृतिक व आर्थिक अनुभव और जीवन से संयोजित होना अधिगम को रुचिपूर्ण, वास्तविक और अर्थपूर्ण बनाने में सर्वाधिक महत्त्वपूर्ण है। एनसीएफ-2005 में पाठ्यचर्या में ज्ञान के अधिगम संबंधी सिद्धांत (पृष्ठ 38) में स्पष्ट कहा गया है कि 'स्थानीय के साथ जुड़ाव, ज्ञान को संदर्भ में रखा जाए ताकि उसकी प्रासंगिकता और अर्थ पूर्णता महसूस की जा सके, स्कूल के अनुभवों की पुष्टि हो पाए, अवलोकन, वर्गीकरण, श्रेणियाँ बनाकर, प्रश्न पूछकर इन अनुभवों के संबंध में तर्क करके स्वयं सीखना हो सके। इसके साथ यह भी कहा गया है कि 'स्थानीय ज्ञान और स्थानीय क्षेत्र के रिवाजों और प्रथाओं के साथ जुड़ना और जहाँ भी संभव हो इन्हें स्कूली ज्ञान के साथ जोड़ना।'

एनसीएफ, 2005 में व्यक्त किए गए अधिगम के सामान्य सिद्धांतों को गणित विषय के संदर्भ में पहचानते हुए इसी दस्तावेज के राष्ट्रीय फोकस समूह के आधार पत्र 'गणित शिक्षण' में भी कहा गया है कि 'यह जानना आवश्यक है कि गणितीय प्रतिस्पर्धा सामाजिक स्थितियों और उन गतिविधियों जिनसे अधिगम कराया जाता है, में स्थित होती है और आकार लेती है। अतः स्कूली गणित का बच्चों के सामाजिक वातावरण से निकट का संबंध होना चाहिए जहाँ वे स्थानीय जीवन के हिस्से के रूप में गणितीय गतिविधियों में संलग्न रहते हैं। (पृ.11, 2006)

दस्तावेजी अपेक्षाओं की रोशनी में मिशन बुनियाद की गणित सामग्री के विश्लेषण में मिश्रित संकेत प्राप्त होते हैं। कई सवाल ऐसे हैं जो बच्चों द्वारा खेले जाने वाले खेलों को लेकर हैं, जिससे बच्चे सहज तरीके से जुड़ सकते हैं। जैसे- सवाल संख्या 2 में गोटियों का खेल, 7 में फुटबॉल, 9 में क्रिकेट, 151 में कंचा आदि को आधार बनाया गया है। इसके साथ ही पुस्तक में चित्रों, आकृतियों की भरमार है जो समझने की प्रक्रिया को आसान बनाने के साथ-साथ रुचिकर भी बनाते हैं। बाल मनोविज्ञान के अनुरूप बच्चों द्वारा अपने

जीवन में, घर में प्रयोग किए जाने वाले सामानों के चित्रों में गणितीय चिंतन बेहद मज़ेदार प्रतीत होता है। पृष्ठ 24 में दिखाए गए चित्र जैसे- साइकिल, खाट, चप्पल, बर्तन आदि के आधार पर गणितीय चिंतन को दैनिक जीवन की अनिवार्य उपस्थिति के रूप में स्थापित किया गया है। हालाँकि ये चित्र यदि मुखपृष्ठ की तरह ही रंगीन होते तो अधिक प्रभावी हो सकते थे।

कुछ अन्य आयामों में यह किताब अपनी सीमाओं को भी उजागर करती है। हमारे सरकारी स्कूलों में पढ़ने वाले अधिकांश बच्चे निम्न आय वर्ग परिवारों से आते हैं। किंतु पुस्तक में आए उत्पाद, क्रय-विक्रय की प्रक्रियाएँ अधिकांशतः उच्च-मध्यवर्गीय प्रतीत होती हैं। जैसे सवाल 45 में ₹725 की महंगी कमीज बेचने पर भी प्रति कमीज ₹118 का नुकसान बताया गया है यानी कुल कीमत ₹843 प्रति कमीज है। 150 से लेकर ₹250 तक की कमीज पहनने वाले अधिकांश बच्चों के जीवन में यह कीमत उच्चवर्गीय आकर्षण और स्वयं के लिए हीन भावना ही पैदा करेगी। इसी तरह फ्रीज, टीवी, रेफ्रिजरेटर और अन्य इलेक्ट्रॉनिक ऐशोआराम के सामानों के क्रय-विक्रय से पुस्तक के सवाल भरे पड़े हैं जो बच्चों के जीवन में मात्र स्वप्न हैं। वहीं घड़े, रिक्शे, रेहडी, राशन आदि उनके रोज़मर्रा के सामानों के संदर्भ कम ही हैं। इस संदर्भ में सवाल संख्या 70, 92, 94,111, 122, 135, 136, 139 को देखा जा सकता है।

कुछ संदर्भ ऐसे भी हैं जो सामाजिक दृष्टि से अतार्किक और अव्यवहारिक दिखते हैं। जैसे सवाल संख्या 49 और 50। सवाल संख्या 49 में एक बाग में आम और सेब के पेड़ों की संख्याओं की बात कही गई है। जलवायु और मौसम की परिस्थिति के हिसाब से एक ही बाग में इनका होना अतार्किक एवं अव्यावहारिक है। इसी तरह सवाल 50 में बच्चे द्वारा गणित में 349 अंक लाने की बात की गई है, पर पूर्णांक नहीं बताया गया। आमतौर पर 100 पूर्णांक में अंक लाने वाले बच्चों को यह अव्यवहारिक लग सकता है। सवाल 69 में एक व्यक्ति द्वारा 1 दिन में ₹450 और अगले दिन ₹575 का पेट्रोल खर्च करने का वर्णन है। ऊर्जा संरक्षण के मूल्य को यह संदर्भ चोट पहुँचाता है।

विषयवस्तु की भाषायी अभिव्यक्ति और बच्चों की भाषा के साथ इसकी तारतम्यता

भारतीय स्कूलों में गणित एक ऐसे विषय के रूप में कुख्यात रहा है जिससे अधिकांश बच्चे भय खाते हैं और इसमें असफलता की संभावना से ग्रसित रहते हैं। राष्ट्रीय पाठ्यचर्या की रूपरेखा, 2005 के आधार पत्रक 'गणित शिक्षण' में कहा गया है कि 'पाठ्य पुस्तकों में प्रयोग में लाई गई भाषा से उत्पन्न समस्याओं का खास उल्लेख किया जाना चाहिए। देश के बच्चों के बहुत बड़े भाग के लिए गणित में उपयोग की गई भाषा उनकी रोज़मर्रा की भाषा से बहुत अलग होती है जो बच्चों को गणित से अलग करने का मुख्य कारण बन जाती है।' (पृष्ठ 5)

इस समस्या से निपटने के उपाय के रूप में यह दस्तावेज सुझाता है कि 'गणित को सभी के लिए गंभीरता से लेने का एक महत्त्वपूर्ण निहितार्थ यह है कि पाठ्य पुस्तकों में उपयोग की गई भाषा भी बच्चों के प्रयोग के प्रति संवेदनशील हो।' (पृ.12)

इन सुझावों के आलोक में देखने पर इस पुस्तक की भाषा आसपास के परिवेश से जुड़ी दिखाई देती है। इसमें स्कूल, घर, दुकान, बाज़ार, बाग, बगीचे जैसे स्थानों व संदर्भों का बार-बार प्रयोग किया गया है जो बच्चों के रोज़मर्रा के जीवन में महत्त्वपूर्ण है। साथ ही जिन नामों को सवालों और अन्य कथनों में बार-बार प्रस्तुत किया गया है वे जानी पहचानी और विविधतापूर्ण सांस्कृतिक विरासत से जुड़े हुए लगते हैं जैसे शेफाली, हरमन, रमेश, मोहन, मिताली, इरफान, लखन, मीरा, जोजो, नीतू, रहीम, राहुल, पंकज, सकीना, अजय आदि। कठिन और संस्कृतनिष्ठ हिंदी से युक्त वाक्य विन्यास से बचा गया है। यद्यपि भाषा में कई जगह 'एक शेष प्रक्रिया' को अपनाते हुए पुलिंग नामों में ही स्त्री पहचानों को समाहित मान लिया गया है। जैसे- दुकानदार शब्द जहाँ भी आया है पुलिंग वाचन में ही है। मात्र सवाल संख्या 149 में दोनों पहचानों को एक साथ मान्यता देते हुए आपकी सहेली/ आपका दोस्त

जैसा संबोधन एक साथ दिया गया है। कई जगह पुस्तक की भाषा अस्पष्ट भी है जिससे भ्रमित होने की संभावना भी है। जैसे- सवाल संख्या 101 में पूछा गया है कि 'आपके स्कूल में लगभग कितनी सीढ़ियाँ होंगी?' अब इसमें बच्चे सीढ़ियों का पदानुक्रम गिनकर बताएँ या मात्र स्थान यह भ्रम हो सकता है। इसी तरह सवाल संख्या 108 की भाषा अतार्किकता को बढ़ाती हुई प्रतीत होती है, जब आज के लोकतांत्रिक माहौल में 'एक राजा की 7 रानियाँ और सातों की सात-सात लड़कियाँ' जैसा संदर्भ प्रस्तुत करती हैं।

निष्कर्ष: मिशन बुनियाद में प्रयुक्त गणित सामग्री 'हमारा गणित' का शैक्षिक उद्देश्यों विशेषकर एनसीएफ-2005 और उससे संबंधित आधार पत्रों में व्यक्त अपेक्षाओं के संदर्भ में विश्लेषण करने पर यह स्पष्ट दिखाई देता है कि पुस्तक अपनी कई सकारात्मक विशेषताओं के बावजूद बहुत सी कमियों से भी युक्त है। अंतर्वस्तु विश्लेषण का कार्य आलोचनात्मक दृष्टिकोण से करते हुए चार मुख्य बिंदु या कोटियों को आधार बनाया गया है। पहली कोटि जिसमें विषय वस्तु में आलोचनात्मक चेतना उत्पन्न करने के अवसरों की जाँच की गई है, में प्राप्त निष्कर्ष सकारात्मक हैं। पाठ्यपुस्तक पर्याप्त मात्रा में विश्लेषण करने, चर्चा करने, सवाल उठाने, समूह में कार्य करने जैसे बाल केंद्रित अधिगम को बढ़ावा देती है। किंतु अपने व्यापक और विस्तृत आयाम में आलोचनात्मक चेतना इससे आगे जाते हुए अन्याय और शोषण की संरचना को उभारने और इससे निपटने का कार्य करती है। इस आयाम का विवेचन अगली कोटियों में किया गया है। जिसमें निष्कर्ष संतोषजनक नहीं है। जैसे- दूसरे विश्लेषण बिंदु 'समानता को प्रोत्साहित करने और पूर्वग्रहों भेदभाव को हटाने वाले संदर्भ' में निकल कर आया है कि इसमें जेंडर परिप्रेक्ष्य पितृसत्तात्मक ही है। महिलाओं का कम प्रतिनिधित्व, घरेलू चित्रण, सार्वजनिक क्षेत्र और मालिकाने में पुरुष आधिपत्य जैसे बहुतायत संदर्भ, किताब में इसे पुष्ट करते हैं। साथ ही वर्गीय दृष्टि से भी इसमें मध्यवर्गीय-पूंजीवादी जीवनशैली ही परोसी गई है और श्रम केंद्रित कार्यों की उपेक्षा ही नहीं बल्कि अवमूल्यन भी किया गया है।

विश्लेषण के तीसरे बिंदु 'विषय वस्तु में स्थानीय व सामाजिक जीवन के प्रतिरूपों की पहचान' में मिश्रित परिणाम दिखाई देते हैं। बच्चों के पसंदीदा खेलों, घर/स्कूल में प्रयोग किए जाने वाले सामानों द्वारा गणितीय सवाल पूछना बच्चों के सामाजिक जीवन को मान्यता देना है। किंतु बाज़ार में क्रय विक्रय होते हुए ऐश्वर्यपूर्ण, उच्च मध्यवर्गीय उत्पादों का होना बच्चों के संदर्भ से हट कर है। साथ ही कुछ सवाल अतार्किक और व्यावहारिक भी हैं। अंतिम कोटि 'विषय वस्तु की भाषाई अभिव्यक्ति और बच्चों की भाषा से तारतम्यता' के विश्लेषण में अधिकांशतः उपयुक्त परिणाम निकला है। सहज, सरल भाषा, आसपास के परिवेश में उपलब्ध स्थानों नामों का वर्णन आदि पुस्तक को बेहतर बनाते हैं। हालाँकि कहीं-कहीं अस्पष्ट व अतार्किक वाक्य आए हैं इनसे बचा जा सकता था। कुल मिलाकर पुस्तक में शैक्षिक अपेक्षाओं की दृष्टि से अभी सुधार की बहुत गुंजाइश है। इसे सामाजिक सरोकारों, समानता के मुद्दों से सचेष्ट रूप से जोड़ने की ज़रूरत है। तभी आधार पत्र 'शिक्षा के लक्ष्य' में वर्णित शिक्षा का यह उद्देश्य पूरा हो सकता है, जिसमें कहा गया है कि 'हमें बच्चों को वैज्ञानिक चेतना पैदा करने के लिए प्रोत्साहन देना चाहिए (अर्थात संस्कृति, परंपरा, समुदाय के आदेश से परे जाकर तर्क देने की प्रवृति) तथा हमें उसे मानवता के अपराजेय मूल्यों को सिखाना चाहिए। (पृष्ठ 2)

संदर्भ सूची

* एनसीईआरटी (2006), 'राष्ट्रीय पाठ्यचर्या की रूपरेखा', 2005, नई दिल्ली, एनसीईआरटी।

* एनसीईआरटी (2006), 'गणित शिक्षण : राष्ट्रीय फोकस समूह का आधार पत्र', नई दिल्ली, एनसीईआरटी।

* एनसीईआरटी (2006), 'शिक्षा के लक्ष्य: राष्ट्रीय फोकस समूह का आधार पत्र' , नई दिल्ली, एनसीईआरटी।

* एस सी ई आर टी (2018), 'हमारा गणित: कक्षा 6 से 8' ,नई दिल्ली, एस सी ई आर टी।

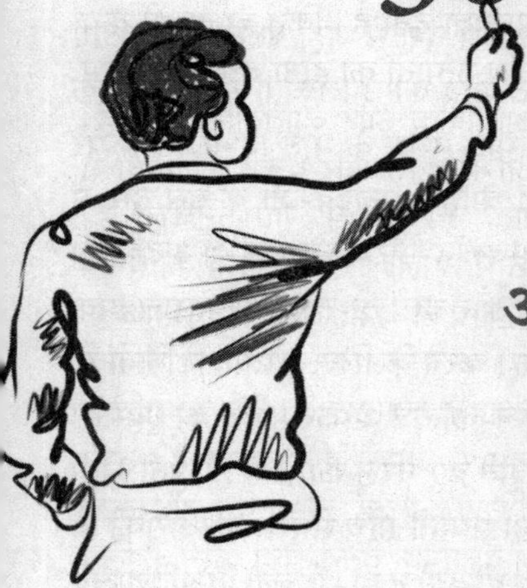

30

ऑनलाइन कक्षा और पाठ्यक्रम-कटौती

कोरोना महामारी से उपजे अभूतपूर्व संकट ने जीवन के जिन क्षेत्रों को सर्वाधिक प्रभावित किया है, उसमें शिक्षा का क्षेत्र भी शामिल है। संक्रमण की आशंका से स्कूलों-कॉलेजों सहित लगभग हर क्षेत्र में तालाबंदी कर दी गई थी। इस दौरान औपचारिक पढ़ाई का नुकसान होना ही था और हुआ भी। निदान के लिए बहुत से उपाय भी ढूँढे गये। इस बीच ऑनलाइन कक्षाओं पर काफी ज़ोर दिया गया। व्हाट्सअप समूह, फेसबुक लाइव, गूगल मीट, जूम, माइक्रोसॉफ्ट टीम ऐप सब जाने-पहचाने नाम हो गये।

लेकिन हमें यह नहीं भूलना चाहिए कि ऑनलाइन कक्षाएँ वास्तविक कक्षा-कक्ष शिक्षण-अधिगम प्रक्रिया का विकल्प नहीं हो सकतीं। कोई भी तरीका या तकनीक सिर्फ इस प्रक्रिया में मदद पहुँचा सकती है, उसे उन्नत बना सकती है पर उसका स्थान नहीं ले सकती। यह देखने में आ रहा है कि

सरकारें पहले से भी और अब परिस्थितियों को देखते हुए अधिक इसे एक संपूर्ण विकल्प के रूप में प्रतिस्थापित करने में लगी हैं। आखिर यह तरीका उन्हें इन्फ्रास्ट्रक्चर, शिक्षक-छात्र अनुपात, स्थाई भर्तियों जैसे बहुत से ज़रूरी दबावों से मुक्त जो कर देता है। भारत जैसे देश में जहाँ इतनी विविधताएँ और विषमताएँ हैं वहीं इंटरनेट व स्मार्ट फोन की उपलब्धता में भी व्यापक अंतर है। यह अंतर शहरी-ग्रामीण, अमीर-गरीब के मोटे विभाजन से परे जाति-लिंग परिप्रेक्ष्य में भी देखा जाना चाहिए। फाइव-जी के इस दौर में अभी भी बहुत से ग्रामीण-आदिवासी अंचल टू-जी के स्तर पर ही अटके हैं। किसी गरीब के घर में एक स्मार्ट फोन है और बच्चे दो-तीन तो पितृसत्तात्मक संस्कारों से लैस माँ-बाप वह फोन प्रयोग करने के लिए देने में लड़कियों के मुकाबले लड़कों को वरीयता देते हैं। स्कूल-कॉलेज आकर मुक्ति का एहसास करने वाली बहुत सी लड़कियाँ घर पर होते हुए घरेलू कामों में ही जुती होती हैं। उन्हें घंटे-दो घंटे फोन पर लगे देखना सामंती सोच से लैस परिवार को ही अखरता है, भले ही वह संलग्नता शैक्षिक ही क्यों न हो। दिल्ली विश्वविद्यालय में अध्यापन कार्य करने वाली संज्ञा उपाध्याय ने पिछले दिनों छात्राओं के साथ ऑनलाइन कक्षाओं को लेकर हुए बहुत से अनुभवों को समेटकर फेसबुक पर मार्मिक पोस्ट लिखी। यह पोस्ट लड़कियों को ऑनलाइन कक्षा में शामिल होने में कई रूपों में आ रही समस्याओं पर केन्द्रित थी।

इसके अलावा ज्ञानमीमांसीय दृष्टि से भी बहुत से प्रश्न उठे हैं। दलित-वंचित, आदिवासी-अल्पसंख्यक समुदायों से आए हुए बच्चों और अन्य समूहों के बच्चों के साथ कक्षा में होने वाली अंतर्क्रिया से जो दो तरफा आनुभाविक ज्ञान पैदा होने के आसार होते हैं, समानुभूतिपूर्ण एकता पैदा होने के जो संदर्भ उपज सकते हैं वह ऑनलाइन कक्षा में दूर-दूर व अलग-अलग बैठकर बच्चे कहाँ अर्जित कर सकते हैं? बहुत सी जगहों पर शैक्षिक प्रक्रियाओं को संपन्न करने के लिए कुछ अन्य विकल्प भी तलाश किए गए, जैसे- स्कूलों में बच्चों को कम संख्या में बारी-बारी बुलाने का विचार जिसमें भौतिक दूरी (सामाजिक नहीं) अपनाते हुए पढ़ाई कराई जा सके। इसी कड़ी में एक

अलग तरीका अपनाते हुए भारत में सीबीएसई ने एक झटके में विभिन्न विषयों के पाठ्यक्रम में एक एक तिहाई कटौती कर अलग रास्ता पकड़ा। कहा गया कि कोरोना संकट से पैदा हुए नुकसान की भरपाई करने, पाठ्यक्रम का बोझ हल्का करने और विद्यार्थियों के तनाव को दूर करने के लिए ऐसा किया जा रहा है। कक्षा नौ से बारह के लगभग 190 विषयों के पाठ्यक्रम में तीस फीसदी कटौती की गई। पर सबसे ज़्यादा हंगामा हो रहा है सामाजिक विज्ञान के विषयों से संबंधित पाठ्यक्रमों में कटौती को लेकर और उनमें भी विशेष तौर पर राजनीति विज्ञान को लेकर। कुछ लोगों का ऐसा मानना है कि सरकार ने राजनीतिक एजेंडे के तहत अपनी विचारधारा के अनुकूल न लगने वाले अंशों को ही निशाना बनाया है। काटे गये अंशों में मुखयतः धर्मनिरपेक्षता, लोकतांत्रिक अधिकार, नागरिकता, विदेश नीति, खाद्य सुरक्षा आदि को रेखांकित किया जा रहा है जिन से जुड़े मुद्दों पर भारतीय समाज में काफी उथल-पुथल रही है। पूरे देश में नागरिकता संशोधन विधेयक और एन आर सी को लेकर काफी विरोध-प्रदर्शन हुआ है जिस पर लॉकडाउन की वजह से ही रोक लग पाई थी। इसमें विद्यार्थियों की भागीदारी उल्लेखनीय थी। इस पृष्ठभूमि में कक्षा 11 में शामिल 'नागरिकता' का चैप्टर हटा लेने को विद्यार्थियों के संज्ञान से इससे जुड़ी अवधारणात्मक समझ को ओझल करने का प्रयास कहा जा रहा है। इसी तरह साम्प्रदायिकता के उफान और महिलाओं पर बढ़ रहे लैंगिक अत्याचारों के समय 11 वीं कक्षा के राजनीति विज्ञान पाठ्यक्रम से 'धर्मनिरपेक्षता' का चैप्टर हटाने और दसवीं कक्षा के पाठ्यक्रम से 'जाति, धर्म और लैंगिक मसले' चैप्टर को हटाने का कोई तर्क समझ नहीं आता है। जब विभिन्न मुद्दों पर भारतीय समाज के विभिन्न तबके वर्षों से आंदोलित व उद्वेलित रहे हों तब जन आंदोलनों को लेकर तार्किक व सम्यक् लोकतांत्रिक समझ विकसित करने वाले पाठ को हटाना भी कटौती की मंशा पर सवाल खड़े करता है। कोरोना और लॉकडाउन की परिस्थिति में आज करोड़ों भारतीयों के सामने खाद्य-सुरक्षा का संकट उत्पन्न हुआ। सरकारी मशीनरी इसकी चाक-चौबंद व्यवस्था करने में नाकाम साबित

रही। लाखों की संख्या में मजदूरों का शहरों से गाँव की ओर पलायन इसी का परिणाम था। पिछली सरकार द्वारा पारित 'खाद्य सुरक्षा अधिनियम' क्रियान्वयन के स्तर पर अटका ही रहा है। ऐसे समय में कक्षा नौ की किताब से 'खाद्य सुरक्षा' का पाठ हटाना एक साथ लाखों विद्यार्थियों की चेतना से इस अधिकार को अनुपस्थित कर देने जैसा लगता है।

इसी तरह जब क्षेत्रीय आकांक्षाएँ भारतीय राष्ट्र-राज्य के भीतर कश्मीर से तमिलनाडु तक अपनी नई जगह व भूमिका को लेकर सजग व लालायित हैं तब 'क्षेत्रीय आकांक्षाओं' से जुड़ा पाठ हटाना कठोर व एकल पहचान पर टिके राष्ट्रवादी एजेंडे को बल देने वाला कदम जान पड़ता है। हमारा लोकतंत्र जो लगातार संस्थाओं की गिरती साख जैसी अनेक चुनौतियों से दो-चार हो रहा है, चुनाव प्रणाली में ईवीएम की निष्पक्षता का मुद्दा हवा में है तब कक्षा दस से 'लोकतंत्र की चुनौतियों' के पाठ को हटाना संदेह उत्पन्न करता है। 'लोकतांत्रिक अधिकार' नाम का पाठ अधिकारों की संकल्पना, ज़रूरत, संवैधानिक प्रावधानों आदि से अवगत कराता है। हमारे दैनिक जीवन में इस शब्द का प्रयोग बहुत कुछ इसकी समझ पर ही निर्भर करता है, पर इसे भी हटा दिया गया है। आज जब विविधता को देश की ताकत समझने के बजाय उसे समस्या मानने की समझ बढ़ रही हो, विशेष खानपान-संस्कृति थोपने की कुछ समूहों की मंशा बेशर्मी से जमीन पर उतर रही हों तब 'लोकतंत्र और विविधता' जैसा पाठ जो इससे संबंधित बेहतरीन उदाहरणों के साथ समझ विकसित करता है, को हटाना कहीं न कहीं इस विचलन को बल और वैधता प्रदान करेगा। इसी तरह आज जब पड़ोसी देशों से हमारे संबंध विभिन्न कारणों से अच्छे नहीं चल रहे हैं और नेपाल जैसे मित्र राष्ट्र से भी तनातनी चल रही हो तब कक्षा 12 से 'पड़ोसी देशों के साथ संबंध' वाला पाठ ही हटा लेना कोई बेहतर कदम नहीं है। इससे विद्यार्थियों की अपनी समझ बढ़ाने के लिए मीडिया के सस्ते और सनसनीखेज़ ख़बरों पर निर्भरता बढ़ेगी जिसमें संप्रभु राष्ट्रों के प्रति बेहद खराब शब्दों का प्रयोग कर राष्ट्रवादी समझ विकसित की जाती है।

यद्यपि पाठ्यक्रम की यह कटौती व्यापक और विविध विषयों तक फैली है, किंतु सामाजिक विज्ञान के विषयों पर ही विवाद अधिक होने के पीछे का प्रमुख कारण इस विषय की प्रकृति है। इसमें हमारे सामूहिक जीवन के सिद्धांतों व व्यवहारों को प्रभावित करने वाले ऐतिहासिक, मूल्यगत व संकल्पनात्मक पक्ष प्रमुखता से आते हैं जिससे उपजी समझ का प्रयोग अन्य विषयों में भी आधार का काम करती हैं। विज्ञान के शोधों की दिशा हो या किसी कविता के मूल्यगत पक्ष उन्हें समझने में यह आधार का काम करती हैं। यहाँ मैं अन्य विषयों के महत्त्व को कमतर कहने या मात्र सामाजिक विज्ञान पर इनके निर्भर होने जैसी बात नहीं कह रहा, बल्कि सभी विषय आपस में अंतर्गुम्फित हैं और संपूर्ण समझ बनाने के लिए आपस में निर्भर भी। एक कड़ी के कमज़ोर होने पर चेन कमज़ोर होती है। सामाजिक विज्ञान हर बार निशाने पर रहने वाली सबसे प्रमुख कड़ी होती है क्योंकि यह राजनीतिक एजेंडे के माकूल बैठती है।

ऐसा भी निश्चित रूप से नहीं कहा जा सकता है कि पाठ्यक्रम में यह कटौती सोच-समझकर किसी एजेंडे के तहत ही की गई हो। इसी मुद्दे पर आजतक रेडियो पर अंजुम शर्मा से बात करते हुए शिक्षाविद् प्रोफेसर कृष्ण कुमार ने भी इसे सोच समझकर उठाया गया कदम नहीं माना। हालाँकि उन्होंने अपना असंतोष ज़रूर जाहिर किया। पर वह तो इसे शिक्षा की बदहाली से जोड़ते हुए पिछले कुछ दशकों की राजनीतिक दशा-दिशा देखने की बात करते हैं। इस संदर्भ में इतना ज़रूर कहना चाहूँगा कि भले ही यह सोच समझकर किसी एजेंडे के तहत न हुआ हो पर मुझ जैसे सामाजिक विज्ञान विषय के शिक्षक से यदि इस पर राय ली जाती तो मैं कुछ अन्य विकल्पों की तरफ जाता। मजबूरी में पाठ्यक्रम को हल्का करने के लिए मैं कुछ चैप्टर पूरी तरह हटाए जाने के बजाय उनके अंशों में कटौती करने की सलाह देता या फिर हटाने ही पड़ते तो कुछ अन्य अध्यायों के नाम सुझाता। आखिरकार संघवाद, धर्मनिरपेक्षता, लोकतंत्र, विविधता, नागरिकता आदि मुद्दे हमारे संविधान और राष्ट्र का आधार हैं। पाठ्यक्रम में कटौती की माँग

करने वाले शुरुआती लोगों में दिल्ली के शिक्षामंत्री मनीष सिसोदिया भी थे। पर इस तरह बिना सोचे-समझे प्रमुख अध्यायों की कटौती पर उन्होंने भी क्षोभ जताया है।

कुछ अध्यायों को यूँ केन्द्रीकृत फैसले से हटा देना उसी औपनिवेशिक मानसिकता को दर्शाता है जो प्रशासनिक आदेशों से अपेक्षित परिणाम निकाल लेने की शक्ति पर विश्वास रखती है। इसकी बजाय शिक्षकों से जहाँ तक संभव हो पाठ्यक्रम पूरा कराने की बात की जानी चाहिए थी। इससे ऐसी कृत्रिम वरीयता का प्रश्न ही नहीं उठता न ही विवाद होता। साथ ही आगामी परीक्षा में प्रश्न पत्र ऐसे बनाए जाते जिनमें प्रश्नों के बीच व्यापक विकल्प होते जिससे विद्यार्थी तनावमुक्त हो पाते। पर इस निर्णय में तो परीक्षा का वह परंपरागत स्वरूप ही शिक्षा पर हावी दिखा जिसमें पहले से ही पाठ और प्रश्न का क्षेत्र निर्धारित होता है और समस्त शैक्षिक प्रक्रिया उसी के इर्द-गिर्द चलती रहती है।

वैसे यह कटौती का फैसला इस वर्ष के लिए तैयार वैकल्पिक कैलेंडर के अनुरूप लिया गया है। बहुत से लोग मानते हैं कि जब पाठ्यक्रम बदला नहीं गया है और इस वर्ष के लिए कुछ पाठ ही हटाए गये हैं तो विरोध ठीक नहीं। पर यह सोचा जाना चाहिये कि हमारी पीढ़ी के एक हिस्से के लाखों लोग पाठ्यक्रम के इन हिस्सों से वंचित रह जाएँगे। उन्हें भविष्य में इन मुद्दों पर क्रमबद्ध जानकारी मिलने की संभावना कहाँ उपलब्ध होगी? वैसे सरकारें जब लघु अवधि के ऐसे बदलावों के प्रति जनता का कोई विरोध नहीं देखतीं है तो फिर दीर्घ अवधि के लिए भी ऐसे कदम उठाने से नहीं कतरातीं। यह पाठ्यक्रम कटौती बिना सोचे-समझे या किसी छुपे एजेंडे को ध्यान में रखकर किया गया है, इसके पक्ष में यह भी कहा जा सकता है कि अन्य विषयों में भी कटौती हुई है सिर्फ सामाजिक विज्ञान के विषयों में नहीं। दूसरे वाणिज्य विषय में नोटबंदी, जीएसटी आदि टॉपिक भी हटा दिए गये हैं। ये मुद्दे तो सरकार की नज़र में उसकी उपलब्धियों से जुड़े मुद्दे थे। पर यहाँ यह भी सोचा

जाना चाहिये कि नोटबंदी, जीएसटी जैसे टॉपिक धर्मनिरपेक्षता, लोकतंत्र, नागरिकता आदि की तरह देश की आधारभूत पहचान से जुड़े मसले नहीं हैं। इसलिए इनके हटाए जाने पर अधिक आपत्ति उठाई जा रही है। दूसरे यह नीतिगत फैसले भले लोकप्रिय साबित हुए हों और इन पर सरकार ने चुनाव जीते हों पर कुछ अर्थशास्त्रियों के अनुसार अर्थव्यवस्था में इनके प्रभाव स्वरूप बेरोज़गारी और मंदी भी पैदा हुई है। हो सकता है कि इसलिए अब इनसे बचा जा रहा हो। खैर कुछ भी हो इन फैसलों पर विवाद होना ही था सो हुआ।

31

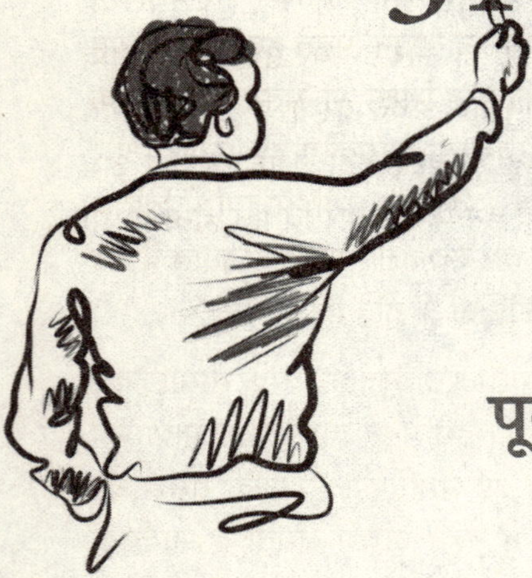

शिक्षा नीति-2020: पूर्वग्रह और अंतर्विरोध

राष्ट्रीय शिक्षा नीति, 2020 चौंतीस वर्षों के अंतराल के बाद आई इस सदी की पहली संपूर्ण शैक्षिक नीति है। किसी भी नीतिगत दस्तावेज से हमें उस समय की सरकार की नीतियों और नीयत दोनों का पता चलता है। ऐसे दस्तावेज़ों को पढ़ते हुए हमें शब्दशः पढ़ने के अलावा उसे उसके निहितार्थों में भी समझना चाहिए। ऐसे दस्तावेज शून्य में रहकर, आह्लादित या अभिभूत होकर नहीं पढ़े जाने चाहिये। इनमें बहुत कुछ लिखे में, तो बहुत कुछ छोड़ दिए गये में समाहित होता है। कुछ तो जानबूझकर इशारे में ही स्थापित किया जाता है। बहुत सी तार्किक और आलोचनात्मक कसौटियाँ हैं जिन पर कसकर ही नीतिगत दस्तावेज़ों पर अपने विचार बनाने होंगे।

इस शिक्षा नीति को पढ़ते हुए भी मेरी समझ से यह बातें लागू होती हैं। इसे पूर्ववर्ती शिक्षा नीतियों के संदर्भ में देखते हुए यह समझना होगा कि यह नीति

किस तरह उनसे अलग है या एक समान है? यह कौन सी नई ज़मीन तैयार करती है या तोड़ती है? इसके शब्दों और वाक्यों में नीति और नीयत का कैसा घालमेल है? इन सबको देखे बिना शैक्षिक दस्तावेज़ों को पढ़ना महज पढ़ना है। इस दस्तावेज़ को शब्दशः और 'बिटविन द लाइन' पढ़ते हुए एक बार यह समझ फिर पुख़्ता हुई कि अन्य मसलों की तरह शिक्षा भी अंततः राजनीतिक मसला ही है। यह अपने समय की वर्चस्वशाली शासकीय विचारधारा और हितों को बखूबी अभिव्यक्त करती है। वैसे जब हम ऐसी नीतियों में विविध हितों के प्रतिनिधित्व और उन्हें समाहित करने के लिए आवाज़ उठाते हैं तब यह लोकतांत्रिक प्रयास भी अंततः राजनीतिक ही होते हैं।

स्कूली शिक्षा के संदर्भ में इस नीतिगत दस्तावेज़ को उसके सामाजिक-राजनीतिक आयामों में देखना रुचिकर है। इसे पढ़ते हुए इसकी भाषा मन को मोहती है। इसे अब तक विकसित हुई प्रगतिशील शैक्षिक समझ की शब्दावली में लिखा गया है, जो पढ़ने में बहुत अच्छी लगती है। पूर्ववर्ती शैक्षिक नीतियों की बहुत सी आलोचना उनकी भाषा को लेकर भी होती थी। यह पूरी नीति बार-बार महान राष्ट्रीय विरासत, विविधतापूर्ण संस्कृति, लोकतांत्रिक-संवैधानिक मूल्यों की दुहाई देते हुए आगे बढ़ती है। ट्रांसजेंडर, 'दिव्याँग' (विकलांग) जैसे हाशियाई समूहों व पहचानों की चिंता भी करती है। जो बहुत अच्छी और लुभावनी बात है। पर जैसे ही गहराई से इस नीति में लिखे शब्दों और उनके बीच छोड़ दिए गये या इशारे में कही गई बातों पर ध्यान जाता है, पूरी स्थिति स्पष्ट होती है। समझ में आता है कि कैसे चालाकी से प्रगतिशील लोकतांत्रिक शब्दावली के बीच गैर प्रगतिशील, बाज़ारवादी, संकीर्ण राजनीतिक एजेंडे को इसमें पिरोया गया है।

उदाहरण के लिए कोठारी कमीशन से लेकर अब तक के दस्तावेज़ों में शिक्षा को समता और न्याय आधारित समाज बनाने का प्रभावी साधन माना गया है। राष्ट्रीय शिक्षा नीति, 2020 भी कहती है कि, 'शिक्षा, सामाजिक न्याय और समानता प्राप्त करने का एकमात्र और सबसे प्रभावी साधन है। समतामूलक और समावेशी शिक्षा न सिर्फ़ स्वयं में एक आवश्यक लक्ष्य

है, बल्कि समतामूलक और समावेशी समाज निर्माण के लिए भी अनिवार्य कदम है, जिसमें प्रत्येक नागरिक को सपने संजोने, विकास करने और राष्ट्र हित में योगदान करने का अवसर उपलब्ध हो।' (पैरा. 6.1, पृष्ठ 38) पिछले दस्तावेजों में इस लक्ष्य की प्राप्ति के लिए स्वयं शिक्षा व्यवस्था को भी समता आधारित बनाने के लिए 'कॉमन स्कूल सिस्टम' विकसित करने की बात की जाती थी (भले ही व्यवहारिक रूप से यह संभव न हो पाया हो)। जैसे राष्ट्रीय शिक्षा नीति, 1986 के पैरा. 3.2 में स्पष्ट रूप से कहा गया कि, '1968 की नीति में अनुशंसित सामान्य स्कूल प्रणाली को क्रियान्वित करने की दिशा में प्रभावी कदम उठाए जाएँगे।' पर इस दस्तावेज़ में इस आदर्श और सपने से पीछा छुड़ाकर राजनीतिक व्यवस्था ने स्वयं को इस नैतिक दबाव से मुक्त कर लिया है। 'समान स्कूली व्यवस्था' से मिलते-जुलते जुमले दस्तावेज़ में नत्थी करके वर्तमान असमान व्यवस्था को एक तरह से वैध बना दिया गया है। पृष्ठ संख्या 4 पर जहाँ यह कहा जा रहा है कि, '2040 तक एक ऐसी शिक्षा प्रणाली का लक्ष्य होना चाहिए जो कि किसी से पीछे नहीं है, एक ऐसी शिक्षा व्यवस्था जहाँ किसी भी सामाजिक और आर्थिक पृष्ठभूमि से संबंध रखने वाले शिक्षार्थियों को समान रूप से सर्वोच्च गुणवत्ता की शिक्षा उपलब्ध हो।' वहीं, आधार सिद्धांतों तक आते-आते असमान प्रणाली को ही घुमा-फिराकर परोस दिया गया है। अंतिम आधार सिद्धांत में कहा गया है कि, 'एक मजबूत, जीवंत सार्वजनिक शिक्षा प्रणाली में पर्याप्त निवेश- साथ ही सच्चे परोपकारी निजी और सामुदायिक भागीदारी को प्रोत्साहन और सुविधा।' निजी स्कूलों को लेकर ऐसी स्वीकार्यता संभवतः पहली बार किसी दस्तावेज़ में दिखाई देती है, वो भी बिना इसकी बाज़ारवादी, लूट आधारित संरचना पर सवाल उठाए। जहाँ 'सच्चे परोपकारी निजी' स्कूलों को कहीं परिभाषित नहीं किया गया है वहीं आगे बहुत सी जगहों पर ऐसे विशेषण हटाकर सीधे निजी स्कूलों के अस्तित्व को स्वीकार कर उनसे सहयोजित और संबद्ध होकर आगे बढ़ने की बात कही गई है। (पृष्ठ 16, 22, 26, 47) कौन नहीं जानता कि असमान व्यवस्था पर टिके ये निजी स्कूल सिर्फ़ विषमता को ही पुनर्उत्पादित करते हैं।

नीतिगत दस्तावेज़ में हर कहे-अनकहे का अपना महत्त्व है। जहाँ एक ओर पृष्ठ 44 पर कहा गया है कि, 'स्कूल के पाठ्यक्रम में किसी भी पूर्वग्रह और रूढ़िवादिता को हटा दिया जाएगा, और ऐसी सामग्री को अधिकता में शामिल किया जाएगा जो सभी समुदायों के लिए प्रासंगिक और संबंधित है।' वहीं यह दस्तावेज खुद में ही ऐसी सदाशयता नहीं दिखा पाया है। इसे इसकी अतीत दृष्टि और भाषा नीति में खुले तौर पर महसूस किया जा सकता है। नीति बार-बार भारत के गौरवशाली अतीत की बात को उठाकर न केवल उससे प्रेरणा लेने की बात करती है, बल्कि उसे पाठ्यचर्या में समाहित करने पर भी बल देती है। कमोबेश पिछली नीतियाँ भी अतीत से प्रेरणा लेने की बात करती रहीं हैं। पर यहाँ अतीत को स्पष्ट रूप से 'प्राचीन भारत' की संस्कृति, दर्शन, विरासत और उपलब्धि से ही जोड़ा गया है। जाहिर सी बात है कि अतीत या इतिहास का मोटा विभाजन प्राचीन से होकर मध्यकालीन और आधुनिक या समकालीन समय तक फैला हुआ है। यहाँ इसे प्राचीन की सीमा तक सीमित करके समझा गया है। यह सीमा समय के फैलाव को लेकर ही नहीं प्राचीन की एकल पहचान आधारित समझ को लेकर भी है।

नीति उद्घोष करती है कि, 'प्राचीन और सनातन भारतीय ज्ञान और विचार की समृद्ध परंपरा के आलोक में यह नीति तैयार की गई है।' साथ ही प्राचीन शैक्षिक संस्थानों के नाम गिनाते हुए इस व्यवस्था से निकले विभूतियों के नाम सम्मान पूर्वक गिनाए गये हैं। इनमें 'चरक, सुश्रुत, आर्यभट्ट, वाराहमिहिर, भास्कराचार्य, ब्रह्मगुप्त, चाणक्य, चक्रपाणि दत्ता, माधव, पाणिनि, पतंजलि, नागार्जुन, गौतम, पिंगला, शंकरदेव, मैत्रेयी, गार्गी और थिरुवल्लुवर' के नाम हैं। (पृष्ठ 4, 5) गौरतलब है कि शंकरदेव, थिरुवल्लुवर जैसे कुछ नामों को छोड़कर ये सभी नाम उत्तर भारतीय हैं। इनमें भी बुद्ध, महावीर, चार्वाक जैसे उस काल के उत्तर भारतीयों के नाम जिनके विचारों ने पूरी दुनिया में जगह बनाई, भी गायब हैं। संभवतः यह प्राचीन की एकरंगी समझ का परिणाम है। इसमें भौगोलिक प्रतिनिधित्व के लिहाज़ से भी उत्तरपूर्व, दक्षिण के नामों की घोर कमी है। आधार सिद्धांतों में भी प्राचीन के प्रति इस दृष्टिकोण को दुहराते हुए आधुनिक संस्कृति का जिक्र मात्र करके छोड़ दिया गया है।

इसके अलावा समृद्ध मध्यकालीन और स्वतंत्रता संघर्ष के आंदोलन से जुड़े अतीत को पूरी तरह से छोड़ते हुए इन पर चुप्पी बरती गई है। यह बात चुभने वाली है। आखिर हमारी संस्कृति और समाज पर मध्यकालीन अतीत का गहरा प्रभाव है। यह प्रभाव स्थापत्य कला, संगीत, खान-पान, पहनावे जैसे जीवन के विविध क्षेत्रों में सहज रूप से दिखता है। ऐसे चयन और बहिष्करण के पीछे कहीं औपनिवेशिक समझ से निकली वह सरलीकृत समझ तो नहीं कि भारत का प्राचीन काल हिंदू भारत और मध्यकालीन काल मुस्लिम भारत था। अगर ऐसा है तो यह समझने की ज़रूरत है कि ऐसा समरूप भारत कभी नहीं था। प्राचीन काल में भी जहाँ बौद्ध-जैन समुदायों की सशक्त उपस्थिति थी वहीं जिसे आज हम हिंदू धर्म के नाम से जानते हैं वह भी शैव-वैष्णव जैसी अनेक धाराओं में उपस्थित था। इसी तरह मध्यकाल में उत्तर में सशक्त मुस्लिम साम्राज्य के साथ-साथ पश्चिमोत्तर व दक्षिण भारत में हिंदू राजशाहियों का दबदबा था। वैसे भी किसी काल को शासक वर्ग के धर्म या फिर सिर्फ धर्म के आधार पर देखना संकीर्ण समझ है। हालाँकि दस्तावेज़ में कहीं भी धर्म का इस रूप में जिक्र भी नहीं है। चयन और बहिष्करण में निहित संभावित कारणों का यह मात्र अनुमान ही है। संवैधानिक मूल्यों का कई स्थानों पर जिक्र करते हुए भी इनको निर्मित करने वाले स्वतंत्रता संघर्ष के साझे आंदोलन का कहीं जिक्र तक नहीं किया गया है। जबकि 1986 की शिक्षा नीति में बहुत स्पष्ट तरीके से घोषित किया गया था कि, 'पाठ्यचर्या के कॉमन कोर (सामान्य केन्द्रिक) में भारतीय स्वतंत्रता आंदोलन का इतिहास, संवैधानिक जिम्मेदारियों तथा राष्ट्रीय अस्मिता से संबंधित अनिवार्य तत्व शामिल होंगे। ये मुद्दे किसी एक विषय का हिस्सा न होकर लगभग सभी विषयों में पिरोए जाएँगे।' (भाग-3)

इसी तरह के कुछ पूर्वग्रह और अंतर्विरोध दस्तावेज़ में व्यक्त भाषा की नीति में भी दिखाई देती है। इसमें कहा गया है कि, 'जहाँ तक संभव हो, कम से कम ग्रेड 5 तक लेकिन बेहतर यह होगा कि यह ग्रेड 8 और उससे आगे तक भी हो, शिक्षा का माध्यम, घर की भाषा/ मातृभाषा/ स्थानीय भाषा/

क्षेत्रीय भाषा होगी।' (पैरा. 4.11, पृष्ठ 19) मातृभाषा में पढ़ाई को पूरी दुनिया के शिक्षाविद् अच्छा कदम मानते हैं लेकिन यदि उच्च शिक्षा अंग्रेजी में ही बनी रहती है और इन भाषाओं में पढ़ाई के विकल्प नहीं खुलते तो बहुत से शिक्षार्थी जिन्हें अंग्रेजी सीखने का अवसर कम मिल पाएगा, बाकियों से पिछड़ जाएँगे। त्रि-भाषा फॉर्मूले को लागू रखे जाने की बात कही गई है। (पैरा. 4.13) लेकिन इन सबके बीच संस्कृत को लेकर नीति, अतिरिक्त झुकाव भी दर्शाती है। इसे 'त्रि-भाषा के मुख्यधारा विकल्प के साथ, स्कूल और उच्चतर शिक्षा के सभी स्तरों पर छात्रों के लिए एक महत्त्वपूर्ण, समृद्ध विकल्प के रूप में पेश' (पैरा. 417) करने की बात स्पष्ट रूप से कही गई है। जबकि ऐसा आश्वासन अन्य भारतीय भाषाओं को लेकर नहीं दिया गया है। त्रिभाषा में दो भारतीय भाषाएँ लेने की बाध्यता में फिर से उत्तर भारत के विद्यार्थी हिंदी के बाद संस्कृत तक ही सीमित रहेंगे। यही उपयुक्त समय था कि उत्तर में दक्षिण की भाषाओं को पढ़ने के लिए प्रेरित करने को कुछ कहा जाता। इससे दक्षिण में सद्भावना बढ़ती और हिंदी को लेकर दुराव भी दूर होता। लगता है एक महत्त्वपूर्ण अवसर को छोड़ दिया गया है।

दस्तावेज़ में भारतीय भाषाओं की प्रशंसा करते हुए कहा गया है कि, 'भारत की भाषाएँ दुनिया की सबसे समृद्ध, सबसे वैज्ञानिक, सबसे सुंदर और सबसे अधिक अभिव्यंजक भाषाओं में से हैं, जिसमें प्राचीन और आधुनिक साहित्य (गद्य और कविता दोनों) के विशाल भंडार हैं।' (पैरा. 4.15, पृष्ठ 21) यहाँ तक तो बात ठीक है। पर दस्तावेज में इससे आगे बढ़ते हुए संस्कृत को लेकर ऐसा तुलनात्मक दावा किया गया है जो विश्व की अन्य क्लासिकल भाषाओं के लिए अपमानजनक है और उन्हें हीनतर घोषित करती है। पैरा. 4.17 में कहा गया है कि, 'संस्कृत, संविधान की आठवीं अनुसूची में वर्णित एक महत्त्वपूर्ण आधुनिक भाषा होते हुए भी, इसका शास्त्रीय साहित्य इतना विशाल है कि सारे लैटिन और ग्रीक साहित्य को भी यदि मिलाकर इसकी तुलना की जाए तो भी इसकी बराबरी नहीं कर सकता।' (पृष्ठ 21) इसे पढ़ते हुए लगता है कि जैसे मैकाले के उस झूठे दावे को पलटकर इस नीति में

बदला लिया गया है जिसमें उसने कहा था कि पूरब का अब तक का लिखित साहित्य पश्चिम की एक आलमारी के बराबर भी नहीं है। ऐसी तुलनाएँ हमेशा ग़लत होती हैं। नीतिगत दस्तावेज़ों में ऐसे हल्के वक्तव्यों की उम्मीद नहीं की जाती। संस्कृत सहित अन्य भारतीय भाषाओं के पास ऐसी दंभपूर्ण तुलना के अलावा भी गर्व करने को बहुत कुछ है। इसे पढ़ते हुए कहीं पढ़ी गई एक बात याद आ गई। कहा जाता है कि संविधान सभा में राष्ट्र गान और गीत को लेकर जब बहस चल रही थी तब इकबाल द्वारा लिखे तराने 'सारे जहाँ से अच्छा हिंदोस्तां हमारा' पर भी चर्चा हुई। इस गीत का दावा मजबूत था। लेकिन कुछ सदस्यों ने इस ओर ध्यान दिलाया कि इसमें आई कुछ पंक्तियों में अपने देश की तुलना दूसरे देशों से करते हुए खुद को श्रेष्ठ घोषित किया गया है। ऐसे संदर्भ विदेश नीति और दूसरे देशों से हमारे संबंधों पर असर डालेंगे। वह पंक्ति थी 'यूनान-मिस्र-रोमा सब मिट गये जहाँ से/ कुछ बात है कि हस्ती मिटती नहीं हमारी।' इस आधार पर इस लोकप्रिय गीत का दावा निरस्त हो गया। क्या दस्तावेज में आया यह नया संदर्भ कुछ ऐसा ही नहीं है?

अन्य भारतीय शास्त्रीय भाषाओं जैसे तमिल, तेलुगू, कन्नड़, मलयालम, ओडिया आदि तथा पालि, फारसी, प्राकृत की भी प्रशंसा करते हुए उनके साहित्य को संरक्षित किए जाने की बात एक साथ कही गई है। पर जहाँ संस्कृत को शिक्षा व्यवस्था में हर स्तर पर बढ़ाने की बात कही गई है वहीं इन्हें लेकर टाल-मटोल की स्थिति है। यह कहकर इन्हें भविष्य के हाथों सौंप दिया गया लगता है कि, 'जैसे ही भारत पूरी तरह से विकसित देश बनेगा, अगली पीढ़ी भारत के व्यापक और सुंदर शास्त्रीय साहित्य के अध्ययन में भाग लेना और इंसान के रूप में समृद्ध बनना चाहेगी।' (पृष्ठ 22) इसके लिए ऑनलाइन मॉड्यूल विकसित करने को कहा गया है। हालाँकि फिर इसी पेज पर सार्वजनिक या निजी सभी स्कूलों में सभी विद्यार्थियों के पास, भारत की शास्त्रीय भाषाओं और उससे जुड़े साहित्य को कम से कम दो साल सीखने के विकल्प की बात भी कही गई है।

दस्तावेज़ द्वारा छोड़ दिए गये ऐसे संदर्भ भी जो पूर्ववर्ती शैक्षिक नीतियों में महत्त्वपूर्ण रूप से स्थान बनाते रहे हैं, बहुत कुछ इशारा करते हैं। 1968 और 1986 की शिक्षा नीतियों में धर्मनिरपेक्षता को एक केंद्रीय मूल्य के रूप में स्थान प्राप्त था जिसे शिक्षा द्वारा समाज में स्थापित किया जाना था। राष्ट्रीय शिक्षा नीति, 1986 में कहा गया था की, 'शिक्षा हमारे संविधान में प्रतिष्ठित समाजवाद, धर्मनिरपेक्षता और लोकतंत्र के लक्ष्यों की प्राप्ति में अग्रसर होने में हमें सहायता करती है।' (पृष्ठ 2) वर्तमान राष्ट्रीय शिक्षा नीति, 2020 में धर्मनिरपेक्षता और समाजवाद जैसे केन्द्रीय संवैधानिक मूल्यों को लगता है तिरोहित कर दिया गया है। ये ढूँढे नहीं मिलते। नीति में कई जगह संवैधानिक मूल्यों का जिक्र है पर इसे हमेशा नैतिक और मानवीय मूल्यों की सूची के साथ संबद्ध करके ही बढ़ाया गया है। जैसे मूलभूत आधार सिद्धांतों में कहा गया है कि, 'नैतिकता, मानवीय और संवैधानिक मूल्य जैसे- सहानुभूति, दूसरों के लिए सम्मान, स्वच्छता, शिष्टाचार, लोकतांत्रिक भावना, सेवा की भावना, सार्वजनिक संपत्ति के लिए सम्मान, वैज्ञानिक चिंतन, स्वतंत्रता, जिम्मेदारी, बहुलतावाद, समानता और न्याय'। गौरतलब है कि लगभग यही सूची अन्य जगहों पर भी दुहराई गई है। (पृष्ठ 9, 24, 44 आदि) पर इनमें कहीं भी धर्मनिरपेक्षता जैसे केंद्रीय संवैधानिक मूल्य का जिक्र नहीं है। इसके बरक्स 1986 की नीति स्पष्ट घोषणा करती थी कि, 'यह सुनिश्चित किया जाएगा कि सभी शैक्षिक कार्यक्रम धर्मनिरपेक्षता के मूल्यों के अनुरूप ही आयोजित हों।' (भाग-3) तो क्या अब इस दस्तावेज़ को इसके त्याग दिए जाने के रूप में पढ़ा या समझा जाए। नीति यह भी नहीं कहती। हालाँकि उपेक्षा का भी अपना संदेश होता है। मूल्यों की इन सूचियों में बहुत से नैतिक, मानवीय मूल्य तो अस्पष्ट भी हैं। जैसे शिष्टाचार, जिम्मेदारी, सेवाभाव आदि को कौन निर्धारित करेगा। यह संदर्भ और दृष्टिकोण के अनुसार भिन्न होते हैं। छोड़ देने की इस प्रवृत्ति की शिकार भाषाओं की सूची में उर्दू और आरक्षण जैसे मुद्दे भी हुए हैं। इन पर पूर्ववर्ती नीतियाँ स्पष्ट रही हैं।

नीति में कक्षा 6 से ही व्यवसायिक शिल्प जैसे कि 'बढ़ईगीरी, बिजली का काम, धातु का काम, बागवानी, मिट्टी के बर्तनों के निर्माण' (पृष्ठ 23,24) पर ज़ोर देने से एक आशंका यह भी पैदा होती है कि 12वीं तक पहुँचते-पहुँचते अधिकतर विद्यार्थियों के शिक्षा से बाहर हो जाने की प्रवृत्ति को देखते हुए यह सस्ते और ज़रूरी कुशल-अर्धकुशल श्रमिक पैदा करने की चिंता से उपजा मामला तो नहीं। साथ ही यह प्रावधान परंपरागत पेशों में विद्यार्थियों व अभिभावकों में कुछ हद तक सहजता व झुकाव होने से कहीं जातीय व्यवस्था को पुनर्स्थापित और पुनर्उत्पादित करने का जरिया न बन जाए।

दस्तावेज़ में विश्वविद्यालयों में समान प्रवेश प्रणाली स्थापित करने जैसे विविधता और संघवाद की भावना के प्रतिकूल प्रावधान हैं तो शिक्षक भर्ती में इंटरव्यू जैसे भ्रष्टाचार अनुकूल उपबंध भी। इन पर सोचे जाने की ज़रूरत है। ऐसे विद्यालय जहाँ बच्चों की संख्या कम है, उनके समेकन की नीति (पृष्ठ 47) की बात करके बजाय परिस्थितियों को सुधारने के पहली बार नीतिगत रूप से उन्हें बंद करने के रास्ते खोले गये हैं। हालाँकि दस्तावेज में सार्वजनिक पुस्तकालयों की उपलब्धता बढ़ाने (पृष्ठ 13), मध्यान्ह भोजन के साथ पौष्टिक नाश्ता या ब्रेकफास्ट की व्यवस्था करने (पृष्ठ 14), शिक्षकों के गैर ज़रूरी स्थानांतरण की नीति पर अंकुश लगाने (पृष्ठ 31), परफार्मेंस आधारित शैक्षिक पदोन्नति करने पर ज़ोर (पृष्ठ 34) और लड़कियों और ट्रांस जेंडर छात्रों को गुणवत्तापूर्ण और न्यायसंगत शिक्षा प्रदान करने के लिए क्षमता विकास हेतु एक 'जेंडर समावेशी निधि' के गठन (पृष्ठ 40) जैसी महत्त्वपूर्ण, प्रगतिशील और अच्छी बातें भी शामिल हैं। किंतु अपनी संपूर्णता में यह राष्ट्रीय शिक्षा नीति कई सवालों के घेरे में है। इसका जवाब जहाँ केवल सरकार दे सकती है वहीं आने वाले समय में इसके आधार पर निर्मित होने वाली राष्ट्रीय पाठ्यचर्या की रूपरेखा, पाठ्यपुस्तकें, विभिन्न एजेंसियाँ और उनकी कार्यप्रणाली भी इसे स्पष्ट करेंगी। एक सजग नागरिक के रूप हमें इस पर नज़र बनाए रखना होगा।

32

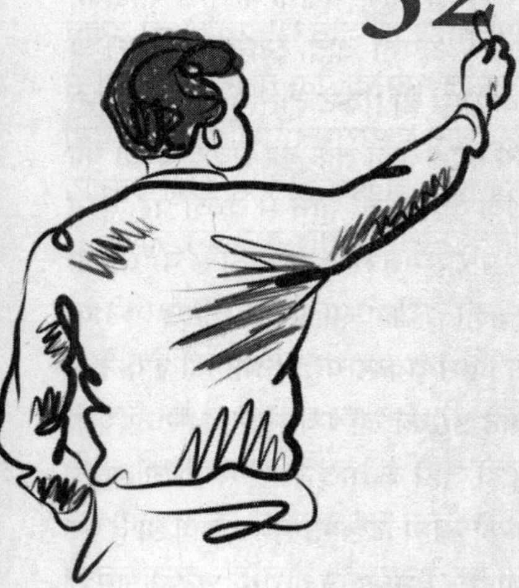

कैमरे की निगरानी में शिक्षा

दिल्ली के सरकारी स्कूलों में कैमरे लगाने की बहुप्रचारित, बहुचर्चित और बहुप्रतीक्षित योजना अब हकीकत के धरातल पर उतरने लगी है। इसके लिए दिल्ली सरकार ने जो फैसला लिया उसमें लगभग 600 करोड़ की लागत से स्कूलों में डेढ़ लाख से अधिक कैमरे लगाए जाने की बात भी शामिल थी। वैसे तो नई सरकार आने के बाद से ही इस मुद्दे पर चर्चा होती रही है और इस योजना के पक्ष-विपक्ष में लेख लिखे जाते रहे हैं। कुछ समय पहले एनसीआर क्षेत्र के एक स्कूल में हुए प्रद्युम्न हत्याकांड के बाद तो सरकार पर इस दिशा में आगे बढ़ने और विद्यार्थियों की सुरक्षा सुनिश्चित करने का दबाव बढ़ ही गया। अपराधी छात्र की शिनाख्त में उस आलीशान निजी स्कूल में लगे कैमरे की महत्त्वपूर्ण भूमिका रही थी। हालाँकि पहले घटनास्थल पर कैमरा ना लगे होने की बात कही जा रही थी और हत्या के जुर्म में स्कूल बस के कंडक्टर को गिरफ्तार किया जा चुका था। पर केस सीबीआई के पास

आते ही अलग तथ्य और अलग सबूत हाथ लग गए साथ ही कैमरे में कैद खतरनाक क्षणों का कुछ हिस्सा भी दिखाया जाने लगा। खैर...

यहाँ मैं स्कूलों के शैक्षिक परिवेश में कैमरों की निगरानी के कुछ शैक्षिक, मनोवैज्ञानिक और सामाजिक प्रभावों पर अपनी बात रखना चाहूँगा। ये प्रभाव एक दूसरे से जुड़े होते हैं और एक साथ ही प्रकट होते हैं। इस योजना के पक्ष में सबसे ज़्यादा कहे और दुहराये जाने वाले तर्क का संबंध बच्चों की सुरक्षा से जुड़ा हुआ है। माना जाता है कि कैमरे लगे होने से बच्चों पर हिंसा करने या संकट में डालने वाले व्यक्ति या परिस्थिति तक आसानी से पहुँचा जा सकता है। पर यहाँ यह बात गौर करने वाली है कि ऐसा घटना घटित होने या शिकायत मिलने के बाद ही संभव होगा। इस प्रकार यह घटना को रोकने में कारगर न होकर घटना घटित होने के बाद उसकी जाँच पड़ताल और दोषियों के धर पकड़ में उपयोगी होगी। अपराध हो जाने के बाद उससे संबंधित साक्ष्य जुटाकर अपराधी को सजा और पीड़ित को न्याय दिलाना महत्त्वपूर्ण तो है पर स्कूलों में इससे भी महत्त्वपूर्ण है ऐसा माहौल बनाना जहाँ ऐसी घटना घटित ही न हो। फिर हमारे यहाँ न्यायिक प्रक्रिया में होने वाली लेट लतीफी साक्ष्य जुटाने में मिल सकने वाली इस सफलता के बावजूद अगली किसी ऐसी ही घटना को रोकने के लिए ज़रूरी भय या प्रेरणा उत्पन्न कर पाएगी इस पर शक है। अतः इस व्यवस्था में सुधार नागरिकों की सुरक्षा के लिए चिंतित सरकारों की प्राथमिकता होनी चाहिए।

मेरी नज़र में बच्चों के लिए स्कूलों में सुरक्षित माहौल उपलब्ध कराने में संवेदनशील शिक्षकों/शिक्षिकाओं, जागरूक एवं प्रशिक्षित सुरक्षा गार्डों, अनुकूल भवन संरचना सहित सहज लोकतांत्रिक माहौल का होना बहुत आवश्यक है। ऊपर बताये गये प्रद्युम्न केस में भी यह बात निकलकर आयी थी कि उच्च वर्गीय स्कूल के उस ग्यारहवीं के आरोपी छात्र ने अपनी अधूरी परीक्षा की तैयारी के कारण परीक्षा रुकवाने की मंशा से प्राइमरी कक्षा के प्रद्युम्न की हत्या कर दी। यहाँ मैं अपराध की गंभीरता या भयावहता को

कम करके नहीं आंक रहा। किन्तु हमारे परीक्षा केंद्रित स्कूली व्यवस्था में विद्यार्थियों पर पड़ने वाले अवांछित दबाव और ऐसे जटिल माहौल जिसमें बच्चा अपने परिवार या शिक्षक से मन की बात भी साँझा न कर पाते हों, करने में भय खाते हों या फिर सुनवाई न होने को लेकर निश्चिंत हों पर नए सिरे से सोचा जाना चाहिए। ऐसा माहौल बच्चों की झुंझलाहट और चिंता को बढ़ाता है और उन्हें ग़लत राह पर ढकेल देता है। बच्चों को सुने जाने, मनोवैज्ञानिक सलाह पाने और स्वयं की कमियों को सुधारने के अवसर मिलने से ऐसी स्थितियों से बचा जा सकता है।

कैमरे लगाने के पीछे का एक महत्त्वपूर्ण तर्क सरकारी स्कूलों की उस मजबूत छवि से भी जुड़ा है जिसमें यह बात गहरे तक बैठी हुई है कि यहाँ के शिक्षक अपनी जिम्मेदारी ठीक से नहीं निभाते या कामचोर होते हैं। हालाँकि इसकी पुष्टि किसी शोध या सरकारी रिपोर्ट में आज तक नहीं हुई है। कभी-कभी मीडिया में कुछ शिक्षकों द्वारा बच्चों की पिटाई किये जाने संबंधी जो ख़बरें आती हैं वह इस नकारात्मक छवि को और पुख्ता करती है। सरकारी स्कूलों की दुर्दशा के पीछे तमाम शासकीय-प्रशासकीय एवं नीतिगत कारकों की भूमिका है, पर सारा दोष शिक्षकों के सर मढ़ देने की चलताऊ समझ ही आम जन मानस में हावी दिखाई देती है। कैमरे इस समस्या को दूर करने में मददगार होंगे यह समझ प्रशासन से लेकर आम जन तक स्वीकृत है। यद्यपि केन्द्रीकृत नियंत्रण और निरीक्षण से मनचाहा परिणाम प्राप्त कर लेने की इस औपनिवेशिक समझ की सीमाएँ हर क्षेत्र में पहले ही उजागर हो चुकी हैं। भले ही सरकार द्वारा इस योजना के पक्ष में यह तर्क व्यक्त न किया गया हो या फिर बहुत दबे स्वर में इसे स्वीकारा गया हो, पर पदसोपान पर आधारित शिक्षा की प्रशासनिक व्यवस्था में निम्नतर स्थान पर खड़े स्कूलों के लिए इसका प्रयोग इन्हीं अर्थों में होने की संभावनाएँ अधिक हैं। नियंत्रण-निरीक्षण की यह व्यवस्था न केवल श्रेष्ठता के दंभ और अविश्वास पर टिकी है अपितु इसी को पल-पल बढ़ाती है। कैमरा इसमें तकनीकी योगदान देकर इसे और मजबूत ही बनाएगा।

गुणवत्ता पूर्ण सार्वजनिक शिक्षा व्यवस्था के निर्माण की अपनी नीतिगत प्रतिबद्धता के तहत दिल्ली सरकार ने हाल के दो-तीन वर्षों में कई बदलावों व सुधारों की शुरुआत की है। बच्चों के अधिगम स्तर में सुधार के लिए चुनौती कार्यक्रम और मिशन बुनियाद, शिक्षण प्रशिक्षण के तौर-तरीकों में बदलाव, संविदा आधारित अतिथि शिक्षकों के वेतन में वृद्धि, मेंटर टीचर नियुक्ति, आधारभूत संरचना के विकास जैसे कई कदमों से कुछ ज़मीनी बदलाव दिखाई दिये हैं। इन बदलावों को देश दुनिया में चर्चा भी मिली है। अभी इस क्षेत्र में काफी काम किया जाना बाकी भी है। कैमरे लगाने की योजना को भी इस गुणवत्ता पूर्ण शैक्षिक बदलाव का हिस्सा बताया जा रहा है। ऐसे समय में जब स्कूलों में काम करने वाली जनशक्ति का ज़रूरत से कम होने के कारण मौजूद लोगों पर पहले से ही अतिरिक्त कार्य का शारीरिक और मानसिक दबाव हो, सख्त निगरानी तंत्र इसमें मनोवैज्ञानिक इजाफा ही करेगा। इसके लिए सरकार को बड़े पैमाने पर स्थाई भर्ती प्रक्रिया शुरू करने की ज़रूरत पहले है। जॉब सुरक्षा, पर्याप्त पदों की प्रतिपूर्ति अतिरिक्त दबाव को कम करके अधिक सकारात्मक परिणाम दे सकती है। पर बिना इन्हें बदले इस तरह के दबाव का बढ़ना कुंठा और तनाव में इजाफा ही करेगा।

समाचार पत्रों में छपी इससे संबंधित ख़बरों में यह भी बताया गया है कि कैमरे लग जाने के बाद अभिभावक घर बैठे यह देख सकेंगे कि उनका बच्चा कक्षा में क्या कर रहा है, पढ़ रहा है या नहीं, शिक्षक पढ़ा रहा है या नहीं? आदि। हमारे देश में बच्चों की इच्छा, उनकी राय या निजता को वैसे भी कभी महत्त्व दिए जाने की परंपरा नहीं रही है। कैमरे की प्रति क्षण निगरानी इसे और मजबूत ही बनाएगी। कक्षा में सिर्फ औपचारिक शिक्षण-अधिगम की प्रक्रिया ही न चलकर बहुत सारी अनौपचारिक अन्तःक्रियाएँ भी संपन्न होती हैं। बहुत-सी ऐसी बातें जिन्हें सामंती मूल्यों से लैस हमारे समाज में बच्चे अपने बड़ों से नहीं पूछ या कर सकते उसे अपने साथी से साझा करते हैं। उनकी किशोरवय प्रवृत्तियों का वयस्कों की दुनिया से मेल नहीं होता है। इसमें वयस्कों के संवेदनशील निर्देशन, सलाह व सहज साझेदारी से ही

सामंजस्य बनाया जा सकता है और अपेक्षित बदलाव लाए जा सकते हैं। पर अभिभावकों, प्रधानाचार्य, शिक्षकों की यह अतिरिक्त कैमरा आधारित निगरानी उनकी इस सामाजिक स्वायत्तता को छीनकर उन पर अनचाहे व गैर-ज़रूरी दखल को बढ़ायेंगे।

कुछ स्थितियों में तो यह शिक्षक की परेशानी को भी बढ़ा सकती है। यदि शिक्षक का प्रधानाचार्य से किसी बात पर मतभेद या मनमुटाव हो और प्रधानाचार्य बदले की भावना में कैमरे से शिक्षक की प्रत्येक कक्षाई गतिविधि पर नज़र रखकर कमियाँ ढूँढने में लग जाये, तो फिर यह अनावश्यक वर्चस्व और तनाव का जरिया भी बन जाएगा। अभिभावकों की शिक्षण पैडागाजी पर संभावित सीमित समझ या अधिकारियों व प्रधानाचार्य की इस पर मत भिन्नता को आधार बनाकर ही शिक्षक को प्रश्नों के घेरे में खड़ा करना आसान काम बन जाएगा। जाहिर है कि गैर-ज़रूरी दखल व पूछताछ सिर्फ स्वायत्तता हनन ही नहीं करते बल्कि रचनात्मकता को भी सीमित करते हैं। दबाव पूर्ण वातावरण नवोन्मेषी बनने या लीक से हटकर चलने को बढ़ावा न देकर बस काम पूरा करने, उच्चाधिकारियों की अपेक्षाओं पर खरा उतरने की भावना को मजबूत बनाएगा।

मेरी नज़र में बड़े पैमाने पर स्कूलों के कैमराकरण की यह योजना शिक्षा व्यवस्था को बेवजह शंका, हस्तक्षेप व वर्चस्व से भरने का काम करेगी जबकि इसे सहयोग, विमर्श, समर्थन जैसे मूल्यों की दरकार है। स्कूल में बच्चों को सुरक्षित माहौल संवेदनशील, जागरूक और प्रशिक्षित शिक्षक ही दे सकता है, कैमरे की निगरानी नहीं।

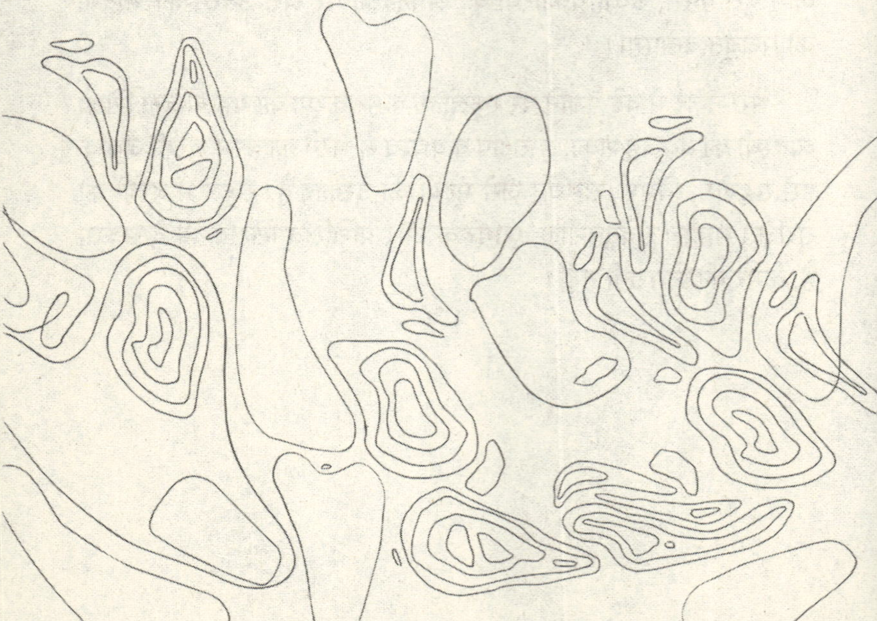

खंड - VI

शिक्षा के मायने

33

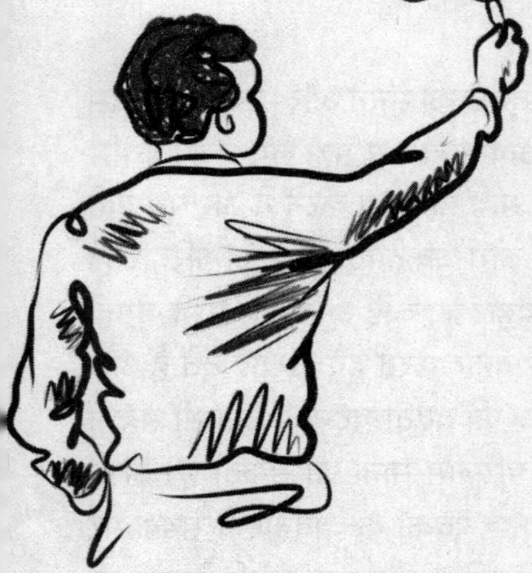

सहजता का मार्ग

उसने आज बहुत सारी बातें गुस्से में कही थीं। गुस्से में हम जो भी सोचते या बोलते हैं वो हमें सही ही लगता है इसीलिये उस समय मैंने अपनी बात नहीं कही क्योंकि कहीं न कहीं उसे लेकर गुस्सा तो मेरे अंदर भी था। हाँ ऐसा हो सकता था कि मेरे इस गुस्से का भी कोई सही आधार न रहा हो। उसने हमेशा के लिए बात बंद करने की धमकी दी। ऐसा व्हाट्सअप संदेश के जरिए हो रहा था। मैंने बाद में बात करने का संदेश भेजकर तल्ख हो रहे इस वार्तालाप को खत्म किया। उसी दिन देर शाम एक लंबा चौड़ा भावपूर्ण और शिकायती पत्रनुमा संदेश व्हाट्सअप से ही मैंने उसे भेजा। इसमें जहाँ मेरा पक्ष था वहीं उसके लिए मेरे मन में उठे सवालों की फेहरिस्त भी। उसे लेकर अच्छी यादों का जिक्र भी था तो उसे मनाने और कल से पहले की तरह काम पर साथ आने-जाने व व्यवहार करने का आग्रह भी। कुछ ही समय

पहले ज्वालामुखी की तरह दहक रहे दोस्त ने भी सकरात्मक और गर्मजोशी भरा जवाब भेजा। अगले दिन से हमारे बीच सब सामान्य था। प्रतिक्रिया देने से पहले थोड़ा समय लेने और शांत मन से अपनी बात कहने से बिगड़ी बात बन गई।

आज की भागदौड़ भरी ज़िंदगी में दूसरों को सुनने और समझने का जैसे किसी के पास समय ही न हो। सबको अपना ही पक्ष सही लगता है। कभी-कभी तो लगता है कि जैसे हम खुद के साथ ही न्याय करने में असमर्थ होते जा रहे हैं। अपनी भूमिकाएँ निभाने में लोग चूकते दिख रहे हैं। परिवार हो या सड़क, कार्य स्थल हो या आपसी व्यवहार का कोई अन्य क्षेत्र सभी जगहों पर कई लोग आपाधापी व अराजक व्यवहार करते हुए दिखाई देते हैं और दूसरों को संकट में डाल देते हैं। रोड रेज की बढ़ती घटनाएँ, आपसी संबंधों में बढ़ते अविश्वास आदि को इसी का परिणाम माना जा सकता है। अभी पिछले दिनों काँवड़ यात्रा पर निकले कुछ युवकों के व्यवहार ने सड़क पर जहाँ राहगीरों को भयभीत कर दिया वहीं पुलिस और प्रशासन की पेशानी पर भी बल ला दिया। छोटी-सी बात पर उपद्रवियों की तरह, समूह में कार पर हमला करते काँवड़ियों का दृश्य हो या यातायात नियमों की धज्जियाँ उड़ाने और हो हल्ले का व्यवहार सभी ने सोचने पर मजबूर कर दिया कि यह कौन-सी भक्ति और कैसे भक्त हैं जिनसे समाज को सीख या संबल मिलने की जगह भय व असहजता मिल रही है। दरअसल आज इंसान के पास ठहरकर सोचने, अपनी ही भूमिका पर पुनर्विचार करने, दूसरों के नज़रिये और हित को समझने का न समय है न प्रेरणा और न ही साहस।

वास्तव में हमारा समाज आज जिस संक्रमण एवं बदलाव से जूझ रहा है यह सब उसी की ही विकृत अभिव्यक्तियाँ हैं। संयुक्त परिवार टूटने व एकल परिवारों के बढ़ने से आज परिवार में संवाद होने, संबल मिलने व मूल्यों के सीखने सिखाने के अवसर सीमित हो गए हैं। पश्चिमी सभ्यता की तकनीकी उपलब्धियों का व्यापक प्रसार और बड़े पैमाने पर सामंती सोच के बने रहने से दोनों की अंतःक्रिया विस्फोटक स्थिति बना रही है। सोशल मीडिया द्वारा

अफवाह फैलाने, लोगों को ग़लत मुद्दों पर एकजुट करने और अपराध घटित होने जैसी अवांछनीय घटनाओं का देश, हाल ही में, कई बार साक्षी बना है।

वास्तव में हमारे सामाजिक ढाँचे में आए बदलावों और नई व्यवस्था के मूल्यों के संदर्भ में लोगों को मानसिक और व्यवहारिक स्तर पर प्रशिक्षण व समर्थन की ज़रूरत है। हमें अपनी शिक्षा, चिकित्सा आदि सभी क्षेत्रों को आज के तनावों से निपटने में सक्षम बनाना होगा। ऐसी प्रक्रियाएँ विकसित करनी होंगी जो इन परिस्थितियों से सहजता पूर्वक निपट सकें और जो हैं उन्हें दुरुस्त करना होगा। पुलिस व्यवस्था में सुधार, मनोवैज्ञानिक सहायता की उपलब्धता, बड़े स्तर पर लक्ष्य अनुरूप समर्थन व प्रशिक्षण तथा सरकार की प्राथमिकता में इसी के अनुसार बदलाव जैसे कदम तुरंत उठाए जाने चाहिए। सरकार द्वारा दिल्ली के सरकारी विद्यालयों में 'हैप्पीनेस' पाठ्यचर्या की शुरुआत इस दिशा में एक सार्थक पहल हो सकती है। इसके अंतर्गत रोज़ाना एक पीरियड स्वयं को जानने समझने में मददगार हो सकने वाली 'माइंडफुलनेस' एक्टीविटी, कहानी व अभिव्यक्ति के अवसरों से भरपूर क्रियाएँ शामिल की गई हैं। हालाँकि अभी इसके ज़मीनी क्रियान्वयन और परिणामों को जानना बाकी है किंतु ऐसे कई प्रयास बड़े पैमाने पर किये जाने से ही बात बनेगी। लोगों को शांत और सहज होने के लिए ज़रूरी मदद मिलना आज की बड़ी ज़रूरत है।

34

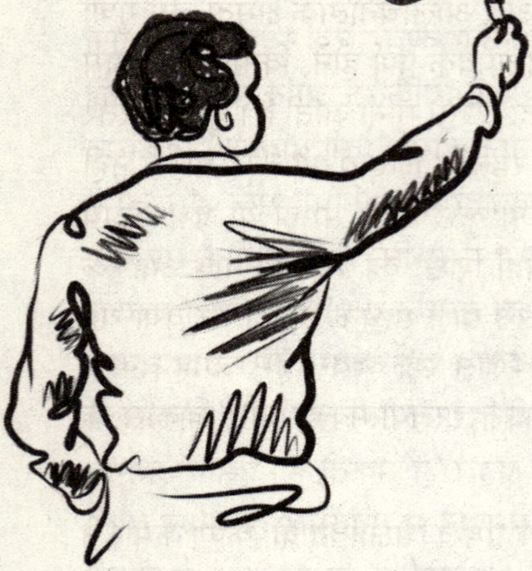

शिक्षा का अर्थ

मोहल्ले में हमारे एक पड़ोसी की चर्चा उनकी तीन साल की बेटी की वजह से आजकल खूब ज़ोरों पर है। कारण है तोतली आवाज़ में बच्ची द्वारा कुछ याद करा दिए गए प्रश्नों का उत्तर अंग्रेजी में फटाफट देना। अधिकतर प्रश्न सामान्य ज्ञान टाइप के हैं जिन्हें दूसरों के सामने वह पड़ोसी दम्पति बड़े विश्वास के साथ बच्ची से अंग्रेजी में पूछता है और बच्ची भी कभी खुश होकर, कभी ऊबते हुए उनका उत्तर फटाफट देती जाती है। प्रश्नों की खास प्रवृत्ति यह भी है कि उसमें अमेरिका संबंधी भौगोलिक, राजनीतिक और सामाजिक जानकारी पर फोकस है। यह दंपत्ति हर बार की प्रश्नोत्तरी के बाद यह बताना और जताना नहीं भूलता कि वे अपनी बेटी को पढ़ने के लिए यूएसए भेजेंगे और इसी की तैयारी के लिए उसका दाखिला एक मंहगे इंगलिश मीडियम प्राइवेट स्कूल में कराया गया है। हमारे यहाँ बच्चों के लिए अपेक्षाओं से पगे भविष्य की तैयारी वैसे तो लगभग हर माँ-बाप के लिए सामान्य बात

है। पर मध्यवर्गीय परिवारों में अपेक्षाओं का यह बोझ पूँजीवादी प्रतियोगी बाज़ार व्यवस्था में टिके रहने के लिए निरंतर कौशल विकास करते रहने, अंग्रेजी में पारंगत रहने जैसे खुद उनके द्वारा भोगे गए अनुभव से निर्मित होती है। इन अनुभवों में रचनात्मकता और आलोचनात्मक क्षमता जैसे गुणों के विकास की जगह निर्देशों के कुशलतापूर्वक पूर्ण होने, किसी खास काम को करने में निपुण होने जैसी बातें ज़्यादा ज़रूरी मानी जाती हैं। चूँकि निरंतर परिवर्तनशील बाज़ार व्यवस्था में टिके रहने के लिए ये भी कोई गारंटी नहीं होती इसलिए बदलाव के अनुरूप बिना कुछ सोचे समझे या प्रश्न उठाये हमेशा तैयार रहना बहुत ज़रूरी है। यहाँ शिक्षा की भूमिका मात्र आर्थिक संरचना और उसके लक्ष्यों की पूर्ति करने वाले साधन की है। पर क्या यह पर्याप्त है? क्या मानव जीवन का लक्ष्य चल रही व्यवस्था में जगह बनाना मात्र है? इसमें स्वयं उसकी इच्छा, क्षमता, रचनात्मकता और विकास के अवसर के लिए क्या कोई जगह है?

हाल ही में एक संगोष्ठी में बोलते हुए प्रमुख शिक्षाविद् प्रो. कृष्ण कुमार ने वर्तमान में प्रचलित शिक्षा के इसी सीमित आर्थिक समझ पर आधारित होने पर अपनी निराशा जताते हुए इसे भावी पीढ़ियों के लिए खतरनाक बताया। उनके अनुसार इतने असुरक्षित और गैर टिकाऊ विकास पर आधारित यह दुनिया ज़्यादा आगे तक नहीं जा सकती। इसके लिए हमें अपने बच्चों को जागरूक, संवेदनशील और आलोचनात्मक चेतना से लैस बनाना होगा जिससे वे उपयोगी व सकारात्मक हस्तक्षेप करने योग्य बनें, अपने आस-पास की दुनिया की समस्याओं की समझ बनाते और उससे जूझते हुए निदान ढूँढ पाएँ। पर आज जब बस टिके रहने हेतु आवश्यक आर्थिक कौशल को ही शिक्षा का पर्याय माना जा रहा हो, समाज और प्रकृति की स्वभाविक विविधता से परे एकल व उग्र राष्ट्रीय पहचान पर लोगों को भावुक बनाकर भ्रमित किया जा रहा हो तो इन पर कैसे बात की जाए? कैसे मौजूदा स्वरूप और विमर्श को बदलकर शिक्षा के व्यक्तिगत और सामूहिक लक्ष्यों की पुनर्व्याख्या की जाए?

इसका कोई एक जवाब तो निश्चित रूप से नहीं दिया जा सकता। मज़बूती से जम चुकी पूँजीवादी- बाज़ारवादी अर्थव्यवस्था जो प्रतियोगिता के नियम और लाभ के उद्देश्य से संचालित है, शिक्षा व्यवस्था को भी इसी के अनुरूप सहयोजित करने में लगी हुई है। आज भले ही विभिन्न देशों में निर्धारित और घोषित शैक्षिक पाठ्यचर्या स्वयं में लोकतांत्रिक- मानवीय मूल्यों व लक्ष्यों से लैस दिखती हो किंतु व्यवहारिक रूप से इसे व्यक्त नहीं करती। हमारे देश में इस समय स्कूलों में पढ़ाए जा रहे पाठ्यक्रम और समस्त शैक्षिक प्रक्रियाएँ 'राष्ट्रीय पाठ्यचर्या की रूपरेखा, 2005' पर आधारित होने का दावा करती हैं। यह दस्तावेज स्कूलों में बच्चों की व्यक्तिगत भिन्नताओं- क्षमताओं के सम्मान देते हुए अधिगम के अवसर देने, विविधताओं को सम्मान देते हुए लोकतांत्रिक मूल्यों का विकास करने, अपने आस-पास के परिवेश से जुड़ने, समस्याओं पर चिंतन करने और आलोचनात्मक चेतना से लैस होकर निर्णय लेने योग्य बनाने जैसे वृहत्त शैक्षिक लक्ष्यों को स्वयं में समाहित किए हुए है। पर वास्तविकता में हमारी शिक्षा व्यवस्था आज भी रटन्त आधारित और परीक्षा परिणामों पर केन्द्रित बनी हुई है। स्कूलों में भी निजी और सरकारी का विभाजन इसके शैक्षिक स्वरूप को गहरे तक प्रभावित करता है। इस मोटे विभाजन में भी कई अन्य तरह के स्तरीकरण समाहित हैं। जैसे निजी में कुछ बहुत मंहगे स्कूल जो स्वयं को अंतरराष्ट्रीय स्तर के होने का दावा करते हैं तो कुछ कम मंहगे और साधारण मध्यवर्गीय लोगों की आर्थिक क्षमता के अनुरूप अंग्रेजी माध्यम स्कूल हैं। वहीं सरकारी स्कूलों में भी अलग-अलग सामाजिक, आर्थिक समूहों के हितों और हैसियत के अनुरूप स्कूलों की श्रृंखला है। जैसे बिल्कुल साधारण व सामान्य सरकारी स्कूल जिसमें अधिकांशतः गरीब घरों के बच्चे शिक्षा लेते हैं। ग्रामीण मध्यवर्गीय परिवारों की अपेक्षाओं के अनुरूप नवोदय विद्यालय, सरकारी कर्मचारियों के बच्चों हेतु केन्द्रीय और सैनिक स्कूल इसी तरह प्रतिभा और एक्सीलेंस जैसे अंग्रेजी माध्यम स्कूल आदि। स्कूली व्यवस्था में व्याप्त यह स्तरीकरण 'शिक्षा के' और 'शिक्षा में' निर्धारित किए गये लोकतंत्रीकरण के लक्ष्यों को बाधित करता है। नई शिक्षा नीति, 1986 के समय से ही 'समान स्कूल व्यवस्था' (कॉमन स्कूल सिस्टम) के लिए घोषित किए गये राष्ट्रीय संकल्प को पूरा करके ही

इस विचलन को दूर किया जा सकता है। इसमें 'पड़ोस के स्कूल में ही सबके लिए अनिवार्य शिक्षा' और 'प्राथमिक शिक्षा में मातृभाषा को माध्यम बनाने' जैसे कदम काफी मददगार हो सकते हैं। वर्तमान स्तरीकरण जहाँ विभेदों को मजबूत बनाते हैं वहीं घोषित शैक्षिक लक्ष्यों को भोथरा भी। इसके अलावा शिक्षा की प्रक्रिया में ऐसे आर्थिक कौशलों को भी समाहित करना होगा जो हमारे बच्चों को बड़े होने पर आत्मनिर्भर, स्वतंत्र और खुशहाल जीवनयापन योग्य बनाए न कि निर्देशों को मानने वाले रोबोट जो बस दूसरों की इच्छा या कृपा पर निर्भर हों।

इन गुणात्मक बदलावों की सिद्धि हेतु बच्चों में आलोचनात्मकता, रचनात्मकता और संवेदनशीलता का विकास बहुत मायने रखता है। निर्देशित शिक्षण के बजाय उन्हें अपने संदर्भ में समस्याओं को पहचानने, उनका निदान ढूँढने, पहल करने, सकारात्मक हस्तक्षेप कर पाने, दूसरे के नज़रिये से सोच सकने व विविधताओं के लाभ समझ पाने जैसे अनुभव प्राप्त करने के भरपूर अवसर मिलने चाहिए। तभी वे इस संकटग्रस्त दुनिया को बेहतरी की ओर बढ़ाने में सक्षम बन पाएँगे साथ ही फिजूल में खड़े किए गए मुद्दों और संकीर्णताओं के जाल से निकलकर मानवतापूर्ण समाज की स्थापना कर पाएँगे। इस उद्यम में आधारभूत संरचना के विकास सहित कक्षा कक्ष की शिक्षण-अधिगम प्रक्रिया और शिक्षकों के प्रशिक्षण में प्रासंगिक बदलाव भी बहुत महत्त्वपूर्ण है। शिक्षा जैसे नितांत ज़रूरी मुद्दे पर भी हमारे देश में गहरी सरकारी उदासीनता दिखाई देती है जिसके परिणामस्वरूप निजी स्कूलों की बाढ़-सी आ गई है। सरकारी शिक्षा व्यवस्था की खस्ताहाली और छवि धूमिल होने से लोग भी अपने बच्चों को निजी स्कूलों के हवाले कर रहे हैं। यह प्रवृत्ति निरंतर चालू है। पर एक महत्त्वपूर्ण बदलाव को यहाँ ज़रूर रेखांकित करना चाहूँगा और वो है पिछले कुछ वर्षों में दिल्ली के सरकारी स्कूलों की स्थिति में सुधार हेतु किये जाने वाले प्रयास। एक शिक्षक के रूप में मैंने इसे बहुत करीब से अनुभव किया है कि संरचनागत बदलावों के साथ-साथ मूल्यांकन, कक्षा कक्ष में प्रक्रिया, सेवाकालीन शिक्षक प्रशिक्षण आदि में बदलाव हेतु सरकार द्वारा सचेष्ट प्रयास किए जा रहे हैं। यद्यपि इसके परिणाम दीर्घकाल

में ही देखे जा सकेंगे। पर राष्ट्रीय स्तर पर शिक्षा न तो अभी तक मुख्य एजेंडा है और न ही इसमें बदलाव का कोई गंभीर प्रयास दिखाई देता है। इस मुद्दे पर बिना व्यापक सामाजिक जागरूकता और दृढ़ राजनीतिक प्रतिबद्धता के वांछित बदलाव होना मुश्किल है। हमें गंभीर होकर सोचना पड़ेगा कि शिक्षा का स्वरुप चंद पूंजीपतियों के हितों से संचालित बाज़ार निर्धारित करेगा या हमारे सामूहिक इतिहास और विकास यात्रा में निर्मित श्रेष्ठ मानवीय चेतना इसे आकार देगी। बेशक दूसरा विकल्प ही हमें बचा सकता है।

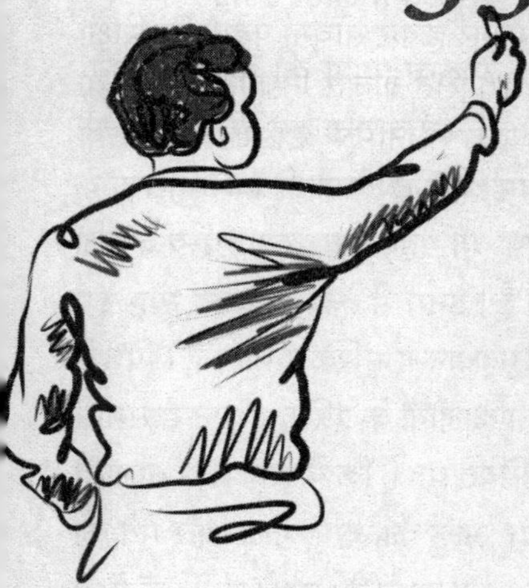

35

भाषा की जकड़बंदी

भाषा को बरतने वाले ही यह निर्धारित नहीं करते कि वे इसे कैसे बरतें बल्कि भाषा में स्वयं भी इतनी ताकत होती है कि बरतने वाले को एक खास ढाँचे के भीतर ही ऐसा करने की छूट देती है। चाहकर भी इस पूर्व निर्धारित ढाँचे को तोड़ना बहुत मुश्किल होता है। मासूम बच्चे ही नहीं बल्कि शिक्षित और जागरूक लोग भी भाषा के चक्रव्यूह में बार-बार फँसते हुए दिखते हैं। हो सकता है सामान्य बातचीत या बोलचाल में कही गई बात को बोलने वाले ने किसी और संदर्भ में व्यक्त किया हो या अलग मायने में कहा हो, किंतु अप्रत्यक्ष रूप से भाषा सदियों से जड़ जमाकर बैठे पूर्वग्रहों, कुंठाओं, विषमताओं या भेदभाव के रूपों को प्रकट कर जाती है। संवेदनशील और बदलाव के पक्षधर लोगों से इसीलिए भाषा के प्रयोग में अतिरिक्त सावधानी

बरतने की उम्मीद भी की जाती है। आखिरकार भाषा समाज की ही निर्मिति है इसीलिए नई अपेक्षाओं व लोकतांत्रिक मूल्यों के अनुरूप उसकी पुनर्रचना भी समाज की ही जिम्मेदारी है। पर यह कार्य इतना आसान नहीं।

वर्तमान में अभिव्यक्ति के लिये उपलब्ध भाषा की कोटियाँ जाने-अंजाने हमें ग़लत दिशा में ही ठकेलती हैं। कई बार तो हमें इसका पता भी नहीं चलता। उदाहरण के लिये अगर हम ध्यान दें तो पायेंगे कि पितृसत्ता के अन्य सामाजिक उपादानों की तरह भाषा भी गहरे तक पुरुष वर्चस्व के पक्ष में और स्त्रियों के खिलाफ काम करती है। इनमें से कुछ तो बहुत स्पष्ट रूप में और कुछ इतनी महीन होती हैं कि पहचानना मुश्किल होता है। पिछले दिनों घर में मेहमान आने पर मैंने अपनी कालोनी के प्रसिद्ध दुकान से समोसे मंगवाए। इस दुकान के समोसों की खासियत यह है कि ये आकार में सामान्य समोसों से छोटे होते हैं और इसके अंदर आलू की जगह मटर और मेवे का मिश्रण भरा होता है, जिसे काफी पसंद किया जाता है। पर ये समोसे जैसे ही मेरी सात साल की बेटी ने देखे वो बोल पड़ी, 'पापा समोसे की जगह समोसी ले आये।' मैंने लापरवाही में ही कहा, 'नहीं, समोसे ही हैं।' वह अपनी बात पर अड़ गई। बोली, 'दिखता नहीं बुद्धू ये छोटे हैं। ये समोसे की वाइफ समोसी हैं।' छोटी बच्ची के मुँह से आकार के आधार पर इस तरह के स्पष्ट लैंगिक निर्धारण को सुन मैं हैरान और परेशान दोनों हुआ। किंतु शांत होकर सोचा तो पाया कि इसमें बिटिया का दोष नहीं बल्कि यह तो हमारे भाषाई संरचना के मूल में है। अक्सर पुल्लिंग को बड़ा, मौलिक, कठोर, स्वतंत्र आदि के रूप में तो स्त्रीलिंगी या स्त्रैण शब्दों को इसके बरक्स छोटे, व्युत्पन्न, कोमल, निर्भर आदि के रूप में ही व्यक्त किया जाता है। जैसे- बड़े को डिब्बा तो छोटे को डिबिया कहते हैं, मूल चाँद है तो उससे व्युत्पन्न चाँदनी है, पुरुष में साहस वरेण्य है तो स्त्री में लज्जा। यह सब स्त्री पुरुष से परे वस्तु व जीव जगत में भी

स्त्रीलिंग व पुल्लिंग का असमान विभेद खड़ा करता है। अक्सर यह विभेद विरोधी या बायनरी होते हैं न कि पूरक के रूप में। कोई भी व्यक्ति भाषा की इसी संरचना के तहत ही उसे बरतता है।

कई बार भाषा अपनी पितृसत्तात्मक, जातिवादी और उच्च वर्गीय चरित्र के कारण उन सच्चाइयों या वास्तविकताओं को व्यक्त भी नहीं कर पाती जिसका संबंध दमित अस्मिता से होता है। उदाहरण के लिए हमारे समाज में औरत के माँ बनने को उसकी पूर्णता से जोड़ते हुए इसे सुखद एहसास के रूप में व्यक्त किये जाने का चलन रहा है। लेकिन इन सब में प्रसव की प्रचंड पीड़ा पर ज़्यादा बात नहीं की जाती। भाषा में इसके लिये ज़्यादा कुछ ढूँढे नहीं मिलता। इसी प्रकार कहावतों, मुहावरों, लोकोक्तियों आदि में इसी एकपक्षीय वर्चस्व को आसानी से महसूस किया जा सकता है। कई कहावतें तथाकथित निम्न जातियों के प्रति घृणास्पद और अपमानजनक हैं, जिसे दुहराया जाना ठीक नहीं। अपेक्षाकृत अधिक समतावादी आदिवासी समूहों के जीवन पर अध्ययन करने वाले एक मित्र ने बताया कि अधिकतर मामलों में आदिवासियों की गालियाँ जेंडर निरपेक्ष होती हैं। उनमें अक्सर गुस्से में एक दूसरे को जानवरों द्वारा खा जाने, साँप के डस जाने, डूबकर मर जाने आदि की बात कही जाती है। जबकि तथाकथित मुख्यधारा या 'सभ्य' कहे जाने वाले लोग अपनी गालियों में महिलाओं का ही मान मर्दन करते हैं। यदा-कदा स्त्रियों द्वारा भी गालियों का यही समाजशास्त्र पुष्ट होता है। भाषा में पुरुष केन्द्रित गालियाँ ही नहीं हैं, हालाँकि यह भी होनी नहीं चाहिए।

भाषा का यह एकांगी खेल और भी कई क्षेत्रों में चलता है। नर पहचान में मादा को समाहित मान लेने की अघोषित परंपरा-सी रहती है। जैसे कई बार 'आदमी' शब्द में औरतों को समाहित मान लिया जाता है पर कभी 'औरत' शब्द में आदमी को समाहित नहीं माना जाता। स्कूली पाठ्यचर्या के

अंतर्गत सायास रूप से लिखी गई पुस्तकें भी भाषा की इस जकड़बंदी से मुक्त नहीं हो पाई हैं। यह कई अध्ययनों में साबित हो चुका है। जाहिर है कि भाषा की इस जकड़बंदी को तोड़ना और इसे लोकतांत्रिक मूल्यों से लैस करना कोई आसान या एक झटके में कर दिया जाने वाला काम नहीं है। इसके लिये लंबे समय तक सतत, सायास व सम्मिलित प्रयास किये जाने की ज़रूरत है।

36

शिक्षक दिवस पर एक शिक्षक के विचार

सोचता हूँ एक शिक्षक के रूप में शिक्षक दिवस को मुझे किस रूप में लेना चाहिए। क्या मुझे उत्सव के मूड में होना चाहिए?, अपने विद्यार्थियों और समाज से अपने खुद के लिए और पूरे शिक्षक समुदाय के लिए आदर व सम्मान की इच्छा करनी चाहिए? या कुछ और? अपने दस वर्षों से अधिक के शैक्षिक जीवन से सीखते हुए मैंने इस पर गहन तरीके से सोचा है और इस निष्कर्ष पर पहुँचा हूँ कि चाहे किसी के लिए इसका कुछ भी मतलब हो पर एक शिक्षक के लिए यह आत्म चिंतन का अवसर है।

यह दिवस मुझे अपने जीवन में मिले अच्छे व प्रिय शिक्षकों को याद करते हुए यह सोचने का अवसर देता है कि क्या मैं उनके वे गुण अपने अंदर विकसित कर पाया हूँ जो उन्हें अच्छा और प्रिय बनाता था। इसमें कोई शक

नहीं कि प्रत्येक व्यक्ति चाहे वह किसी भी व्यवसाय, पहचान या स्थिति से जुड़ा हो वह आदर व सम्मान प्राप्त करना चाहता है। शिक्षक भी इसका अपवाद नहीं। पर एक लोकतांत्रिक समाज में रहते हुए इसकी एक सीमा से ज़्यादा चाहत भी नहीं करनी चाहिए। आखिर गरिमा के स्तर पर सभी समान हैं। यह समझना ज़रूरी है कि सम्मान मात्र इस नोबल माने जाने वाले पेशे से जुड़कर ही नहीं मिल सकता, बल्कि इसमें हमारा व्यवहार ही अंतिम निर्धारक शक्ति होता है।

यदि हम अपनी कक्षा में बच्चों की गरिमा का ख्याल रखते हैं, उनकी पहचान व ज़रूरतों को लेकर संवेदनशील रवैया इख़्तियार करते हैं, उन्हें समान अवसर देते हुए प्रेमपूर्वक शिक्षण करते हैं, कभी भी उन्हें ग़लत तरीके से सम्बोधित न करके उनके अधिकारों को सम्मान देते हैं तो फिर हमें बदले में आदर व सम्मान मिलने के बारे में सोचना ही नहीं पड़ेगा। वह अपने आप उनके मन व व्यवहार में हमारे लिए प्रकट होगा। बच्चे स्कूल में मिले अनुभवों को वैसे ही घर पर ले जाते और अभिव्यक्त करते हैं जिस तरह घर-परिवार में सीखे गये को स्कूल में। वह हमारे द्वारा किये जाने वाले व्यवहार के बारे में माता-पिता व अभिभावकों को भी बताते ही हैं जो उनकी नज़र में हमारे प्रति धारणा का निर्माण करती है। कुछ शिक्षकों को मैंने यह शिकायत करते हुए पाया है कि बच्चे और उनके अभिभावक हमें पर्याप्त सम्मान नहीं देते। वस्तुतः यह शिक्षक के रूप में हमें अपने ऊपर ही सोचने को विवश करता है। वास्तव में बच्चे हमें वही लौटाते हैं जो हमसे प्राप्त करते हैं ।

हमारे सरकारी स्कूलों में अधिकांश बच्चे निम्न आय वर्ग से आते हैं जबकि अमूमन शिक्षक मध्यवर्गीय पृष्ठभूमि से होते हैं। यह वर्गीय अंतर शिक्षकों को बच्चों की पृष्ठभूमि व जीवन संघर्षों से अनभिज्ञ बनाती है। यदि शिक्षक संवेदनशील तरीके से इस अंतर को अपने बात-व्यवहार से न पाटें तो

कक्षा में यह तनाव व असहजता का कारण बन जाता है। हमारे बहुत से बच्चे घर पर अपने माँ बाप के काम में हाथ बँटाते, पार्ट टाइम जॉब करते और कई तरह की दुश्वारियों का सामना करते हुए जीवन जीते हैं। उनसे अन्य बच्चों की तरह ही होमवर्क करके लाने, पाठ याद कर लेने, कक्षा में तत्पर बने रहने की अपेक्षा कभी-कभी ग़लत होती है। बहुत बार जाने-अंजाने हम शिक्षक अपने वर्गीय समझ की सीमा के वशीभूत उनके जीवन स्तर, बोली-भाषा व संस्कृति की अवहेलना, उपेक्षा या फिर उनका उपहास कर देते हैं जो उनमें हीन भावना, प्रतिरोध व जुड़ाव हीनता को जन्म देती है। शिक्षकों को बहुत संवेदनशील तरीके से विद्यार्थियों से पेश आना ज़रूरी है। उन्हें उनके नाम से और सम्मान पूर्वक बुलाने भर से वे शिक्षक के प्रति सहज हो जाते हैं। कुछ शिक्षकों को मैंने मध्याह्न भोजन देते समय बच्चों के साथ बहुत ग़लत तरीके से पेश आते देखा है। जैसे उन्हें झुंड में हाँकना, ज़्यादा या दुबारा माँग लेने पर अपमानित करना, लगातार टिप्पणियाँ करना आदि। हमें यह समझना होगा कि समावेशी, सम्मान आधारित, पोषणयुक्त, गुणवत्तापूर्ण माहौल बच्चों का अधिकार और हमारा उत्तरदायित्व है। यह उनके सशक्तिकरण का भी मामला है।

मुझे याद है कि तब शिक्षक बने मुझे मात्र एक वर्ष हुए थे जब मैंने एक बच्चे को उसके बिना नहाए स्कूल आने पर कक्षा में डाँट दिया था। उस समय तो बच्चे ने कुछ नहीं कहा, बस सिर झुकाए लज्जित खड़ा रहा। किंतु कक्षा से निकलने के बाद वह मेरे पीछे-पीछे सीढ़ियों पर आया और बोला- 'सर मैं आगे भी नहाकर स्कूल नहीं आ पाऊँगा क्योंकि जहाँ मेरा परिवार किराए के कमरे में रहता है वहाँ हमारे जैसे दस परिवारों के लिए एक ही बाथरूम और शौचालय है। सुबह उसमें बहुत भीड़ रहती है।' उसकी बातें सुनकर कक्षा में किये गये व्यवहार के लिए मुझे शर्मिंदगी महसूस हुई। उसे

मैंने यह तो समझाया कि वह फिर सहूलियत के अनुसार दिन में जब समय मिले तब साफ- सफाई का काम कर ले, पर आगे से कभी इस तरह की सीधी व निर्णायक टिप्पणी करने से बचने लगा। वह बच्चा उस साल मेरी कक्षा में बेहतरीन परिणाम दर्शाने वालों में से एक रहा था।

यद्यपि हममें से ज़्यादातर शिक्षक अक्सर अपने काम को पूरी प्रतिबद्धता से बखूबी पूरा करते हैं। फिर भी मेरा मानना है कि कई क्षेत्रों में हमें स्वयं में सुधार और बदलाव की आवश्यकता है। सिर्फ मेहनत करना ही काफी नहीं है बल्कि मेहनत सही दिशा में और सही तरीके से हो यह भी ज़रूरी है। हमें अपने पेशे में बेहतर होते रहने की ज़रूरत है। मेरी समझ से हमें इस दिशा में निरन्तर प्रयास करते रहना चाहिए। शिक्षक दिवस को स्वयं अपनी नज़र में सार्थक बनाने के लिए मेरी नज़र में हम शिक्षकों को ये सब अवश्य करना चाहिए-

- एक शिक्षक के रूप में हमारा हित बच्चों के हित में ही है। हमें बच्चों के कल्याण को सर्वोपरि मानते हुए कार्य करना चाहिए।
- एक शिक्षक के रूप में नये विचार, तकनीकी और पेडागॉजी को सीखते रहना होगा।
- कक्षा में समूहगत विविधताओं को सम्मान और स्पेस देना चाहिए जो देश की ज़रूरतों और लोकतांत्रिक मूल्यों के अनुरूप है।
- विद्यार्थियों की व्यक्तिगत ज़रूरतों, समस्याओं और क्षमताओं को समझते हुए उन्हें भरपूर अवसर देना चाहिए।
- संवैधानिक मूल्यों व आदर्शों को जीवन और व्यवहार में उतारना शिक्षक का कर्तव्य है।

- एक शिक्षक को अपने विषय से संबंधित जानकारी को विकसित करते रहना चाहिए। इसमें नई किताबें पढ़ना, साझेदारी से सीखना, और अधिगम के लिए मिले अवसरों जैसे सेमिनार या कार्यशालाओं का फायदा उठाना शामिल है।
- कक्षा में लोकतांत्रिक माहौल बनाते हुए बच्चों को प्रश्न पूछने, मन की बात कहने और भागीदारी के अवसर देना चाहिए। शारीरिक दंड, शाब्दिक अपमान या इसका भय पूरी तरह वर्जित होना चाहिए।
- 'बच्चे कोरे कगज हैं' या 'बच्चे कच्ची मिट्टी होते हैं' जैसे 'व्यवहारवादी विचार' अब शिक्षा जगत में पुराने और ग़लत माने जाने लगे हैं। वर्तमान में प्रचलित 'कंस्ट्रक्टिव' या 'निर्माणवादी' नज़रिये से बच्चों को समाज के सक्रिय और अनुभव प्राप्त सम्मानित सदस्य के रूप में स्वीकार किया जाता है। इसमें कक्षा में शिक्षक का काम ऐसे संदर्भ निर्मित करना होता है जहाँ बच्चे सक्रिय होकर और भागीदारी करके अपने लिए ज्ञान निर्माण स्वयं कर सकें। अतः बाल केन्द्रित गतिविधि आधारित शिक्षण अधिगम प्रक्रियाएँ अपनाई जानी चाहिए।
- बच्चे के भी अधिकार होते हैं जिन्हें जानना व मानना चाहिए ।

अंत में एक और बात कहना चाहूँगा कि लोकतंत्र में सामूहिक नैतिक शक्ति का बहुत महत्त्व होता है। अपने सामूहिक और वृहत हित को साधने के लिए हम शिक्षकों को भी इस लोकतांत्रिक अधिकार और अवसर का प्रयोग करना चाहिए। हालाँकि ऐसा करते हुए हमें विशिष्ट राजनीतिक दलीय पक्षधरता नहीं दिखानी चाहिए। हाँ मानवीय मूल्यों और न्याय के पक्ष में आवाज़ ज़रूर उठानी चाहिए।

इस सूची में हम और भी ज़रूरी और प्रगतिशील बातों को जोड़ सकते हैं। यदि हम ऐसा कर पाएँ और व्यवहार में उतार पाएँ तो इससे मिलने वाली संतुष्टि और खुशी हमें रोज़ शिक्षक दिवस का अनुभव कराएगी। अंत में सबको शिक्षक दिवस की हार्दिक बधाई।

37

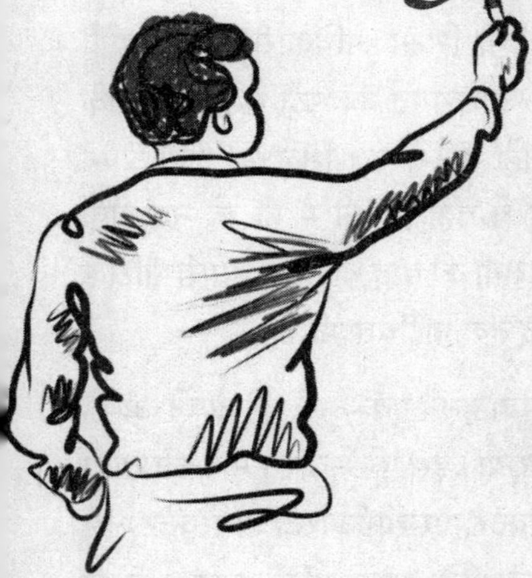

केरल का सशक्त शिक्षा मॉडल

दिल्ली के सरकारी स्कूलों के शिक्षकों का एक समूह मार्च, 2020 के शुरुआती हिस्से में केरल के सार्वजनिक शिक्षा व्यवस्था को समझने के लिए वहाँ औपचारिक शैक्षिक भ्रमण पर गया था। इस विजिट में हमने वहाँ के सार्वजनिक शिक्षा की मजबूत और दीर्घ विरासत को समझने का प्रयास किया। इसके लिए वहाँ की एससीईआरटी, डायट संस्थान, निगम कार्यालय, पंचायत भवन और कुछ स्कूलों का दौरा किया। केरल अपनी खूबसूरत प्राकृतिक छटा के साथ-साथ शैक्षिक और सामाजिक संपदा से मन को मोह गया।

इस दौरे में जिन अलग-अलग जगहों पर हम गये उनमें जो बातें एक जैसी थीं, वे थीं- सिद्धांतों और व्यवहार में साम्यता, गर्मजोशी भरा स्वागत,

विनम्रता और हायरारिकी या पदानुक्रम का मानवीयकरण। इसे हमने ऐसे महसूस किया कि जो कुछ एससीईआरटी और डायट की प्रस्तुति में हमें बताया गया वह स्कूलों, निगमों व पंचायतों की कार्यप्रणाली में प्रतिबिंबित होता हुआ दिखाई दिया। हमें जितने भी शिक्षा अधिकारी, प्रधानाचार्य, शिक्षक मिले सब बहुत गर्मजोशी और आवभगत की मुद्रा में मिले। उनके व्यवहार में रूखे पदानुक्रम की झलक नहीं थी। वे घुल-मिल कर जहाँ अपने शिक्षा मॉडल को हमसे साझा कर रहे थे वहीं दिल्ली में हो रहे नवोन्मेषी कार्यक्रमों की जानकारी भी ले रहे थे। हैरानी की बात थी कि वे हमारी शैक्षिक प्रक्रियाओं और उपलब्धियों से बहुत हद तक परिचित भी थे।

पहले दिन एससीईआरटी में पूरे समय हमने एक-दूसरे को अपने-अपने राज्य के शैक्षिक परिदृश्य से अवगत कराया। इस पूरे शेयरिंग में केरल राज्य के शिक्षा सेक्रेटरी, जनरल शिक्षा डायरेक्टर, एससीईआरटी डायरेक्टर जैसे कई उच्च पदाधिकारी न केवल मौजूद रहे बल्कि उनकी सक्रिय भागीदारी भी बनी रही। कुल मिलाकर यह समझ आ रहा था कि मजबूत सार्वजनिक शिक्षा व्यवस्था की विरासत वाले राज्य केरल और अपने बजट का एक चौथाई शिक्षा पर खर्च करने वाले और शिक्षा को पब्लिक डिस्कोर्स का हिस्सा बना देने वाले दिल्ली को आपस में सीखने को बहुत कुछ है। हमने बहुत से ऐसे विचारों और नवोन्मेषी तरीकों के बारे में जाना जो अपने तरीके से हम दिल्ली में भी कर सकते हैं। हमें हैरानी थी कि दिल्ली की स्कूली शिक्षा में जो कुछ चल रहा है उससे वहाँ के शिक्षा सचिव, निदेशक व अन्य अधिकारी अवगत थे। वे अखबार में छपे इससे संबंधित लेखों को अपने साथ लिए हुए थे। एक विनम्र और जनोन्मुखी नौकरशाही से रूबरू होना हम उत्तर भारतीयों के लिए अनोखा अनुभव था।

एससीईआरटी में औपचारिक परिचय व उद्बोधन के बाद हमारे समूह के साथियों ने बारी-बारी से दिल्ली के स्कूली शिक्षा में चल रहे नवोन्मेषों व

सुधारों के बारे में बताया। वहाँ की फैकल्टी और अधिकारी हमारे चुनौती कार्यक्रम, हैप्पीनेस करीकुलम, टीचर ट्रेनिंग, ईएमसी, कांस्टीट्यूशन ऐट सेवेंटी कार्यक्रम आदि में बहुत रुचि ले रहे थे। इसके बाद स्वयं डायरेक्टर जनरल एजूकेशन सी वी बाबू ने केरल स्कूल एजूकेशन के बारे में बहुत प्रभावशाली प्रस्तुति दी जिसमें पीपीटी की मदद ली गई।

उन्होंने बताया कि केरल में लाइब्रेरी मोमेंट ने सेकुलर और साइंटिफिक टेम्परामेंट का सामूहिक विकास किया है। यहाँ पुस्तकालयों की प्रचुर उपलब्धता और उनमें किताबों की स्थिति बेहतरीन है। यह सब यहाँ के समाज में चले सामाजिक आन्दोलनों व जागरूकता का परिणाम है। उनके अनुसार केरल में शिक्षकों के 45 से ज़्यादा रजिस्टर्ड संगठन हैं जो देश में सबसे ज़्यादा हैं। यह वहाँ की लोकतांत्रिक प्रतिबद्धता और विरासत को दर्शाता है। ऐसे समय जब कार्यक्षेत्र में संगठन बनाने और सामूहिक प्रतिनिधित्व व माँग को हतोत्साहित किया जा रहा हो, यह हैरान करने वाली बात है।

दिल्ली में चल रहे मेंटर टीचर प्रोग्राम की तरह ही एक अलग रूप में मेंटरिंग कार्यक्रम यहाँ डिजाइन किया गया है। इसमें शिक्षक बच्चों को अधिगम स्तर के अनुसार पहचान करके ए, बी, सी, डी में वर्गीकृत करेंगे और सभी को ए श्रेणी तक लाने का प्रयास करेंगे। इसके लिए बच्चों की प्रोफाइल बनाने और प्रगति दर्ज करने का काम ऑनलाइन पोर्टल पर किया जाएगा। इसे यहाँ 'साहिदम' नाम से अगले सत्र से लागू किया जाना है। यह एक तरह से दिल्ली में चलाए गये चुनौती कार्यक्रम से प्रभावित है।

यहाँ की एससीईआरटी संभवतः पूरे देश की सभी एससीईआरटी में सर्वाधिक संसाधन संपन्न और विजन से लबरेज़ है। यहाँ की लाइब्रेरी में 64 एजूकेशन जरनल मंगाए जाते हैं और केरल एजूकेशन जर्नल के नाम से शोध पत्रिका भी निकाली जाती है। पूरे स्कूली शिक्षा में दखल रखने वाली यह

सबसे महत्त्वपूर्ण संस्था है। अपनी प्रस्तुति में जनरल एजूकेशन डायरेक्टर ने शिक्षा द्वारा साइंटिफिक टेम्पर और सामूहिक सेकुलर चेतना पैदा करने के लक्ष्य को रेखांकित किया। इसे हमने स्कूलों की विजिट में ही नहीं समाज में भी व्यवहारिक तौर पर महसूस किया। शिक्षा की इस बदलावकारी और मूल्य उत्पादक भूमिका को कई शैक्षिक दस्तावेजों में अपेक्षित माना गया है।

इसके अलावा हमें कई अन्य महत्त्वपूर्ण स्कूली प्रक्रियाओं व सुधारों से हमें अवगत कराया गया। प्रत्येक वर्ष यहाँ के स्कूलों में आयोजित होने वाला सांस्कृतिक और खेल आधारित यूथ फेस्टिवल देश ही नहीं एशिया में सबसे बड़ा स्कूली इवेंट है जो सोलह सालों से निरंतर चल रहा है। यहाँ बच्चों की पढ़ाई के साथ-साथ माँओं की जागरूकता व शिक्षा पर भी बहुत ज़ोर है जो 'अम्मा व्याना' जैसे कार्यक्रमों से पता चलता है। यह एक तरह से पीटीएम का ही एक रूप है जिसमें कभी-कभी माँएँ बच्चों के साथ स्कूल आती हैं और साथ ही पढ़ती और सीखती हैं, इन्हें कम्प्यूटर शिक्षा भी दी जाती है। हालाँकि इसे इस अर्थ में संकुचित ज़रूर कहा जा सकता है कि ऐसे ओरियंटेशन की ज़रूरत पिताओं को भी बराबर होती है। आखिर बच्चे का पालन-पोषण माँ-बाप दोनों की जिम्मेदारी है। यहाँ टीचर ट्रांसफॉरमेशन प्रोग्राम में छः माह के कोर्स से कोई भी शिक्षक स्वयं फेसिलिटेटर बनने की योग्यता अर्जित कर सकता है।

यहाँ की एससीईआरटी राज्य के स्कूलों के लिए किताबें विकसित करती है जो एनसीएफ, 2005 को आधार बनाकर स्कूली शिक्षकों व विषय विशेषज्ञों की मदद से होता है। ऐसी लगभग 300 किताबें प्रचलन में हैं।

संविधान के 70 साल पूरे होने पर दिल्ली के सरकारी स्कूलों में 'कांस्टीट्यूशन ऐट सेवेन्टी प्रोग्राम' के बारे में जानकर यहाँ के शिक्षा अधिकारी व शिक्षक बहुत प्रसन्न हुए। उन्होंने बताया कि लगभग कुछ ऐसा

ही केरल के स्कूलों में 'नैतिकम' नाम से एक कार्यक्रम चलाया जाता है। इसमें प्रत्येक स्कूल को संविधान की प्रस्तावना के मूल्यों को ध्यान में रखकर अपना संविधान बनाना होता है। इसमें वे अपने अधिकारों, कर्तव्यों व आचार-व्यवहार को विमर्श करके सुनिश्चित करते हैं। इसे जिला व राज्य स्तर पर भी डिस्कस किया जाता है और बेहतरीन स्कूल को ईनाम भी दिया जाता है। एक स्कूल का ऐसा ही ड्राफ्ट हमारे साथ शेयर किया गया। जिसमें मलयालम भाषा में बच्चों ने स्वच्छ पानी, बेहतरीन मिड डे मील को अपने अधिकार के रूप में व्यक्त किया था। इसी तरह एक पोस्टर में बच्चों ने चित्र द्वारा थर्ड जेंडर के लिए शौचालय न होने पर सवाल उठाया था। यह सब हम सभी को आश्चर्य में डालने और आनंदित करने के लिए काफी था।

केरल की शिक्षा व्यवस्था में भाषा की अस्मिता बहुत मजबूत है। उत्तर भारत में हिन्दी को लेकर जैसा रवैया दिखता है वैसा वहाँ मलयालम को लेकर बिल्कुल नहीं है। मलयालम शिक्षा का मजबूत माध्यम दिखता है साथ ही अंग्रेजी पर भी बहुत ज़ोर है। हालाँकि वहाँ हाल के वर्षों में अंग्रेजी को लेकर आकर्षण बढ़ने की बात को स्वीकार किया गया। किंतु इससे वहाँ का सिस्टम असहज न होकर हेलो इंग्लिश जैसा कार्यक्रम चला रहा है जिससे अभिभावकों व बच्चों को सरकारी स्कूल व्यवस्था से जोड़कर रखा जा सके। वैसे वहाँ सुरीली हिंदी जैसा कार्यक्रम भी चलता है। एक स्कूल में तो हमने 'हिंदी कोने में' नाम से एक अलग कमरा भी देखा जो हिंदी शिक्षण सामग्री से भरा हुआ था। काश उत्तर भारत के स्कूल भी दक्षिण की भाषाओं के प्रति यही रवैया दिखाकर त्रिभाषा सूत्र को सही अर्थों में चरितार्थ करते।

शिक्षा और समाज को आपस में जोड़े रखने के प्रयास के रूप में वहाँ जनवरी और मार्च महीने में 'फेस्टिवल ऑफ लर्निंग' मनाया जाता है। इसमें स्कूली बच्चे अपनी भाषा, गणित, विज्ञान, सामाजिक विज्ञान आदि के कौशलों व समझ को सार्वजनिक तौर पर प्रदर्शित करते हैं।

कई अन्य छोटे-छोटे प्रयोगों और सुधारों में केरल दिशा दिखाता है। वहाँ प्रत्येक स्कूल में बायो डायवर्सिटी पार्क, परिसर में बड़ा ग्लोब, प्रत्येक कक्षा में पुस्तकालय, काइट नाम से ऑनलाइन शैक्षिक पोर्टल से साझा नेटवर्क सब मिलकर शिक्षा को उत्सव में बदल देते हैं। ऐसे अशक्त बच्चे जो विद्यालय नहीं आ पाते, माह में एक दिन उसकी कक्षा के बच्चे उसके घर जाकर पूरे दिन वहाँ रहते हैं। यह संवेदनशीलता सराहनीय लगी। शिक्षा के क्षेत्र में यह राज्य न केवल नंबर वन है बल्कि इसे मेंटेन करने के लिए वह कड़ी मेहनत करते हुए भी दिखता है जो मात्रात्मक ही नहीं गुणात्मक भी है।

सुविधा के लिए हमने स्कूल भ्रमण से पहले अपने समूह को 8-10 लोगों के तीन उप समूहों में विभाजित करके अलग-अलग स्कूलों का दौरा किया। हमारे उप समूह ने दो प्रायमरी और एक उच्चतर माध्यमिक विद्यालय का भ्रमण किया। सिद्धांत रूप में बताई गईं लगभग सभी बातें हमें फलीभूत होती दिखाई दीं। स्कूल पूरी तरह से बच्चों को घर जैसा संवेदनशील, सुरक्षित और आनंदपूर्ण माहौल देते हुए दिखे। शैक्षिक स्टॉफ से लेकर बच्चों तक सभी के चेहरे पर फैली गहरी मुस्कान हमें इस बारे में आश्वस्त कर रही थी। उच्चतर माध्यमिक विद्यालय की प्रत्येक कक्षा में पुस्तकालय के रूप में पुस्तक कोना था। साथ ही प्रत्येक कक्षा डिजिटल कक्षा थी जिसमें प्रोज़ेक्टर, ऑनलाइन ई सामग्री की उपलब्धता थी। यहाँ की हेड ऑफ स्कूल और उपप्राचार्या सुधा जी काफी मिलनसार व हँसमुख स्वभाव की थीं। वे यहाँ पिछले 17 सालों तक शिक्षिका के रूप में कार्य करने के बाद स्कूल हेड बनी हैं। संभवतः इसी कारण वह प्रत्येक छात्र-छात्रा व शिक्षक को बखूबी जानते समझते हुए कार्य कर पा रही हैं। वहाँ के टीचिंग स्टॉफ में एक मात्र हिंदी जानने वाले शिक्षक शिबा जो हमें फेसिलिटेट कर रहे थे, की बहुत अनोख कहानी थी जो प्रेरित करती है। वे इसी स्कूल से पढ़े हुए थे और पहले यहीं पियोन के रूप में कार्यरत थे।

इसी दौरान दूरस्थ शिक्षा लेते हुए उन्होंने शिक्षक बनने की योग्यता अर्जित की और अब यहीं शिक्षक हैं। उनकी सफलता वहाँ आसपास के क्षेत्र में चर्चा का विषय है। उस दिन स्कूल में परीक्षा चल रही थी, इसलिए कक्षाओं में हम ज़्यादा बातचीत नहीं कर पाए। हाँ एक क्लास ऐसी थी जहाँ परीक्षा नहीं थी पर बच्चे आए थे। बताया गया कि इन बच्चों के माता-पिता काम पर गये हैं तो इन्हें परीक्षा न होने पर भी स्कूल में आने और यहाँ रुकने-पढ़ने की छूट दी गई है। हमारे लिए तो यह अवसर था बच्चों से बातचीत का। हालाँकि भाषा अवरोध के कारण सिर्फ फोटो खींचने-खिंचाने का काम ज़्यादा हो पाया।

हमारा दूसरा पड़ाव गवर्नमेंट लोअर प्राइमरी स्कूल, पक्का विलेज, वेलनाड में था। इस स्कूल की आवभगत, ऊर्जा, सादगी, शिक्षकों की सरलता व मेहनत, समावेशी स्वरूप ने हमें आह्लादित कर दिया। यहाँ के कार्यालय में सूचना पट्ट पर यहाँ के विद्यार्थियों के संबंध में सूचना थी। जिसमें उनकी सामाजिक-धार्मिक पृष्ठभूमि का वर्णन था। लगभग 500 विद्यार्थियों वाला यह स्कूल विविधता और उसके समावेशन को बेहतरीन ढंग से प्रतिबिम्बित कर रहा था। धार्मिक दृष्टि से यहाँ लगभग 40-40% हिंदू और इसाई साथ ही 20% मुस्लिम बच्चे पढ़ते हैं। कुल बच्चों में 50 बच्चे अनुसूचित जाति और 5 बच्चे अनुसूचित जनजाति पृष्ठभूमि के हैं। ओबीसी समुदायों से संबंधित कुल 245 बच्चे यहाँ पढ़ते हैं यानी लगभग आधे। पूछने पर पता चला कि लगभग यही विविधता और समावेशिता स्टॉफ के सदस्यों में भी है। कार्यक्षेत्र में विविधता के प्रतिनिधित्व से हमारा व्यक्तित्व व व्यवहार संतुलित और मानवीय रहता है। अपनी बातों में महिलाओं के खिलाफ़ अपमानजनक शब्दावली का प्रयोग करने वाले या जातीय श्रेष्ठता का दंभ भरने वाले आसपास महिलाओं या अन्य जातीय पहचानों की उपस्थिति पर बहुत संवेदनशील तरीके से बोलते और व्यवहार करते हुए दिखते हैं, ऐसा

मेरा ही अनुभव नहीं बल्कि शोध भी इसे बताते हैं। केरल की शिक्षा व्यवस्था विविधताओं के प्रतिनिधित्व में बेमिसाल है। इस क्षेत्र में स्कूल से लेकर उच्चतर शिक्षा तक में लगभग 70% महिलाओं की उपस्थिति है।

यहाँ के हेड मास्टर मिस्टर नागेश कुमार बहुत सहृदयी व्यक्ति लगे। उन्होंने अपने साथ विद्यालय की लगभग हर कक्षा और संसाधन केंद्र का अवलोकन कराया। इस दौरान जो सबसे अच्छी बात लगी वह थी बच्चों का आजाद वातावरण में हमारे आसपास आकर हमें अभिवादन करना, हमसे सवाल पूछना, ज़्यादा अंग्रेजी न आने के कारण हाव-भाव की मदद से संप्रेषण का प्रयास करना और मुस्कुराना। वो जब ऐसा कर रहे थे तब कोई शिक्षक उन्हें टोकता नहीं था न ही पीछे भागता था। मिड डे मील के बाद 45 मिनट के आराम का पीरियड देखना हमारे लिए बहुत अनोखा अनुभव था। बच्चे चटाई और उन पर तौलिया नुमा बिछे कपड़ों पर आराम से लेटे हुए थे। हेड मास्टर साहब उन्हें नाम से बुला बुलाकर पुचकारते। कक्षा के शिक्षक उन्हें लेटने आराम करने को प्रोत्साहित करते। यानी मशीनी शिक्षण-अधिगम से अलग पूरा मानवीय परिदृश्य और हमारी कल्पना से परे की हकीकत। एक शिक्षिका जो हिंदी जानती थीं वो हमारे साथ-साथ उत्साह पूर्वक फेसिलिटेशन में लगी रहीं। एक शिक्षक से परिचय कराते हुए सकुचा कर उन्होंने बताया कि ये मेरे पति भी हैं। उनके साथ ने इस विजिट को और यादगार बनाया। घूमने के दौरान ही हेड मास्टर साहब ने बताया कि यहाँ कम्युनिटी डोनरशिप बहुत अच्छा है। स्कूल लाइब्रेरी के लिए बहुत सी किताबें समाज से लोग अनुदान देते हैं। एक बेहतरीन बात साझा करते हुए उन्होंने बताया कि शिक्षक अभिभावक एसोसिएशन ने स्कूल में पढ़ रहे एक मात्र आवास विहीन छात्र के परिवार को अपने फंड से घर बनाकर दिया। यह हमारे लिए दाँत तले उँगली दबाने वाली बात थी। इससे वहाँ की पीटीए की सशक्तता का पता चलता है।

हमें वहाँ आवभगत में खाने को मिड डे मील दिया गया। खाने से पहले हमारे मन में गुणवत्ता को लेकर संशय था। किंतु खाना परोसने में अपनाया गया उत्कृष्ट तरीका, भोजन सामग्री की विविधता, उसका स्वाद और सबसे बढ़कर प्रेम व सम्मानजनक तरीके से खिलाने के तरीके ने दिल जीत लिया। इतना स्वादिष्ट और गुणवत्तापूर्ण भोजन तो मंहगे रैस्टोरेंट में भी मिलना मुश्किल है। उनका कहना था कि इसी तरह का भोजन यहाँ बच्चों को रोज़ परोसा जाता है। बल्कि ब्रेकफास्ट देना भी अब वहाँ शुरू हो चुका है।

इसके बाद छात्राओं के एक समूह ने म्यूजिक पर अरेबिक्स नृत्य करते हुए सम्मोहक प्रस्तुति दी और छात्रों ने वूपला रिंग के साथ बेहतरीन करतब दिखाए। प्रस्तुति इतनी बेहतरीन थी कि हमारे समूह के सदस्य भी बच्चों के साथ थिरकने और करतब दिखाने से खुद को रोक नहीं पाए। अंत में एक जगह बैठकर हम सबने एक दूसरे को औपचारिक रूप से सराहा और विदा ली। एक बहुत अच्छे और रचनात्मक दिन का संतोषप्रद अंत हुआ। सभी उप समूहों का लगभग ऐसा ही बेहतरीन अनुभव रहा।

अगली सुबह हमारा समूह त्रिवेन्द्रम डाईट, ऐटिंगल म्युनिसिपालिटी ऑफिस और पंचायत भवन के भ्रमण पर निकला। सर्वप्रथम डाईट में हमारा स्वागत किया गया। हमसे दिल्ली की शिक्षा व्यवस्था पर सवाल पूछते हुए उन्होंने अपनी जिज्ञासा शांत की। फिर अपनी प्रस्तुति में उन्होंने स्कूली शिक्षा में डाईट संस्थान की भूमिका और उनके द्वारा सेवाकालीन शिक्षकों के लिए चलाए जा रहे कार्यक्रमों की विस्तृत जानकारी से हमें अवगत कराया। हमारे लिए यह जानकारी हैरान करने वाली थी कि यहाँ डाईट, स्कूलों आदि में शिक्षकों के सभी पद स्थाई हैं, कोई गेस्ट फैकल्टी नहीं है। यहाँ शिक्षकों का एक पूल तैयार रखा जाता है जो शिक्षकों की अनुपस्थिति में उनका कार्य देखता है। एक सशक्त सार्वजनिक शिक्षा मॉडल की मज़बूती का कारण हमें समझ आ रहा था। यहाँ नाश्ता करने के बाद हम म्युनिसिपालिटी ऑफिस

के लिए निकल गये। यहाँ भी गर्मजोशी से आवभगत करते हुए यहाँ के कर्मचारियों ने भी अपने कार्यों और भूमिका के बारे में प्रस्तुति दी।

इस यात्रा का सबसे रोमाँचक और आनंदित करने वाला पल अब आने वाला था और वह था पंचायत भवन का दौरा। यह पंचायत पिछले दो वर्षों से केरल के उत्कृष्ट पंचायत होने का तमगा हासिल कर रहा है। बेहतरीन सम्मेलन कक्ष सहित कम्प्यूटर प्रणाली से लैस यह पंचायत भवन खूबसूरत साज सज्जा और बैठने की व्यवस्था से लैस था। इसे देखकर हमारे समूह में शामिल वे लोग जो उत्तर भारत के अलग-अलग राज्यों से थे, अपने यहाँ के पंचायत भवनों से इसकी तुलना करने लगे। सब इस बात पर सहमत थे कि यह उन जगहों से बेहतर ही नहीं अनुकरणीय भी है। पंचायत के अध्यक्ष मोहम्मद सलीम जी बहुत विनम्र और व्यवहार कुशल लगे। उन्हें अंग्रेजी नहीं आती थी, इसलिए पंचायत सेक्रेटरी की मदद से वह अपनी बात हम तक पहुँचा रहे थे। उन्होंने बताया कि उनके पिता भी लंबे समय तक इस पंचायत में चुने जाते रहे थे और यह भी कि यह केरल का बेहतरीन पंचायत है। उन्होंने बताया कि उनके पंचायत के तीनों स्कूलों में मिड डे मील के साथ-साथ ब्रेकफास्ट की व्यवस्था भी कराई गई है। साथ ही स्वास्थ्य और स्वच्छता जैसे मुद्दों पर बच्चों को जागरूक और प्रोत्साहित करके वे सामाजिक जागरूकता का कार्यक्रम भी चलाते हैं। 'विद्यार्थी हमारे बेहतरीन साधन हैं' कहकर उन्होंने हमें सोचने का अलग स्तर प्रदान किया। यहाँ सहित केरल के स्कूलों में बच्चों को गरम पानी पीने को दिया जाता है, जो स्वास्थ्य के प्रति जागरूकता को दर्शाता है। अपना ऑफिस दिखाते हुए उन्होंने बताया कि हम लोगों की शिकायत का निपटारा, बिना इंतजार कराए तुरंत प्रभाव से करते हैं। उनके सेक्रेटरी जो आईबी की नौकरी छोड़कर इस पद पर आए हैं बहुत ऊर्जावान लगे। उन्होंने हमें न केवल सारी बातें बताईं और हमसे पूछीं बल्कि सलीम जी के साथ बेहतरीन जलपान की व्यवस्था करने में भी जुटे रहे।

इसके बाद वे हमें अपनी पंचायत का एक स्कूल भी दिखाने ले गये। हालाँकि तब तक बच्चे जा चुके थे, पर स्कूल की बिल्डिंग, साज-सज्जा, हरियाली और संसाधन सब बेहतरीन लगे।

इन दौरों में हमें यह भी बताया गया कि केरल के सरकारी स्कूल सप्ताह में पाँच दिन लगते हैं। प्रत्येक शनिवार को शिक्षकों की ट्रेनिंग, वर्कशॉप, ओरियंटेशन और हेल्थ चेकअप के लिए प्रयोग किया जाता है। इसके अलावा और भी कई बहुत सी अच्छी बातें होती दिखाई दीं। कुल मिलाकर यह हमारे लिए सीखने का बेहतरीन अवसर रहा। बहुत सी बातें जो हमें बेहतरीन लगीं उसे अपने स्कूलों में किस तरह कार्य योजना बनाकर अपनाया जा सकता है, इस बात पर हमारा समूह चिंतन करता रहा। केरल के शिक्षा अधिकारियों और शिक्षक समुदाय द्वारा अपने लिए कुछ सुझाव माँगने पर हम सबने यही कहा कि 'इतने सशक्त और बेहतरीन सार्वजनिक शिक्षा के मॉडल को राजनीति और जन विमर्श का एजेंडा होना चाहिए' जिससे सभी इससे परिचित हो सकें। इसके लिए केरल के राज, समाज को प्रयास करना चाहिए। इसके साथ ही पूरे देश को केरल राज्य के शैक्षिक ढाँचे, उसकी प्रक्रिया और उससे जुड़ी प्रतिबद्धता से सीख कर मात्रात्मक ही नहीं गुणात्मक शैक्षिक उपलब्धियों को भी हासिल करना चाहिए।

38

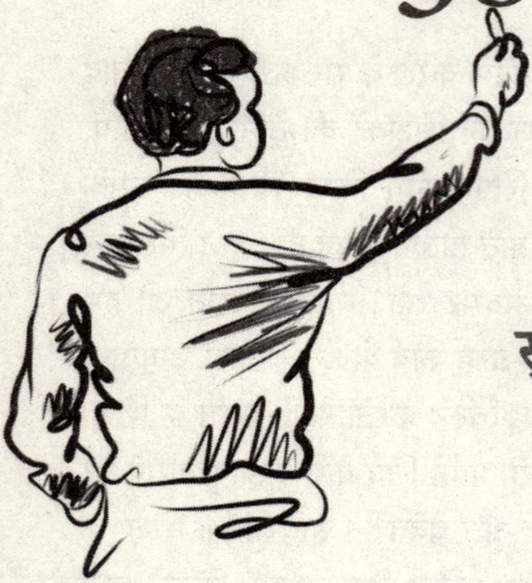

सुधरे भाषाई परिवेश

राष्ट्रीय शिक्षा नीति, 2020 और उस पर आधारित विद्यालयी शिक्षा हेतु राष्ट्रीय पाठ्यचर्या की रूपरेखा, 2023 स्कूलों में 'भाषा की शिक्षा' और 'शिक्षा के माध्यम के रूप में भाषा' पर बहुत स्पष्टता से बात करती है। 15 वर्ष की उम्र (कक्षा 10) तक अकादमिक प्रयोग हेतु तीन भाषाओं में कुशलता विकसित करना पाठ्यचर्या का उद्देश्य बताया गया है। इन तीन भाषाओं में से कम से कम दो भाषाएँ भारतीय होनी चाहिए। (पैरा 1.6.1, पृष्ठ 36) इसके साथ ही दस्तावेज आगे यह भी कहता है कि वह भाषा जिसमें विद्यालयों में सर्वप्रथम साक्षरता सीखी जाए वह विद्यार्थियों के लिए सबसे अधिक सहज उपलब्ध या परिचित होनी चाहिए। सामान्यतः यह विद्यार्थियों की मातृभाषा होगी या फिर उसके आसपास प्रमुख रूप से प्रयुक्त होने वाली परिचित भाषा होगी। जब तक दूसरी भाषा में साक्षरता पूर्ण रूप से प्राप्त न हो जाए मातृभाषा ही अनिवार्य रूप से शिक्षा का माध्यम होना चाहिए, ये संस्तुति की गई है।

अब जब दस्तावेज में मातृभाषा और सहज उपलब्ध व प्रचलित भाषा को प्राथमिक शिक्षा में इतनी स्पष्टता से वरीयता दी गई है, तब हमें ठहर कर वास्तविक स्थिति का मुआयना भी कर लेना चाहिए। मुआयना इस बात का कि क्या हमारी शिक्षा व्यवस्था, विद्यालय संरचना, अभिभावकों व समाज की आकांक्षा में भी यह उपस्थित, ग्राह्य और मान्य है या फिर नहीं। वैश्वीकरण के इस दौर में जब अंग्रेजी का अश्वमेधी घोड़ा बेरोक-टोक अपने विजय मार्ग पर सरपट दौड़ा जा रहा है, तब अभिभावकों पर इसके पक्ष में जाने का अतिरिक्त दबाव तो है ही। हमारे आसपास बढ़ते अंग्रेजी माध्यम के निजी स्कूल इसकी ताकीद करते हैं। अब तो सरकारी स्कूलों में भी अंग्रेजी माध्यम कक्षाओं की उपलब्धता को दिखाने-बताने की होड़ लग गई है। हालाँकि अभी भी यहाँ हिंदी सहित भारतीय भाषाओं की स्थिति अपेक्षाकृत कुछ मजबूत बनी हुई है।

पर चुनौतियाँ इतनी ही नहीं हैं। अंग्रेजी की सेंध व्यवस्था में और भी भीतर तक हो चुकी है। इसका अंदाजा मुझे हाल ही में तब और हुआ जब मैं जिला शिक्षण और प्रशिक्षण संस्थान में सेवापूर्व शिक्षक प्रशिक्षुओं से रूबरू हुआ। प्राथमिक विद्यालय में शिक्षण अनुभव के लिए जाने से पहले ये प्रशिक्षु अपनी-अपनी पाठ योजना के क्रियान्वयन का अभ्यास कर रहे थे। अवलोकन की प्रक्रिया में मैंने पाया कि अधिकतर प्रशिक्षु निचली कक्षाओं के लिए जो पाठ योजना तैयार करके लाए थे, वे अंग्रेजी में थे। शिक्षण अभ्यास में भी वे अंग्रेजी या फिर हिंदी मिश्रित अंग्रेजी का प्रयोग कर रहे थे। मैंने उन्हें याद दिलाया कि उन्हें शिक्षण अभ्यास के लिए जो स्कूल मिले हैं वो नगर निगम के हिंदी माध्यम प्राथमिक स्कूल है। वहाँ बच्चों के परिवेश की भाषा हिंदी है और किताबें भी हिंदी में ही हैं। मैंने उन्हें संप्रत्यय और अवधारणाओं को हिंदी में भी बोलने और लिखने की हिदायत दी। हैरानी की बात तो यह रही कि अधिकतर प्रशिक्षुओं को प्रकाश संश्लेषण, वाष्पोत्सर्जन, चतुर्भुज, यातायात जैसे हिंदी शब्द नहीं पता थे। वे इनकी जगह अंग्रेजी के शब्द जैसे- फोटोसिंथेसिस, वैपरेशन, रेक्टेंगल, ट्रांसपोर्ट आदि प्रयुक्त कर रहे थे।

बताए जाने के बाद उनमें से कुछ तो ऐसे हिंदी संप्रत्ययों और अवधारणाओं का ठीक ढंग से उच्चारण भी नहीं कर पा रहे थे। इसके पीछे मुख्य कारण संभवत इन प्रशिक्षुओं की मध्यवर्गीय पृष्ठभूमि है। लगभग ये सभी अंग्रेजी माध्यम स्कूलों से पढ़कर यहाँ आए हैं। वैसे यह हैरानी की बात है कि सरकारी स्कूलों से निकले हिंदी माध्यम के विद्यार्थी इस शिक्षक प्रशिक्षण संस्थान में इतनी कम मात्रा में क्यों दाखिला लेकर आ पाए? वह क्यों नहीं बड़ी संख्या में प्रवेश परीक्षा पास कर पाए? कहीं इसमें कोई व्यवस्थागत खामी तो नहीं?

ये सभी प्रशिक्षु अगले कुछ सालों में शिक्षा व्यवस्था में शिक्षक की भूमिका में आ जाएँगे। बातचीत में सभी बताते हैं कि उनका पहला लक्ष्य सरकारी स्कूलों में स्थाई नौकरी प्राप्त करना है। वही सरकारी स्कूल जो मुख्यतः हिंदी माध्यम या फिर गैरहिंदी भाषी राज्यों में क्षेत्रीय भाषा भाषी माध्यम हैं। भविष्य के इन शिक्षकों और विद्यार्थियों के बीच ये जो भाषाई अंतर है वो कक्षा की प्रक्रिया में अधिगम बाधा के रूप में फलित होगी। अब जब नई शिक्षा नीति मातृभाषा और भारतीय भाषाओं को स्कूली शिक्षा के माध्यम के रूप में बढ़ावा देने की बात कर रही है, तब हमें इस भाषाई अंतर व द्वैध को समझना होगा और इसे पाटना भी होगा। आज की दुनिया में अंग्रेजी की पढ़ाई ज़रूरी है, इससे कोई इंकार नहीं कर सकता। पर यह अपनी भाषाओं की कीमत पर नहीं होनी चाहिए। अंग्रेजी एक विषय के रूप में रहे और मज़बूती से शिक्षा प्रक्रिया में अपनी उपस्थिति रखे, पर माध्यम तो वही भाषा हो जिसमें विद्यार्थी सहज हों, परिचित हों और जो भाषा उसके परिवेश में उपलब्ध व प्रचलित हो। हिंदी सहित तमाम भारतीय भाषाएँ नई शिक्षा नीति के इस संकल्प के मूर्त रूप में आने की राह देख रही हैं। इसका हश्र कॉमन स्कूल सिस्टम यानी सबके लिए समान स्कूली व्यवस्था के सपने जैसा नहीं होना चाहिए। शैक्षिक संस्थानों का भाषाई परिवेश सुधारना ही चाहिए।

लेखक

आलोक कुमार मिश्रा हिंदी के युवा कवि और शिक्षाविद हैं। वह अपने लेखन में दैनंदिन जीवन-अनुभवों का विश्लेषण, मनुष्यता की कसौटी पर करना चाहते हैं और सामाजिक सक्रियता का परिवर्तन की कसौटी पर।

उनकी रचनाएँ हिंदी की प्रतिष्ठित पत्र-पत्रिकाओं में निरंतर छपती रही हैं। अब तक उनकी तीन किताबें प्रकाशित हो चुकी हैं। दिल्ली के सरकारी स्कूलों में आ रहे बदलावों के न वह सिर्फ़ गवाह रहे हैं बल्कि उसके सक्रिय सहभागी भी हैं। लगातार वस्तुनिष्ठ तरीके से इस सब पर लिखते भी रहे हैं। सम्प्रति राजनीति विज्ञान के असिस्टेंट प्रोफ़ेसर हैं और दिल्ली में रहते हैं।

ई-मेल : alokkumardu@gmail.com